我的父親母親

中国東北部 思い出のきた道

中国の野菜を食べた人はみな「味が濃い」「土地の香りがする」と驚く。中国の人は茶や野菜をすぐに漢方と結びつける。たとえば胡麻は胃腸の働きがよくなり便秘が治る。頭のふらつきも治る。赤小豆は乳汁がよく出る。鯉とともに煮たものは脚気の腫れが引く。小麦の毒を解くので饅頭の餡にするのが最適とやけに詳しい。

不治の病や生活習慣病は、すべて野菜で元気になると論す。中国でたいして耕していない畑で採れた野菜を食べたが、確かに活力が湧いてくる。

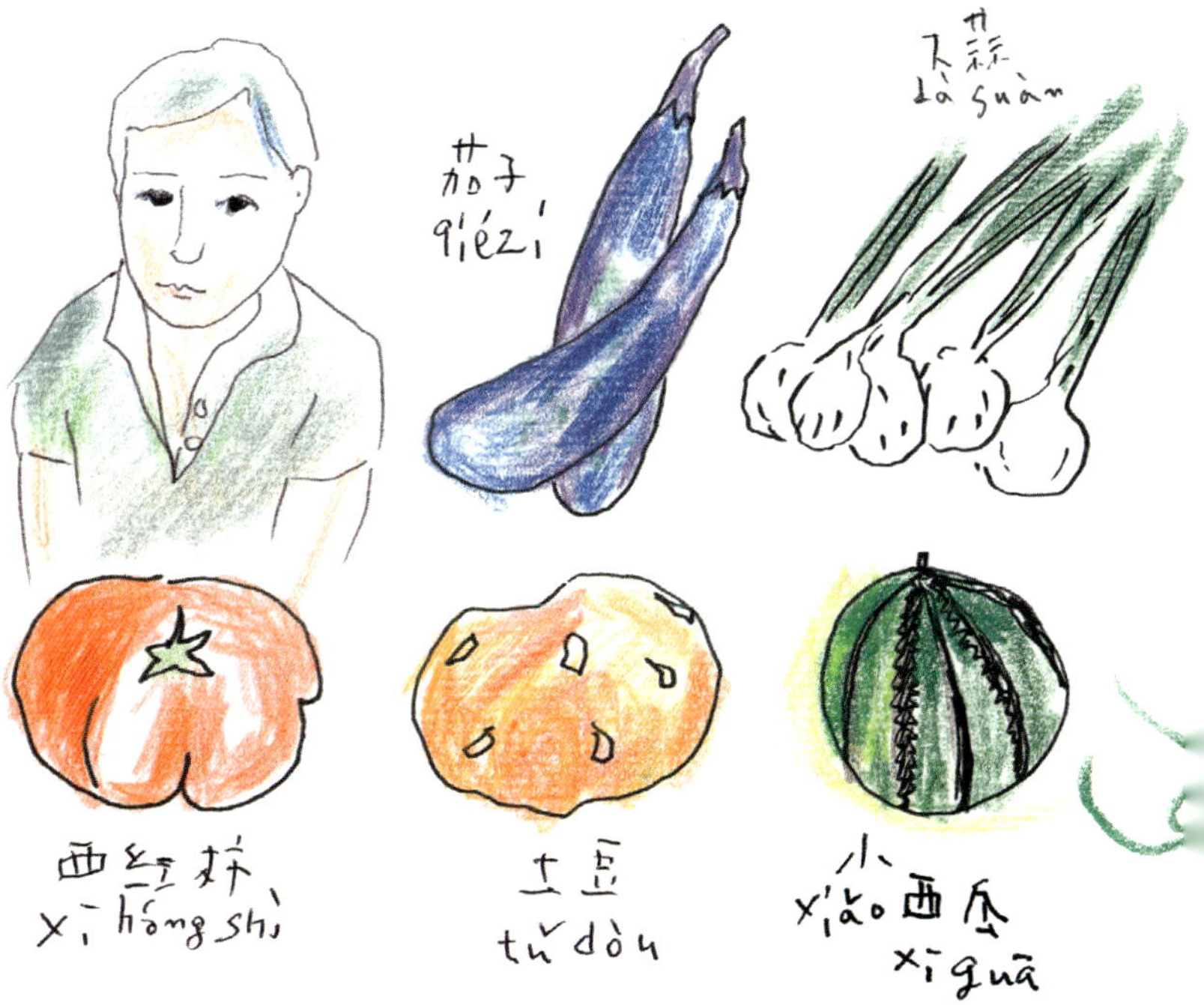
茄子
qiézi
大蒜
dà suàn
西红柿
xī hóngshì
土豆
tǔdòu
小
xiǎo 西瓜
xīguā

思い出がいっぱい詰まった土地が故郷である。中国人は幼い頃に育った土地の話をよくする。春節（旧正月）には遠い故郷に何十時間も列車にゆられ戻ってくる。実家で家族と過ごすことを何よりも楽しみにしている。

日本人が驚くのは、そのお土産の多さである。トランクの中は家に持ち帰る品物でぎっしりと隙間がない。親子や家族、友人同士の絆が強い。

広大な土地で暮らす人々は絶えず歴史に翻弄されてきた。帰れる故郷は幸せをもたらす。

目次

I　中国の短い夏

イラスト　沢野ひとし
デザイン　金子哲郎
編集・構成　鈴木浩平

中国銀河鉄道の夜

I

中国の短い夏

ロシア
ハイラル
満洲里
竜江
ハルビン
モンゴル
蒙古
北京
大連
天津
山東省
無錫
黄山
上海
アモイ
深圳
広州
香港
澳門
マカオ
台湾
日本
リーベン

草原の道

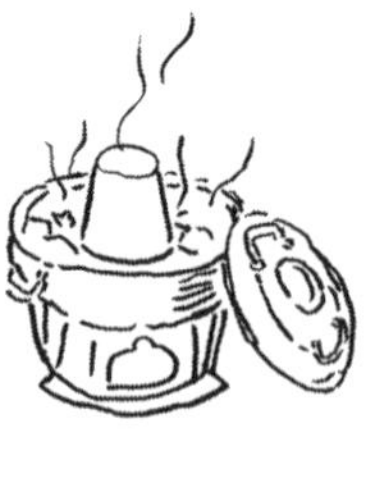

唐麗軍《タンリージュン》と知り合ったのは雲南省の麗江《リージアン》から上海に向かう飛行機の中で、偶然隣り合わせになったのだった。

麗江は三つの世界遺産をもつ古都である。その歴史的名所をめぐる十名ほどのツアーに参加して上海に帰るところであった。上海まで約四時間の機中、私はスケッチ帖の整理をしていた。旅日記を色鉛筆でもう一度丁寧に整え、ぼんやりと眼を閉じ眠りに入ろうとした時、「それを見てもいいですか」と隣席の女性が中国語で声をかけてきたのだ。

彼女はスケッチ帖を開き、「あ、ここに私も行きました」と五層の楼閣の絵を指さし、同じ雲南省の西双版納《シーサンパンナ》からバスを乗り継いで一週間の旅をしてきたことを話した。

「一人？」と尋ねると、「ええ」と答えた。その返事にうっすらとした孤独を感じた。

私が日本人とわかると、九年前に東京に行ったことを夢中になって語りはじめた。

「東京はどこもきれいな街」「ディズニーランドと銀座は埃もなく、とても素敵でした」

お金がなかったので秋葉原で小型のカメラを父への土産に買っただけ――そんなことを淡々と話していた。

それをきっかけに少しずつ話をするようになった。といってもこちらはほとんどうなずいてばかり、電子辞書片手の片言会話が精一杯である。そんな煩わしさから、それまで機内で中国人と隣り合わせても軽く挨拶したあとは黙り込み、身を硬くしているのが常であった。

この日ももう少し中国語ができたら、ほのかな恋の出会いや友人になれたのに、と言葉が出ないせいで話が進められないのをもどかしく感じた。

それでも上海までの間、とりとめない話をした。二月とはいえ麗江はあたたかく半袖で過ごせたが、彼女の住むハイラルは零下二十度の日がまだまだ続くと嘆いていた。

上海空港の近くまで来た時、いつか内モンゴルのハイラルに来てくださいとメールアドレスを書いてよこした。私も手帳に挟んだ名刺を渡した。

飛行機が動きを止めお互い立ち上がると、ブーツを履いているからか彼女は思ったより背が高かった。

「再見」（さようなら）

「慢走」（お気をつけて）

そう言って降りる時、思わず彼女の肩に「いつかまたね」といった気持ちで軽く触れた。すると二度ほどうなずいてみせた。

国際線のカウンターへと足早に歩いていく頃には、彼女の面影は消えていた。羽田空港に着くと頭の中はまたもとの日常生活に切り替わり、手帳を見ながら明日からのことをあれこれ思案していた。その時持っていたのはひと昔前の携帯電話だったので、海外への連絡は面倒なうえ画像を送ることもできなかった。

自宅に戻り一週間ほどしてパソコンのメールを開くと、中国語、それも見慣れない簡体字が、まるで暗号のように画面に映し出された。すぐさま迷惑メールのボタンを押そうとした時、唐麗軍の名が目に飛び込んできた。

電子辞書を横に置きじっくり解読してみると、「偶然にお会いできてうれしかった。これは旅の出会いです」といった文から始まり、なにやらハイラルのことや自分の将来への思いがびっしり書き綴られていた。

その文面をコピーして中国語の堪能な友人に見せると、いきなり「危ない女だな」「こういう女は絶対に金をせびるから」「たとえば新しい携帯に替えたい、父が病気でといった常套句を使ってくる」と、知り合いになった中国女性にさんざん苦労した自分の体験談をしはじめ、「もう一度中国のどこかでと書いてあるが、絶対に会ってはだめだよ」と念を押された。

彼女に返信をすると、「iPhoneを持ちなさい、そうすれば写真も簡単に送れる。そして父親が食道癌で入院して、いろいろ経済的に苦しくなってきた」というメールがきた。そこには上海の外灘やテレビ塔をバックに自分を撮った写真も添えられていた。

ちょうどその頃、北京の作家が書いた本の挿絵の仕事をしていて、四月の後半に北京で打ち合わせをすることになっていた。そのことを彼女に伝えると、「金曜日の深夜の飛行機に乗れば北京に二泊できる」「できたらその時にこんなシャツがあったら持ってきてほしい」と厚かましくもカタログ写真を添付してきた。

神保町の中華屋で例の友人にまたもや何通ものメールを見せると、「あれ、いつの間にこんなに返事をしたの？」と不思議そうな顔をした。

「中国語の勉強にもなるし」と口ごもっていると、「あのね、敵はまずはこの服から、しだいに父親の治療費と、じっくり作戦を立てているな」。

「そんな悪い人には思えないのだが」

「お前さんはまだ中国女性のしたたかさを知らないな」

友人は五十度をこす白酒が進むにつれ口もなめらかになり、黒竜江省ハルビンに留学した時の苦い経験を話しだした。

大学の近くの食堂に色白でかわいい女性がいて、やがて深い関係になったが、日本に帰るたびに、あの服が欲しい、この時計が欲しいなどと言われ、しだいに金を無心されるようになった。そのうち父親が登場し、うちの娘をもてあそんでどうしてくれるのだと凄まれ、青くなって留学途中で逃げ帰ってきたという。

「だからな、油断をするなということだ。北京に行くのは仕方ないが、会うのはやめな」

「…………」

「そうしろ」

「うーん」

「ハイと言え」


春の北京の公園は花が美しく、町全体が浮き立つような空気に満ちていた。

白い木蓮が咲き誇り、彼女も白いセーターを着てなんとも可憐に見えた。「このシャツとサングラスもお土産に」と袋から出すと、「まあ」と胸の前で両手を合わせた。「いい服が見つけられなくてごめんね」なんとなく謝ると、「謝謝」とだけ言った。

「私が北京に来たから、今度はあなたがハイラルに来てください」


日本に帰り約束どおり絵本を二冊送ると、彼女も手書きの礼状を送ってくれた。

「忘年之交」（歳の離れた友人との付き合いで自分を磨く）と書かれた文字が美しく、一字一句にゆるぎない力があった。

彼女とはそれから何度か中国国内で会い、友人をまじえて旅をしたこともあった。そうやって親交を深めていくたびに彼女はいろいろな表情を見せるようになったが、私の中では初めて北京で会った時に感じた、白いセーターがよく似合っていて、ふっと町の角を曲がる仕草がキタキツネのようだという印象が一番強い。

＊

彼女が住んでいるハイラルは内モンゴル自治区の東北部、ロシアとの国境に接するフルンボイル市の中心地である。日本の三倍の面積をもつ内モンゴル自治区の中で二番目に大きいフルンボイル市は、本州よりも広い。北京からハイラルの空港までのフライトは二時間十五分、飛行機が北京を飛び立ってほどなく、窓の下には緑の草原と川、点在する湖、池塘が見えてきて、その広大さを実感できる。

私はよく一緒に旅をする仲間と四人でハイラルの空港に降り立った。

飛行機のタラップを下り、遊牧民が住むゲルの形をしたゲートに向かう。見上げると空は磨かれた鏡みたいに澄んでいて、北京のどんより重い空とは大ちがいだ。思わず、北京の汚れた空気を吐き出すように深呼吸をしてしまう。

キタキツネは部下の運転手陳さんとともに、空港まで車で迎えに来てくれていた。

我らおじさん四人組はいずれも中国語がほとんどできない。私にしても地元の語学教室に通ってはいるが、いつまでたっても「你好」のような簡単な挨拶がせいぜいだ。それでも「いい天気ですね!」と陳さんにまず挨拶すると、うなずいて笑みを浮かべてくれた。彼はこれから三日間運転手を務めてくれるが、穏やかそうな人で安心する。

二人が乗ってきたのは七、八人は余裕のアメリカ製四輪駆動車で、タイヤもトラックのようにどっしりと大きい。ハイラルは北緯五十度に位置し、真冬には零下三十度の氷の世界になり道路も全面的に凍ってしまうため、日本の軽自動車のような華奢な車の出番はないのだ。陳さんはモンゴル出身の力士朝青龍に似た顔で、体つきも相撲取りのようで太い腕が頼もしい。

空港から市内まで、片側が四車線ある道を下っていく。中国は土地が広く、道路の幅も半端ではなく広い。こういう中国の道路を私は革命的社会主義国家道路と呼んでいる。道を走る車はどれもがっちりした四輪駆動車だ。

ホテルのあるハイラル区は人口三十四万人で、市内の中心地は想像をこえてにぎやかである。ハルビンから続くかつての東清鉄道がロシア国境の満洲里までつながっており、ロシア風の大きな建物のハイラル駅は活気に満ちている。

来る前は小さな町だろうと勝手に思っていたが、予想に反して背の高い建物が次々と見えてくる。「あれが市の一番大きい医院」とキタキツネは言い、さびしそうに笑った。病院の建物は立派だが、大手術を要する患者が出ると、北京から専門の医師に来てもらわなければならないそうだ。

　大通りから旧市内のごみごみした細い道に入ると、テント屋根の屋台が道路にはみ出し、車がすれちがうたびにクラクションが鳴る。中国のどこの裏路地とも同じような喧噪だ。


　キタキツネと何度か会ううちに、「政治」の話はしない、というのがお互いのきまりごとになった。中国という国は我々日本人が考えている以上に複雑で奥が深く、単純に国の善悪をきめつけても埒が明かない。広大な土地に民族の多さなど、日本人になじみのないことも多い。

　彼女の故郷は黒竜江省竜江といい、ハイラルから列車で七時間ほどのところにある。なぜこの土地で生まれたのか訊くと、なんと祖父が山東省の菏沢から歩いてきたという。祖父の時代の山東省一帯は自然災害が続き、人々は食べていける土地を求めてさまよい歩いた。彼は一八九〇年代に建設が始まった東清鉄道の人夫の話を聞きつけ、物乞いをしながら竜江にたどり着いたという。

　それにしても二千キロ、日本でいえば鹿児島から稚内まで行くようなものである。歩いたらいったい何日かかるのだろう。「歩いて？」と重ねて尋ねると「仲間をかばいながら、歩いて」と背筋をのばし、静かな口調で答えた。

こういう話をごくふつうの人がするところが中国大陸である。祖父は東清鉄道で働くことで命を支え、やがて結婚した。自分の出自をたどる旅として、彼女は山東省の菏沢に行ったことがある。だが祖父の暮らした土地は今ではごみ捨て場のような場所であったと首を振りながら言った。

「政治の話はしない」と彼女が最初に言ったのは、ここハイラルがノモンハン事件で日本軍とソ連軍が武力衝突した現場だったという土地柄のせいでもある。中国東北部、旧満洲はどこへ行っても旧日本軍の爪痕が残っている。

ノモンハン事件というのは今から七十九年前、昭和十四（一九三九）年に、ハルハ河の国境線をめぐって起こった戦いで、一説では日本軍は二万人近い死者を出したという。規模でいえば立派な戦争であり、事件という言い方で片付けてはならない。

大連がある遼東半島を日本が統治すると、そこを関東州と呼んで独裁的権力をふるったのが陸軍の関東軍であった。最初のうちは満鉄線路の防衛にあたるものだったが、しだいに政府、軍首脳を無視して暴走するようになった。「泣く子も黙る関東軍」は、ハイラルに巨大な司令部が一つ入るようなエレベーター付きの地下要塞を造りあげ、ソ連との戦いを今か今かと待ち受けていた。その跡地は、現在は観光地として「世界反ファシズム戦争ハイラル記念公園」となっている。

ホテルに荷物を置き、身軽になって市内へ探索に出ることにした。ここは羊の国である。羊を焼いたシシカバブのいいにおいが、布テントの屋台からあたり一面にただよっている。

ホテルから車で十分も走ると、エヴェンキ博物館に着いた。もともとハイラルに居住していた少数民族エヴェンキ族の歴史を展示した博物館だが、孔あき金属板で覆われた現代的な建物に驚く。裏の駐車場に車を停めたのだが、表玄関口から入らず、工事中の売店の脇を通って裏から入館した。チケットはいらないのかとキタキツネに訊くと、「無料だからどこから入ってもいい」と中国人らしいおおらかさで答えた。内装用の材木が置かれた廊下を通り広々とした玄関ロビーに出る。確かに受付の男性もだらしなく足を投げ出し椅子に座っていた。

エヴェンキ族の衣装や大昔の石器時代の矢尻や石斧、石包丁、そしてゲルの原型であるテントと展示室が続く。私が興味を惹かれたのは、紙で作られた民族衣装の人形だった。日本の島根で見た和紙の人形と表情が似ており、スケッチ帖に収めた。

旧日本軍の残骸もいくつかガラスケースの中にあった。古びていたが、今でも使用できそうな飯盒に、黒く焼けたゴーグル、白い陶器でできた醤油の一升樽。中国語で簡単に、日本人が使った日常品と書かれていた。

私は十代の頃に山登りの虜になったが、まず買ったのが登山靴にザックに飯盒であった。まだ山での焚火についてうるさく言われていない時代である。やがて石油コンロやガスへと炊事道具も進歩してきたが、飯盒だけは捨てずに現在も沢登りの際ザックに入れることにしている。焚火の時は絶対に飯盒にかぎる。内蓋で二合、外蓋で三合と量れ、誰でもふっくらとした米が炊ける。炊き終わると引っくり返して蒸らす。美味しいおこげもスプーンで丁寧にこそげ取る。

だが野戦の時に飯盒は活躍できなかった。敵に火や煙が発見されるからだ。したがってハイラルの戦いでも使用する機会は少なかっただろう。

醤油の樽に書かれた献上の「奉」「純良」という文字を見つめていると、同行の仲間が近づいてきて、「日本人はどこに行っても醤油がないと生きていかれないんだなあ」と溜め息まじりに言った。「これはハイラルで作られたのか、日本から運ばれてきたのか」「満洲でも日本酒がたくさん作られていたからなあ」などと、しばらく日本酒談義が続いた。中国人が好む黒酢などは、あの頃の日本人の口には合わなかったのかもしれない。

おじさんたちはそこに固まり、醤油への思いを各自語りはじめた。しびれを切らした彼女が手を「しっしっ」と振り、その場から離れなさいと合図をした。

外に出てみると、サングラスをかけないと眩しいほどの天気だ。彼女と陳さんはやたら

大きなサングラスをかけ、うれしそうに笑っていた。

*

ハイラルからロシア国境の町満洲里まで約二百キロ。緑の大草原の中を、定規で線を引いたように真っすぐな自動車専用道路が走っている。

雄大な草原には羊や牛、馬がのんびりと草を食んでいる。小高い丘では風力発電の羽根がゆっくりとまわっている。中国各地を旅していると、この風力発電機をよく目にする。興味をもって調べてみると、ドイツ、米国を抜いて世界で圧倒的に中国の設置数が多い。これは風力や太陽光などの自然エネルギー発電に政府が総力をあげて取り組んでいることによる。

草原の空の青さが深い。こういう空を紺碧の空というのだろうか。濃い青インクのような空である。そして異常に存在感を増すのが、真っ白な雲だ。へちまのような雲が次々と現れてくる。車の中から遠くの雲ばかり眺めていたが、飽きることはない。

満洲里までのハンドルを握る陳さんは、時速百キロ以上に上げている。キタキツネは日曜日だというのに仕事が入り、今日は欠席である。助手席に座っている私は何か話しかけたいのだが、中国語が出てこない。「あっ、羊だ」「あっ、牛だ」といった虚しい言葉だけが口をつき、そのたびに彼は笑ってうなずいている。

眠気を誘うような草原の風景が延々と続くので、安全運転に専念していただけるようガムを差し出したが、「平気平気、私はこの道を一日四回往復したことがあるから」と言う。陳さんは主に店舗の内装を手掛ける部署におり、満洲里までの道路のすべてが頭に入っているそうだ。ロシアからの材木がこの満洲里に大量におろされ、加工され、内装の壁や家具に使用される。その会社の書類を管理し満洲里の貿易センターに届けるのが業務管理の彼の仕事だそうだ。

トイレ休憩で一旦停止し、草原生活を体験できるという施設に入る。敷地内はテント作りのゲルの中に簡易ベッドが並び、夜には羊肉料理がふるまわれる。一面にひろがる雄大な草原によって都会で疲れた人の心が安らぐのだというが、彼は「ゲルは寒くて臭いし不便」と辛辣なことを言った。現在では遊牧民族もゲルには住まず、一般人と同じように団地のような建物の中で暮らしている。

車から時おり見られるモングル河は、中国でもっとも曲がった河「中国第一曲水」と言われるだけあって、ひたすら平らな草原を大きな黒い蛇のごとくくねくねとゆったり流れて続いている。

こういう草原を観光するにはタクシーや路線バスでは距離が長すぎて不可能である。車の中ではおじさん四人組が昨日の夕食の話で盛りあがっていた。

昨夜の涮羊肉（羊肉のしゃぶしゃぶ）はこれまでに北京で食べてきた羊とくらべて、肉がとびきり新鮮で格段にうまい。臭みが少なく、とにかくやわらかい。例の中央部に煙突がつき出した鍋の下には炭火が入っている。

ハルビンのビールが名物だとは聞いていたが、ハイラルの地ビールも喉ごしがいい。しゃぶしゃぶの具は野菜や豆腐、揚げ湯葉と、しだいに寄せ鍋風になってくる。汗を拭き拭き春雨も口にする。私は胡麻ダレより、唐辛子の専門家でいきたい。やがて鍋は激辛四川風火鍋になり、そのうまさに頭の中までぐつぐつ煮えてくる。

いつまでも横に立っている服務員（ウェイター）の少年が気になっていたが、おじさんたちがおおよそ食べ終わると、なんと手作りの太麺を、その場で打ってくれた。この麺のうまさに、私は今まで生きてきたすべての喜びを感じた。スープの中にひっそりと入る太麺がこれほど愛しいものとは知らなかった。少年に向かって四人組は「好吃好吃」と連発銃を発射させた。

車が満洲里に入ると、建物がいっぺんにロシア風に変わってくる。色とりどりに塗られた建物や帽子をかぶったようなホテルの屋根を見つめていると、まるでおとぎの国に来たようだ。看板は中国語、ロシア語、モンゴル語と三つ並べて表示されている。窓枠や玄関まわりの色彩の派手さに興奮してきて、車を降りると私たちはうれしさのあまりタコ踊りをしてしまった。

陳さんに「愉快愉快」と言うと「バカだね、あんたらは」といった顔で笑っていた。さて問題は昼飯だ。これまで香辛料を振って炭火で焼いたシシカバブ、涮羊肉と、ハイラルに来てから羊一色である。「野菜ものも食べたいな」と恐る恐る言ってみたが、草は羊だけが食べるものだと相手にしてもらえなかった。

彼が紹介してくれた店もやはり羊の店で、かなり本格的な羊肉湯専門店である。扉を開けると一瞬頭がぐらっとするような羊肉のにおいが押し寄せてきた。大鍋でぐつぐつ煮えた羊のスープのにおいだ。

陳さんはいきなり「大碗羊肉湯、四人分」と注文した。卓に着くと、どんぶりに羊肉の薄切り、春雨、香菜がどっさり入っている。箸をのばしてかき分けると、どろんとした脂身のかたまりが入っている。さらに羊の血を固めたものが四皿並ぶ。

私はいつも食べているからと陳さんは手を横に振り、我々の食べ具合をじっと見つめている。しかしおじさんたちの箸は山道にさしかかり、しだいに速度を落としていく蒸気機関車のように前に進まない。弱気な一人はすでに胃の薬を飲んで試合を放棄している。私は闘うしかないと覚悟して、胡椒、黒酢、塩を微妙に調整したタレを作り、長期作戦に挑んだ。

驚いたのは、あれほど恐れていた脂身だった。脂のかたまりを食べて、絶句するほどうまいと思ったのはこれが初めてである。まるで悪女の深情けのような言葉に詰まる美味しさだった。

食べ終わったあとではさすがに「もう羊は勘弁」と思ったが、実は今夜はハイラル市内でもっともうまいと言われている骨付きの羊肉の店に行く予定である。

つき出た腹をおさえ込んで車に乗ると、後ろの三人の眼はトロンとし、今にも眠りに落ちようとしている。これから中ロ国境を間近に見られる国門景区へ行くのだ。

国門景区は少し前までは立入禁止だったが、「お金を払う」観光客が増えるにつれて開放されてきた。国門のゲートめがけて大型の観光バスが次々と押し寄せ、バスから中国人観光客が大勢降りてきては大声で騒いでいる。いつ見ても思うのだが、中国人観光客たちはなぜあんなに大きな声で話さなければ気がすまないのだろうか。

料金が約千四百円と、門に入るだけなのに不当に高い。切符売場の手前から覗き込むと、毛沢東が初めてソビエト連邦に行った時に乗った蒸気機関車「解放1861号」が展示されていた。

幸いと言うべきか、外国人は旅券を提示しないと切符が買えない。私はホテルの金庫にしまってきていたので、三人も「ここで見られるし行かなくてもいい」とあっさり了解してくれた。

帰路はまた草原の高速道路を猛スピードで走っていく。後ろの三人は腕を組み、もはや爆睡状態である。

またしても陳さんの眠気を吹き飛ばそうと私がテレサ・テンの「ふるさとはどこですか」を日本語で歌うと、大笑いしつつも喜んでくれた。

帰り道に寄るのはマトリョーシカ広場にダライノールの博物館だ。マトリョーシカは木をこけしのように彫り女性の姿を描いた入れ子式人形である。広場の前に車を停めると、三十メートルをこす巨大なマトリョーシカが出迎えてくれる。まわりをぐるりと囲むのがまたマトリョーシカの形をした店で、人間の身長くらいのマトリョーシカが並ぶ。

店に入ると、当然のごとく大中小の人形が林立し、そのほかにロシア製の双眼鏡、時計、ナイフ、ベルトなどが売られている。メッシュのベルトが傷んできたので、革のベルト六十元（約千円）と、スカーフ三十元を買った。古いベルトを店員に「あげるよ」と渡すと、怒ったように外のゴミ箱に放り込んだ。

さらに絵葉書や小型のマトリョーシカを購入している私を見て、陳さんは「あんたはお土産が好きだね」と笑った。だが中国人観光客はもっともっと熱心で、みんなかかえるようにマトリョーシカを買っていた。

旅にお土産はつきものだ。ここはどこに行っても人形があるのが面白い。

＊

ハイラルのホテルの窓から、夜の市内の風景がひろがっている。見慣れた東京のビル群と異なり、明かりが弱々しくネオンの光もない。遠くに墨を流したように地平線がのびている。

三十年前、カントリー音楽の旅でアメリカ南部へ行ったが、その時に見たホテルからの情景と重なる。日本人の我々から見ると、町と町との間が想像もつかない離れ方である。百キロ、二百キロと何もなく、荒涼とした大地だけが横たわり、その静寂な空気が町にも流れている。

ハイラルに来る前は、王道楽土の夢と消えた満洲関係のムック本をはじめ、ノモンハン事件の分厚い書籍などを毎日のように読み、少しは理解したつもりだったが、この地の草原を車で走っているうちに、すべてが遠く脳裏から消え、憑かれたようにただ地平線を見つめていた。

七十九年前の国境紛争は現地に行ってみると、なんだか現実離れして遠い遠い過去になってしまった。今回の旅にもノモンハン関係の文庫本を入れてきたが、一度も開くことはなかった。当時の貴重な地図のコピーも、ファイルから出すことすらしなかった。


この数年、ノモンハン事件の真相とされるものが大きく変化してきた。それは旧ソ連軍の資料が公開されて、今まで語られてこなかった戦場の姿が浮き彫りになってきたからだ。

これまで日本軍はソ連軍の機甲部隊、いわゆる機械化部隊に完璧に打ち負かされ、二倍の犠牲者を出したというのが定説であった。だが、一九九一年のソ連崩壊後に出された保存資料から、ソ連側の死者は日本軍を上まわる二万六千人前後だったことが明らかになる。長い間封印されてきたソ連軍の公文書は公開されたが、日本軍は多くの資料を焼却し隠蔽することを選んだ。

「五族協和」の名のもとに日本軍とともに行動した満洲国では、中国人からなる軍隊も陰にいた。モンゴル人、朝鮮人も参加していた。この事実が、最近になり語られはじめている。ノモンハン戦の真相は、今後も研究が進むにつれ徐々に明らかになっていくはずだ。

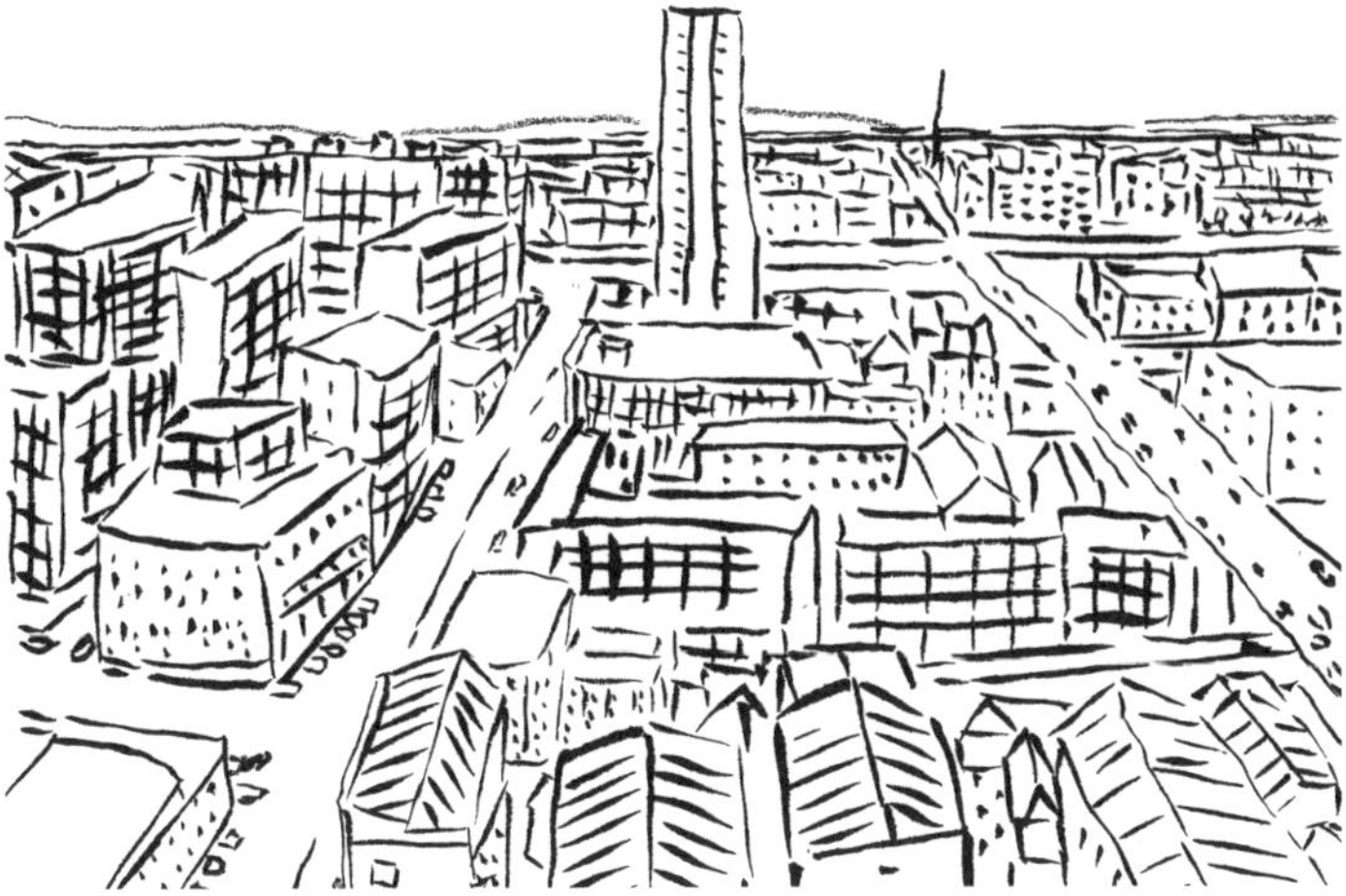

ハイラルから国境ノモンハンまで約二百二十キロ。二万人の日本軍は炎天下をひたすら歩いて行軍した。東京から浜松あるいは郡山あたりまでの距離である。重装備を背に、歩兵はハルハ河をめざしたが、昼は四十度、夜は零度近くになる。野営は苦労の連続だった。歩き疲れて命より大切な三八式歩兵銃を落とす者まで現れ、しだいに隊は夢遊病のようにふらつきはじめた。

一番の原因は水不足であった。池塘はあったが、塩分をふくむからとても飲めたものではなかった。さらに草原の土壌も塩分をふくみ、育つ植物がかぎられている。井戸を掘りたくても草原の下は強固な岩盤で、手にした道具では歯が立たない。いつもは動物の血を吸っている凶暴な蚊が、服の上から強烈な針を刺してくる。飢えた者はニラに似た草を口

にして水分と栄養を補給した。
私は陳さんの制止を振り切って、草原の池の水をひと舐めしてみた。確かに塩の味を感じた。陳さんは塩分よりも動物の糞がまじっているから危険だと言う。
彼は無造作にスマートフォンの写真を見せてくれた。二〇一一年七月に大雨が降り、ハイラル市内では車が屋根まで水没するほどの洪水が起きたのだ。真っ平らなハイラルの町はふだんは川の水量が極めて少なく、年間の雨量も少ない。だからこそ塩分は流されることなく土にたまるのだ。
さて日本軍がハルハ河に近づいた時、待ってましたとばかりにソ連軍は高台から発砲を始めた。日本軍の戦車が果敢につっ込んでいくと、なんと隠すように張りめぐらされたピアノ線にキャタピラがからみ、走行不能になった。これにより日本の戦車は壊滅状態に陥った。

日本軍の連れてきた馬も標的にされた。伏せることを訓練されていない馬は昼も夜も立ったままで、次々に小銃で撃たれ、負傷していった。日中は身動きができない日本軍は夜間にソ連軍の戦車に近づき、ガソリンを詰めたサイダー瓶を武器に、死を覚悟した肉弾戦でぶつかっていくのであった。できることは自爆行為しかなかった。


日本軍が遺した数々の地下要塞の見学をしようとすると、陳さんは首を横に振り、「もっと楽しいところに行きましょう」と話題を変えてしまう。決して日本軍のコンクリートの破片が転がっている場所には案内しない。

マトリョーシカの近くに、ジャライノール博物館があったが、ここは地下に巨大な炭坑跡が再現され、小型の蒸気機関車が設置されていた。

我々のグループの中に異常に蒸気機関車に詳しい人物がいて、細部を写真に撮り、いたるところを手でさわり、「汽車の鉄がちがう」ともっともらしいことを言っていた。ジャライノール炭坑は露天掘りで有名だった。つい最近まで掘られていたが、石炭燃料は公害のもとと言われ終了した。閉鎖まで活躍した蒸気機関車を写真に撮ろうと、内外から多くの鉄ちゃんが訪れるそうだ。

博物館には内モンゴル最大、中国でも五番目に大きな呼倫《フルン》湖、別名ダライノール（モンゴル語で大海のような湖）の動植物が各階に展示されていた。一メートルをこすマスからヒメマス、イワナ、草魚、カメと、まるで水族館のように現物見本が際限なく飾られていた。

だが私がもっとも興味をそそられたのは、玄関脇の展示である。市内の学校に通う地元の子供たちの単純な絵であった。どの子も素直に絵を楽しんで描いている姿が目に浮かぶ。

大きなヒマワリ。ハヤブサの飛ぶ姿。犬と一緒にいる兄弟。学校の先生。ハイラルの子供の絵は日本の子供の絵と同じくけれん味がなく微笑ましい。ちがうところを一つ挙げれば、海と山が描かれていないことだ。だだっ広い草原の絵が実に多く、空の青さが純粋にクレヨンの「青」一色でぐいぐいと重ねられている。


最後の夜は、やはり羊鍋であった。まずは陳さんにねぎらいの言葉をかけ、ハイラルに来られたことを感謝した。車代を渡そうとしたが、頑なに断られた。こういう時、中国人は面子があるのか絶対にお金を受け取ろうとしない。仕方がないので、キタキツネに預かってもらうことにした。

彼女は仕事が重なり、我々と同行できたのはほんの一部であった。この日も多忙のせいか少し疲れているようで精彩がなく、淡々と我々にビールを注ぎ、かすかに笑っている。宴会なのにお互い言葉ができないと本当にお通夜のようになってしまうが、各自スマートフォンやカメラで撮った写真を見せるうち、ようやく盛りあがってきた。

羊にはやや飽きたというものの、町で一番おすすめの店だけに、肉はとろけるような美味しさで口にするなり一行はまた夢中になる。さらにカジカのような小魚の皿も出てきた。彼女は「白魚」と言ったが、両手で頭としっぽを摑んでかじりつくと、胡椒をまぶし軽く油で揚げた素朴な味付けに満足する。

魚が出てくると淡白な日本料理の味が思い出され、もう羊肉には箸がのびなくなってしまう。それを見てキタキツネは呆れたような顔をして魚料理を追加してくれた。

宴会は白酒での乾杯と、二人の物哀しいモンゴルの歌で締められた。料理店からホテルまでぶらぶら歩いていくと、青々とした大きな月が光っていた。

ハイラルの旅はこれでいいんだと妙に納得する月夜だった。

魯迅めぐり

約束の午後一時にホテルのロビーで待っていると、一分の狂いもなくキタキツネがやってきて手を振った。週末の休みと合わせて五日間の休暇をむりやり取って上海に来たのだ。

会うやいなや、近郊の水郷めぐりをしようと提案してきた。彼女は中国東北部の大手スーパーマーケットグループに勤め、ハイラル支部の経理部門で働いている。それだけにてきぱきと物事を片付けていく性格で、いつも曖昧な私の態度に時おり呆れはて返事をしないこともあるが、上海でも日中平和な交流が続くことを願う。

まず向かったのは水郷古鎮の朱家《しゅか》角《かく》である。建物の白壁と黒瓦の対比が叙情的だ。

水郷の旅の醍醐味は手漕ぎの観光船である。天気がよくあたたかいので、六人乗りの舟の中は和気あいあい、道を歩く人や魚を釣っている人と声をかけあっている。彼女はス

マートフォンでさかんに写真を撮り、「うふふ」とうれしそうに笑いながら、会社の友人に送っていた。

北の国から来た彼女にとって、穏やか都市水郷はあこがれの土地である。北方の冬は氷点下となる日々が続き、すべての川や水は凍りつき、春まで流れることはない。

キタキツネこと唐麗軍は一見若く見えるが、四十二歳と聞きうなずいた。中国のことを少しかじると、生まれた時代ごとに名前に共通点があることに気づく。はっきりわかるのは文化大革命だ。一九六六~七六年の間に生まれた子には文春、革学というように文、革、紅、衛、兵など、革命や紅衛兵からとった名が多く見受けられる。

父親は黒竜江省竜江の辺境で生まれ育ち、何年も働き、その地で結婚し彼女を育んだ。母親は現在もそこに一人で犬と暮らしているそうだ。

故郷の写真を見せてもらったことがあるが、まさしく映画「初恋のきた道」そのままの厳しい生活がそこには写っていた。トウモロコシ畑とポプラ並木が続く道を何キロも歩いて、彼女は学校に通っていたのだ。

温暖な気候のせいか、上海料理は味付けが甘めである。点心料理、豆腐料理、東坡肉、麺類と、どれも日本人の口に合う。ふだん塩辛い東北料理を食べているキタキツネも「やさしい味」と満喫していた。紹興酒の本場に近いからだろう、安い酒を注文してもやたらにうまい。店内にはテレサ・テンの曲がよく流れている。

私はバーの密集した新天地や旧フランス租界、伝統的な横丁の弄堂など、どちらかというと人や物が密集したところ、本があるところに体が向くのだが、彼女は骨董品や漢方石鹸、薬草市場と健康志向に足が進む。海外での主導権は言葉ができる人に軍配が上がる。

中国語で携帯電話は「手机」（机は機の簡体字）といい、スマートフォンは「智能手机」と明快である。彼女はいつでもどこでも右手にそれを持っているが、保護ケースを使わず素のままである。水郷の運河でもやはり手にぶらぶらさせているので、落としはしないかと気になって仕方がない。


上海からの日帰りで、蘇州、無錫と水辺を求め我々は進んでいった。長江の下流域に開けた無錫は、風光明媚な太湖につき出した形がすっぽんの顔に似ているため鼋頭渚公園と名付けられた自然公園が有名である。

中国にしては珍しく公園の中はゴミ一つなく整備され、花が咲き乱れ、どんな人でも心を和ませずにいられない景色である。太湖仙島に船で渡るのだが、船から身を乗り出すように彼女はスマートフォンで写真を撮って満足そうな表情をしていた。

だが帰りに事件は起きた。トイレで用を足す時に、後ろポケットからスマートフォンが水の中に落ちたのだ。水没した精密機械はいくら振っても再起動にはいたらなかった。公園内の売店で直すところはないかと訊いたが、皆さん首を振るばかりである。この長期休暇の間、会社からの連絡はすべてこの電話にかかってくる。しだいに彼女の顔つきはきつくなってきた。

やむなくバスで市内に出た。乗客に「電子機器を修理できる店はないか」と訊くと、「大手家電量販店に行けば」と教えられ、バスを降りてタクシーに乗り、百貨店や商業ビルが重なる繁華街に出た。

派手な黄色い看板の建物に入っていく。修理の受付は地下にあり、行ってみると日本と同じように多くの人が順番待ちをしていた。

順番がきた彼女が店員に「直るの、直らないの」といきなり詰め寄ると、その剣幕に若い店員は苦笑しながら機器の裏を星形のドライバーで開け、この部品を交換しないと無理だとつき放すように示した。基本料金は二百元、黒い電池のような部品は三百八十元。合わせておよそ一万円だ。ここから彼女と店員との激しいやりあいが始まった。中国人同士の会話は時としてまるで喧嘩をしているような応酬が続く。

修理部門はiPhoneとそれ以外に分かれていたが、みんなが立ち上がってこちらを見ている。

彼女の驚異的な「もっと安くしろ」の粘りも、「ほら直りましたよ」と青白く輝く画面を見せられると、勝敗の決着はついた。悔しそうに店を出たが、「騙された」とまだ納得していない。帰り道ではさすがにバッグの中にしまっていた。

本来なら無錫で一泊する予定になっていたが、「水は怖い」という彼女のひとことで、上海まであっさり高速鉄道で戻ることにした。

彼女と旅をしていて面白いのは、旅行雑誌や案内、あるいは検索した情報などを一切見ないことだ。その土地に行き、町で出会った人に聞いてその日の行き先を決めるので、思わぬ展開が待っている。もっとも、予定が立てられないのは困るといえば困る。

列車の中で、彼女は「明後日は山だ。黄山に行こう」と奇想天外なことを言った。思わず「黄山？」と私の声が上ずった。日本の高尾山とちがい、黄山は千八百メートルの峰が連なる立派な高山である。

＊

上海のもっとも有名な観光地は浦東地区である。外灘から眺める超高層ビル群は夜ともなると黄浦江の水面に光をきらめかせ、いっそう輝きを増す。近代的な上海の象徴である東方明珠塔は、まるで発射台で秒読み中のロケットのようだ。ほかにも未来的な建築物が林立し、空へ空へと直線的にのびている。経済の勢いが止まらない中国を象徴するかのような摩天楼だ。

キタキツネの思いつきで上海に戻り、一日滞在して黄山に登ることになったが、私も彼

女も山登りの用意などしていない。南京東路の店で必要なものをそろえることにして、ひとまずホテルへと戻った。
　しかし、せっかく上海に来て、ただぶらぶら散歩するだけでは味気ない。次の日は二人して早起きし、東江湾道の魯迅公園へ行くことにした。この公園はかつて虹口公園という名だったが、整備され三十年ほど前に魯迅公園と改称された。近くに魯迅の故居があり、執筆に疲れるとよく訪れたという。彼が活躍したのはもう九十年近く前であるが、あたりには当時の面影を遺した古い建物がたくさん残っており多くの人が暮らしている。
　魯迅公園はサッカー場と隣接しており、地下鉄虹口足球場駅のすぐそばにある。晴れわたった秋空の下の公園は、幸せに満ちあふれた都会の隠れ場だ。園内では人々が机を囲み、トランプや占い、将棋、碁に興じる。運動系の団体は社交ダンス、太極拳、健康器具で体を熱くしている。家族連れも多く、平日だというのににこのにぎやかさが中国そのものだ。とりわけ高齢者は元気いっぱい忙しそうだ。大きな筆に水をふくませ地面に文字を書く老人、野外カラオケ、池で釣りをしている人と、閑散とした日本の公園とは雲泥の差である。

私が好きなのは鳥籠をさげてくる連中だ。それぞれ自分の木がきまっているのか、各自枝に鳥籠を吊るし、さえずる様をうっとりと満足そうに眺めている。

小鳥は中国の男のほぼ唯一の趣味だ。セキセイインコやカナリアを公園に連れてきて、運動と日光浴をさせている。私の拙い中国語でも、かわいい我が子を褒められると笑みが絶えない。陶器の凝った水入れも褒めちぎるにかぎる。色や姿、鳴き声、中華模様の豪華な鳥籠。小鳥に関する話題は途切れることがなく、しまいにはこちらがうんざりするほど相手は饒舌になり、背中をそらし空に向かって笑う。そんな我々を椅子に座った老若男女が笑いながら見つめている。

公園の入口にはいろいろ注意事項の看板があるが、ほとんどの人が無視しているし、他人が何をしていても関心を払わない。ひょうたん形の池には舟遊びを楽しむ人たちがいる。一周歩くと一時間あまりの広さで、中には魯迅の墓と記念館がある。

彼女は椅子に座っている私にバッグを預け、社交ダンスを楽しんでいる。公園にいる中国人たちは驚くほど気さくで、人に対して壁を作らない。途中から入った人も背筋をのばしくるくるまわっている。時おり音楽が止まり、黒の正装をした男女が模範演技を示し、それに合わせてふたたび円が大きく動きだす。

踊り終えた彼女は額に汗を浮かべ息をはずませている。明日の山登りのいい準備運動になったようだ。私も太極拳のまねごとをして四肢の関節をゆるめ、体の調子を整えた。

公園の近くには昔から日本人が多く住み「日本租界」と呼ばれていた地区があり、上海を訪れた日本人や魯迅ら中国左翼文化人の交流の場ともなっていた内山書店旧址もある。

戦前の上海は、日本そのものであった。リトル東京、リトル長崎と呼ばれた町並みには日本人の商店が軒を連ね、九州から運び込まれた新鮮な魚、米や野菜、酒類だけでなく、下駄や浴衣といった日用品が並び、長崎弁が飛び交っていた。租界の居住者は十万人をこえていたという。当時の日本人は旅券も必要なく、みな日本語で通し、我が物顔で上海を闊歩していた。

現在は多倫路文化名人街と呼ばれ、入口には立派な石造りの門が立っている。かつての町並みを再現した通りは、上海を訪れた作家を偲ぶ場所として打ってつけである。魯迅、郭沫若、茅盾などの中国作家、芥川龍之介、谷崎潤一郎、村松梢風、吉行エイスケ、武田泰淳、堀田善衞、さらに金子光晴などの書物にふれた者は、この通りは絶対はずせない。

上海といえば強烈な印象を与えるのが金子光晴の『どくろ杯』だ。泥水を飲み、膿のような布団にくるまり、地獄の底をのたうちまわるような描写は、読んでいて思わず息を呑む。

だが光晴は新聞記者ではなく作家である。あの記述は真実本当の上海体験によるものではないはずだ。『どくろ杯』の「中央公論」連載開始は一九六九年。光晴が上海に行ってからすでに四十数年の時が過ぎている。ここには小説家の練りに練った作戦があったと考えられる。

『言語都市・上海』（藤原書店）の金子光晴の頁を開くと案の定、そのあたりが克明に証明されていた。光晴は最初に上海に行った時のことを「日本詩人」（一九二六年）に書いているが、そこには白い漆喰壁や青い澄明な空といった、『どくろ杯』の上海になじんだ者を裏切るような爽やかな明るい文が続いている。光晴の上海体験は高等遊民的な甘美な夢そのものであったのだ。

当時使われていた洋館が改装され、懐古調の喫茶店、料理店、古書店、骨董品や雑貨店、文革雑貨などを商う土産物屋となっている。道に車は少なく、のんびり散歩するにはいい路地だ。

彼女はものおじしない性格なので、店に入るなり大声で「老板《ラオバン》」（店主）と呼び、品物を指さして値段を尋ね、「もっとまけなさい」とごねた末に結局買わない。私が工芸品店で小さな魯迅の銅像を買うと「言い値どおりで買う愚かな日本人の見本」といった冷めた眼で見つめ、それ以後、購入しそうになると後ろにぴたりとつき、交渉に強引に参加してくるようになった。

中国に行きはじめてから、各地にある魯迅の名を冠した記念館や博物館、故居に、いつの間にかずいぶん足を運んでいる。

魯迅が少年時代を過ごした紹興にも二度ほど訪れ、小説「孔乙己《コンイーチー》」で有名になった居酒屋で古酒と茴香豆《ういきょう》を肴にいくぶん気取って写真に収まったこともある。

本場の紹興酒のふくよかな喉ごしの虜になったのもこの時だ。日本の中華料理屋で飲んでいた台湾産の浅く甘ったるい紹興酒とは別格であった。そして、おそらくは当時のままの古めかしい木のカウンターのすり減り方に感銘を受けた。酒飲みが手を置く場所はおのずときまっているのか、そこだけ見事にすり減り、へこんでいるのだ。何十年も酒にいじきたない連中が手を置き、笑い、思い悩んだ跡がこれほどはっきりと確認できたのは、後にも先にもこの店しかない。

北京の阜成門にある魯迅博物館には魯迅が暮らした四合院造りの家がそのまま保存され、その時代の生活を垣間見ることができる。一切装飾のない簡素な部屋には今も当時の空気が張りつめているようだ。この殺風景な室内で、魯迅はじっと自己を見つめ、原稿に没頭していたのだろう。

あるいは、やがて不倫の恋に落ちる十七歳年下の教え子許広平への手紙をしたためていたのだろうか。百三十五通の長く膨大な手紙は『両地書』にまとめられているが、大半は恋愛より中国の行く先を真摯に語ったものである。

北京の東四にある、小説の題名どおりの浙鮮料理店「孔乙己酒楼」は、北京滞在中に一度は足を運ぶ店だ。落ちついた江南の雰囲気にあふれていて、油断すると瓶に入った紹興酒を飲みすぎて酩酊状態でホテルに戻ることになる。北京の日本人にも人気が高く、知人に偶然会ったりもする。彼女と二度目に会い、食事をしたのもこの店であった。女性はすぐには正体を見せないもので、その時は同席の知人たちにつつましく笑顔を振りまいていた。

魯迅の記念館に寄るたびに、復刻版の本や葉書や小物を買うので、今や自宅の本棚の一角は魯迅で埋めつくされている。魯迅が原稿用紙に記した字はなんとも味があり、惚れ惚れする。

魯迅の作品で有名なのは『藤野先生』『阿Q正伝』『狂人日記』などだが、私は「孔乙己」「故郷」「百草園から三味書屋へ」といった短編が好きだ。中国の旅に出る時は必ず魯迅の文庫本をお守りのように鞄に入れているが、読み返したことはない。魯迅の文学は古びず、『阿Q正伝』などは現在にも通じるものがあると感じるが、私には筋を追うぐらいで深い解釈はできない。

意外といっては失礼だが、ハイラルで会った時、キタキツネも魯迅の本を持っていたのに驚かされた。「散文」という文芸誌を愛読する読書家だったのだ。

公園からの帰り道、思わず「紹興酒を飲みたい」と言うと彼女は渋い顔をした。酒飲みを嫌っているのだ。

黄山に遊ぶ

日本を一筆で絵にしなさいと言われたら、多くの人は迷わず富士山を描くはずだ。では中国を描いてくださいと言われたら？　ある人は中華料理屋の丼の縁の四角い雷紋連続図を、絵心ある者は空に舞う竜をさらりと描くだろう。私は渦巻状の雲を描く。

祥雲は中国では重要な装飾模様である。銅器、石刻、壁画と次々に新たな図案を生み出し、服飾にもからんでくる。中国の雲は生き生きと常に動いているような錯覚をおぼえさせる。たなびく雲が導くのは仙人、神禽、宝物ととどまるところを知らない。祥雲はめでたい雲とされるが、あの雲がかかるとたんに幻想的な雰囲気が作り出され、効果抜群である。

山水画に例の雲を添えられると「これこそ中国三千年の歴史」と平伏してしまう。この山水画の風景をもっとも表している山が黄山である。

黄山は黄色い山ではなく、黒い花崗岩の山である。大昔は黒い山、黟《い》山《ざん》と呼ばれていた。ではなぜ黄山と言われるようになったのか。伝説上の帝王、黄帝がこの山で不老不死の薬を作らせたという伝承から、唐の時代に改名された。中国では黄色は一番位が高く、神の色、権力の象徴として使用されてきた。黄河、黄龍、黄帝とその表現は多岐にわたる。

中国政府が最初に指定した国家重点風景名勝区であり、一九九〇年に世界自然文化遺産にも指定されている。自然と文化の双方の指定を受けたのは、水墨画の世界も価値として認められたからである。さらに李白などの漢詩の影響もある。

黄山は上海の西四百五十キロ、安徽省に属しており、杭州からバスで入る観光客が多い。ひと昔前はどこから行くにも列車やバスで何十時間も費やす不便な場所だったが、現在は高速道路の発達により、上海からでも六、七時間で登山口に入れる。

我々の乗った長距離バスは上海人民広場の九江路から出発であった。午前六時半集合と案内にあったが、朝早いので遅刻は厳禁と思い念のため二十分前に広場に行った。まだ人影はなく、長距離用のバスも来ていない。ほどなくキタキツネがやってきた。白い厚手のセーターに紺のズボン姿で、大きなバッグをたすき掛けにしている。私のほうは荷物が入るザックを背にしている。

時計を何度も確認し、あたりを見渡しても、黄山に行きそうな格好の人はいない。広い道路脇の椅子で落ちつかずに見まわしていると、出発の二分前に大型バスが現れた。続いて「待ってえー」と大声をあげて三、四人の集団がこちらに走ってくる。

六時半を少し過ぎたところで、空席の目立つバスは出発した。こんなに客の少ないままで行くのかと思っていたら、それから十分ほど走り、何ヵ所かに止まって次々と客を乗せていく。やがて満席になり、旅行案内人にしては普段着のようなジャージ姿の女性が拡声器を手に笑顔で「ようこそ黄山の旅へ」と、これからの行動日程を説明しはじめた。

上海でも同じことがいえるが、中国人の運転はとにかく乱暴だ。タクシーが飛ばすのはわかるが、昨日乗った市内バスの運転手もなにやら殺気立ち、急停車、急発進の連続で心臓が痛くなった。さすがにこういった長距離観光バスの運転手は丁寧だろうと思ったら大間違いで、前を走る車を煽り、蹴散らすように速度を上げていく。おそらく百キロ以上は出しながら一路黄山をめざす。運転中にスマートフォンで長々と話しているのも気になる。さらにトイレ休憩の時に、なぜか運転手の友人らしき男が乗り込んできた。するとバスは高速道路から一般道に下り、病院の前で止まった。そこで男は降りたが、入れ替わりに買物カゴを手にした女性が乗り込んでくる。バスは高速道路に戻り、またしても爆走を再開する。病院前で乗った黄山行きとは関係のない女性を運転席の横の補助イスに座らせ、楽しそうに話し込んでいる。

キタキツネは朝が早かったせいか冬眠状態で眼を閉じている。膝の上のバッグの隙間からトイレットペーパーのロールが見えた。このロールは中国人が旅行に出る時の必携品らしく、トイレはもちろん、手を洗う時、田舎の食堂の汚れたコップを拭く時と、常に登場してくる。

バスが飛ばしてくれたおかげか、昼には時間どおりロープウェイがある慈光閣広場に到着した。簡単な昼食をとり、十名くらいずつで旗と拡声器を持った登山着の案内嬢のもとに集合する。

黄山は一つの山ではなく、千八百メートル級の山が何峰も連なった大きな山塊である。ほとんどの客が山中で一泊し、御来光を拝む行程を選んでいた。登山道は整備されているが、いくつも分岐があって複雑なので、多くの人は案内嬢の旗について歩いていく。私たちは途中までロープウェイで上がってから山頂をめざすのだが、それでも頂上まで「軽く三時間」と説明されると少々ひるむ。

黄山風景区の入山料が二百三十元、日本円で約四千百円と聞き、驚く。さらにロープウェイも片道千四百円とけして安くはない。そういえば昨年の秋に行った同じく世界遺産の武陵源景区でも、四千四百円という入山料に憤慨した。

二十数年前、チョモランマのベースキャンプへ知人の登山隊を応援訪問し、その帰りにラサのポタラ宮に寄ったことがある。その時には予約の必要もなくふらふらと入れたのだが、世界文化遺産に登録されてからは制限が厳しくなったらしい。最近訪れた人は珍宝館も含め四千円をこえる高額の入場料を取られたと呆れていた。

案内嬢は「平日だから空いていて助かる」と言うが、広場には大型バスがひっきりなしに到着し、続々と登山客が降りてくる。休日や連休ともなると、ロープウェイに乗るのに二、三時間待ちが当たり前だという。

黄山を満喫するなら山麓から歩くというのが正しい登山のあり方だが、全長二千百七十六メートルを八分で結ぶロープウェイの便利さにはやはり勝てない。中腹にある玉屏駅で降りると、そこにはもう東山魁夷の水墨画さながらの風景が屏風のように百八十度ひろがっている。これにはふだんでも声の大きい中国人が奇声を発し、動物のように雄叫びをあげる。

「すごい！　きれい！　大きい！」と私もまねして声を合わせたが、キタキツネは物静かに相槌を打つだけであった。

黄山は四つの絶景が特色である。怪石、温泉、雲海、奇松。奇松は岩の割れ目からあやしい形をして空につき出ている。案内嬢は拡声器の声量を上げ、「あれが迎客松、あちらが送客松」と松の解説に息を弾ませている。

氷河に削られ槍の穂先のように尖った峰に、まさに絵のとおりの祥雲がからみつく。登

山道は急な石段が延々と続き、道幅の狭いところでは渋滞が起きる。前に進まないのに下からどんどん登ってこられると身動きできず危険きわまりない。

案内嬢は声をあげて「早く登りなさい」と催促しているが、上を下への大混雑に、もはや皆さん汗だくである。晴天だからいいものの、これで雨にでも降られたら、展望台で眺めを楽しむ余裕などない。

登山客はみな初めのうちは健気に根を張る松に感心して見とれていたが、しだいに足が上がらなくなってくる。掛け声は力を失い、眼もうつろだ。背広姿のおじさん二人はすでに脱落し、案内嬢も探そうとはせず出発してしまった。

それでも、久しぶりの山歩きはいいものだ。新鮮な風、岩肌の鉱物や木のにおい。

あたりが暗くなりかかる頃には空気も冷たくなってきて、羽毛入りの上衣に袖を通す。杖が欲しいと思いはじめた頃に今夜のねぐらである黄山頂上近くの排雲楼賓館に到着した。

ここは山頂から日の出が見られるホテルとして人気が高く、予約しないとなかなか泊まれない。部屋は四つ星から我々のドミトリーまで料金によって選べるが、若者はテントで十分とばかりに、ホテルに沿って小型のテントを何十張りと並べている。平日なのに宿泊客が玄関や階段脇にぺったりと、みなへたり込みながらも和んでいる。ほとんどの人が大型のスマートフォンを持ち、接続ケーブルをつなげたままぶらぶらさせたり首に巻いたりしているのは、日本では見られない姿である。

中国が社会主義国家だと認識するのは建物の大きさで、どこもかしこも建築物がいいかげんにしろと言いたくなるくらいだが、この山頂近くのホテルも例にもれず大きい。中に入ると、ここまで大きくしなくてもと思うくらいの広さである。

二段ベッドの部屋に入るとパネルヒーターがあり、ほんわかとあたたかい雰囲気で悪くない。おおまかに男女が分かれており、中心の丸いテーブルを椅子がぐるりと囲んでいる。ザックを下ろし、一人なんとなく各部屋を探索しに行く。どの部屋でも日本の山小屋と同じように、魔法瓶を置きお菓子をひろげてくつろいでいる。

山での楽しみはやはり夕食だ。地下の食堂に下りてみると、地方都市の国営レストラン

そのものといった感じで広々とそっけない。大きな食卓にグループごとに思い思いに座っていく。

丸いテーブルの真ん中には大きな器に入ったピリ辛の水煮魚、牛肉に春雨スープと人数分の皿が並ぶ。名物の塩水鴨は、内臓を取り除いたアヒルを干して塩味で煮たもの。さらに定番のトマトと卵の炒めもの、ジャガ芋の細切り炒め、シャキシャキの蓮根、セロリやレタス炒め、筍、豆腐などの中皿が取り囲む。

中国人は「いただきます」を言わず、黙って箸をのばして食べはじめる。

そもそも日本人がひと口に中華料理と呼ぶものが、中国にはない。北京料理、広東料理、四川料理、湖南料理はあっても、中国料理という看板を掲げることはない。だから中国人が日本に来て驚くのは「日本料理」の店を見た時だという。ついでに中国では国営の病院が多く日本のような個人の医院は極めて少ないため、歯科、眼科、小児科の看板がやたらと目につくそうだ。

これまで中国を旅してきて日本と大きくちがうと感じたのは、主食がお米ではないことだ。日本では北から南まで必ず白いご飯が並ぶが、中国は粉食文化の比重が大きく、麺に始まり饅頭、花巻、包子、さらに餃子と、小麦粉やトウモロコシ粉が主食になる。

大衆食堂に入っても、日本人がすぐ思い浮かべるような餃子、焼売、春巻などはまず出てこない。海老チリ、回鍋肉、八宝菜などの炒めものもない。また中華丼、天津飯、カニ玉丼は日本で創作されたもので、本場中国にはない。

そして私にとって重要なことだが、中国人は食事に合わせて酒を飲む習慣がない。宴会や何かの催しでは盃を傾けるが、日本の晩酌のように日常的に酒を飲むことはしない。北のほうは多少ビールなど飲んでいるが、南ではまったく見られない。

山の食堂でもテーブルに着くなり「とりあえずお酒を」と言いたくなったが、あたりを見渡しても誰一人飲んでおらず、じっと我慢した。対面に座った彼女は「頼まないの？」と眼で合図をしてきたが、私は首を横に振った。気まずさに加えて、忙しく動きまわる従業員に声をかけにくい。

そういえば北京の作家や出版社の人と酒を飲む機会が何回かあったが、同席した女性編集者はほとんど手をつけなかった。まして女性が煙草を吸っている姿は見たこともない。意外に保守的で規範意識の高さに驚かされた。キタキツネに訊くと、父親も酒を飲まないそうだ。

夕食のあとで、私はこっそりホテル玄関横の売店へ行ってみた。山のふもとでは十元で売っていた杖がこちらでは五十元になっている。さらに酒もみな三倍と抜け目がない。度の強い白酒の小瓶を買い、上衣の内側に隠して部屋に戻った。

だいたいこういう時の会話はどこも同じで、「どこから来たの」である。黄山駅が起点なので、上海、青島、北京と北の方面が多い。台湾の台北や東京などと答えると、「遠いところからようこそ」と驚きの声があがった。だが彼女が「私のほうが遠いわ。ハイラル」と言うと、「それどこ」「どこ」とざわつき、「北のほうの町」と落ちついた声で説明しても、皆さん「どこどこ」と首をひねっている。

私は窓から見える月を眺めながら、そっと白酒の栓を抜き口にふくんだ。少し開けた窓から松の木のにおいがした。

＊

御来光を拝もうとする人たちが動きだし、早朝五時頃から室内はざわつきはじめた。帽子をかぶり私たち二人も外に出る。まだ暗く霧が立ち込める中、スマートフォンを明かりがわりにして人々は近くの小高い丘を蟻のように動いている。

やがて六時を過ぎると太陽がゆっくり上り、どよめきがあたりにこだまする。これまで日本の山で何十回も御来光を拝んできた私に、それほどの感動はない。だが中国人はちがう。すっかり太陽が上ってしまったのに、まだ奇声を発し騒いでいる。

彼女は「いやねえ、あの騒がしい人たち」という顔をして眉をひそめていた。


下山の出発は七時三十分である。外の庭では、昨日と同じ案内嬢の旗のもとにぞろぞろと同じ顔ぶれが集まってくる。

キタキツネが売店から饅頭を買ってきた。中国を訪れた初めの頃は饅頭のよさがわからず、やや横柄に見下していたが、蒸かしたてを食べてからその美味しさの虜になった。熱熱の饅頭をかじると小麦の甘みがじっくり口内にひろがる。雪菜という高菜に似た漬物を挟むと、信州のお焼きのようでいっそう美味しく感じる。これは彼女が今朝ホテルの人からもらい小さな容器に入れておいたもので、その用意のよさに感心する。

案内嬢は「昼までにロープウェイに着けますが、足が動かなくなった人には駕籠もあります。さあ出発」と元気に言って小旗を振った。

歩きはじめるとすぐに汗が噴き出してきた。帽子と上衣をザックに入れ旗を見失わないように必死についていく。この山道をおそらく毎日のように歩いている案内嬢の健脚には追いつけず、参加者は荒い息を吐いて「ゆっくりゆっくり」と叫ぶ。だが彼女はそんな声など無視するように大股で歩いていく。

それでも見晴らし台まで来ると、きちんと点呼があった。途中で胡瓜が売られており、かじりながら元気をつける。この胡瓜は実に土の味というのか、あの懐かしい子供の頃に食べた味を思い出させた。値段は下の売店の三倍だが、うまいものはうまい。

一時間ほど歩くと飛来石が見えてきた。空から飛んできた槍の先がそのまま大地に刺さったように見える。その不思議な風景に見とれていたが、「あそこまで行くのに往復一時間はかかります」という案内嬢の声に全員首を振る。

なだらかな坂を登っていくと標高千八百四十メートルの光明頂に到着した。ここで休憩となるが、反対側の太平ロープウェイから登ってきた人たちが野球場のように大きな広場にわんさかいる。丸い天体ドームの気象台はまるで未来の宇宙観測所のようだ。こういった建物も今の中国を象徴するかのごとく巨大で、見る者をひるませる。

ここから下りがしだいに急になる。階段も手摺がないと危険きわまりない。さすがに誰もが真剣な顔で下りてくる。山の事故はほとんどが下りで起きる。ここでもちょっとした気のゆるみからの転落が後を絶たないという。

明の陳継儒の詩「友の黄山に遊ぶを送る」に、

十歩一雲　　十歩に一雲
五歩一松　　五歩に一松
松埋雲上　　松は雲上に埋もれ
雲奄松中　　雲は松中に奄《おお》われる

とあるが、まさにそのままの光景がひろがっている。

けわしい峰がつきあげ、そこに松がからみ、雲が覆う。確かに天下第一の山としてその名をほしいままにしているだけはある。登る前はそれほどおおげさな山ではあるまいとたくぶんなめていたが、天に向かってつきあげるような奇怪な岩山を見ていると、神秘的な気持ちに包まれてくる。根も幹も曲がりくねり、断崖絶壁に振り落とされまいとへばりついている松に生命の強さを見る。

明の詩人で大旅行家である徐弘祖は、

五岳より帰り来たれば山を看ず
黄山より帰り来たれば岳を看ず

と語っている。中国の道教の聖地に東岳泰山、西岳華山、南岳衡山、北岳恒山、そして

中岳嵩山の五つがある。この五岳を登った者はほかの山には見向きもしなくなるというが、黄山に登ればその五岳すらも影が薄くなると自信をもって断言している。

急な傾斜の登山道を三時間も下っていくと膝への負担がものすごく、すでに駕籠に乗って運ばれている年配者もいる。眼が眩むような百歩雲梯の下りは道幅が一人分しかなく、しかも急な石段が続く。振り返るとキタキツネが必死の形相で下りてくる。案内嬢も「用心して」と大声をあげ、あせらないようにと呼びかけている。ひと息つける場所で旗をゆらして遅れた連中を待っているが、ここまでついてこられた参加者はもとの半分ほどで、あとは別れ別れになってしまった。ここから下は安心な道なので、下りられる人は先に行ってロープウェイの駅で待っているようにと言われる。

急登が終わったので気が楽になってきた。ゆるい下り坂を彼女と前後しながら歩いていく。天気がよかったのが何よりである。

キタキツネは「下りは怖かった。でも楽しかったね」と私にロープウェイの切符を渡し、「半券はとっておいて記念にしなさい」と真面目な教師のような口調で言った。スマートフォンで彼女の写真を撮ろうとすると、さっと黄山を横顔で見つめている姿勢をとった。

中国の人はなぜ写真というと、まるで俳優のように気取ったポーズをとるのだろう。一度その理由を聞いてみたいと常々思っていたが、口に出すのはやめておいた。

振り返ると黄山はすっぽり霧の中に隠れていた。かすかに秋のにおいのする風が、しだいに強くなってくる。年齢を考えても、おそらく二度と黄山に来ることはないのではと思い、しばらく山を見つめていた。

広州オペラハウス

中国の旧正月、春節の時期に十日間ほど広州とマカオに滞在してきた。香港に近い南の広州は、二月中旬でもシャツ一枚で過ごせた。

行ったことのない土地に一人で行くのは緊張する。向こうで日本の味が恋しくなったら、などと考え成田空港の売店をうろついていると元気のいい売り子に捕まり、銚子電鉄の名前が入ったぬれ煎餅とイカの足をなんと四袋ずつ買ってしまった。

旅行鞄を手に、肩からはぬれ煎餅の入った紙袋をさげて、広州の空港に降り立った。宿へは便利な地下鉄を使う。一度乗り換えをして、中心地から離れた二号線の昌崗駅で降り、二分でホテルに到着した。

しかし、外見は立派なホテルなのに、受付のやる気のない態度にまず不信感を抱いた。

日本なら客が玄関ドアを開け旅行鞄を手に歩いてきたら、ただちにボーイが笑顔で迎えるのに、中国ではどこもここも誰もが無表情である。妙に薄暗い廊下がさらに不安をあおる。エレベーターで十七階の部屋に着くと、全体に汚れていて、うっすらと染みのついた床。窓のカーテンを開けば、外のガラスは驚くほど汚れている。

「これで四つ星かよ」

思わず冷静さを失い、大人げない声をあげてしまった。

すぐさま荷ほどきをやめ、ロビーに下りて部屋を変えてくれとお願いすると、「禁煙の部屋はなく、春節が来週から始まるので満室」と無情な答えが返ってきた。うなだれながら部屋に戻り、ビールでも飲んで元気をつけようと冷蔵庫を覗いても何も入っていない。

ホテルの中にはジムやサウナがあったが、売店はない。建物の隣りに小さな店があったので、これからの長期戦に備え、大瓶の青島ビールに白酒、さらにおつまみも強化した。

しっくりこない部屋だが、ビールを飲んでいるとしだいに気持ちもおさまり、自分にはこのくらいのホテルが合っているのかもしれないと、いささか自虐的になってきた。

おつまみに成田で買ったぬれ煎餅を開けてみた。初めて食べたが、薄い醤油としっとりした舌ざわりに「うまい」とひとりでに言葉がこぼれた。大瓶からビールをもう一杯グラスに注ぐ。甘酢のイカの足もやさしい味と香りがした。

ひと息ついて旅行鞄を開けたが中身は少ない。昔とちがい中国も日本と変わらずどこでもすべてが手に入るので、最近は胃薬以外に薬類は持ってこないことにしている。下着やシャツもホテルのクリーニングに頼めばその日のうちに仕上がり、何の不自由もない。

広州に来た目的の一つは、二〇一〇年アジア競技大会のあと雨後の筍のごとくできた現代建築の見学である。建物は地面に根を生やしているので、観たければ自分でその地に行くしか方法がない。絵画や音楽、サッカーのように、待っていればいつかやってくるものとはちがう。

「よし、とりあえず散歩するか」

本屋のありかを受付の若者に尋ねると「近くにはない」と言う。「前にあったがつぶれた」「大型店は広州東駅のほうにある」となんともつれない返事だ。地下鉄を乗り換えて本屋まで行くのも面倒なので、その日はやめておくことにした。

夕食の下見に食堂を探して歩いていくと、目に飛び込んできたのはイカの絵の看板だ。「墨魚」とある。わかりやすい。ガラス越しに覗いてみると、日本と同じように干したイカをくるくるまわる機械にかけて薄くのばしている。

あたりにはイカを焼くいいにおいが立ちこめている。のしイカにされている胴体だけでなく、イカ足の甘酢漬けもあるようだ。

広州は海に近いので魚介類が豊富と聞いていたが、これは幸先がよい。

日本と中国のイカを食べくらべるために、細く裂かれたのしイカと甘酢漬けの足を買った。なんとなく気持ちが明るくなってきたので、屋台の果物屋で苺にさくらんぼ、みかんとドラゴンフルーツを少量ずつ買った。日本円で五百円という安さに感激する。さらに日本人だと言うと、ぶどうをおまけにつけてくれた。「広州は人を幸せにさせる」と天を仰いだ。

人間はやはり明るく生きたい。暗くすさんだ道には棘があるものだ。背筋をのばして歩いていくと、お粥の専門店があった。小腹もすいてきたので、ふらふらと店に入り、お品書きを指さし、干し海老とレタスのお粥を注文する。さらに「蘿卜牛杂《ルオポウニウザー》」というのが目についた。「蘿卜」とは大根のことだ。なんとなく気になってそれも追加で注文した。

長粒種の米の粥を口にすると、そのうまさにたまげた。レタスや干し海老と一緒に煮込まないので粥がさっぱりとしていて、海鮮の風味が生きている。

日本の残りご飯を使った粥は「泡饭《パオファン》」といって、中国の「粥」とは別物である。粥は生米から強火で一気に炊きあげるために、米の風味がまるでちがう。

「蘿卜牛杂」は大根と牛の内臓を甘辛い醤油味で煮込んだおでんのような料理で、その味には泣けてくる。針生姜の細さにも泣ける。「広州は激ウマ」とつぶやく。

偽物食品、衛生問題と、中国の野菜と食が何かと話題になっているが、長く続いている店の料理人がそんなあやしい野菜を使うわけがない。

むしろ中国に行くたびに野菜の美味しさを認識したぐらいだ。日本の野菜は温室育ちで保護され、へたれた薄味としか思われない。

「広州はうまい」いたく満足してホテルの部屋に戻る。置いておいたスマートフォンが点滅しているので見ると、ハイラルのキタキツネからメッセージが入っていた。

「今、広州に来ています」と返信すると間をおかずに返事がきた。

「春節の休みになったら私も広州に行きます」

「ホテルの予約は大丈夫ですか」

と送るとほどなくして、

「駅の近くのチェーン系のホテルが取れました。とても経済的なところ」と返ってきた。

「ハイラルは今どうですか」

「こちらは毎日とても寒いです。今日の気温は零下十二度」

「広州はあたたかいです」と返事をすると笑顔のマークが点滅した。

とりあえず建築めぐりの前に、市内の地図を頭に入れておかなくてはならない。

＊

ホテル最寄りの昌崗駅から地下鉄に乗り、広州タワーがある赤崗塔駅で珠江新城新交通システム線という無人運転の列車に乗り換えて大劇院駅で下車する。

降りたあたりは二〇一〇年のアジア競技大会に合わせて突貫工事がおこなわれた再開発地区である。周囲には奇抜な建物が縦へ横へ地下へとのびていて、まるで建築博覧会のようだ。目につくのは日本の設計事務所が造った黒い石を積み重ねた外壁の図書館や、中国で一番高い六百メートルの広州タワー。「小蛮腰」（女性の細いウエスト）と呼ばれており、しなやかな外観は夜にはライトアップされ艶《なまめ》かしくも美しい姿を見せる。さらに五百三十メートルの広州周大福金融センター（東タワー）が建設中で、広州都市部の新たなランドマークとなっている。ほかにも博物館、オフィスタワー、ホテルといずれも派手で成金趣味的な外装だが、その勢いは肌で感じられ、現在の広州の底力をまざまざと見せつけられた。

さて前々からぜひとも見たい、入ってみたいと思っていたのが広州大劇院である。中国簡体字では广州大剧院と書く。

延床面積七万平方メートル、高さ四十三メートル、千八百席のオペラハウスと四百席の多目的ホールからなる。内部の見学ツアーは劇場使用のない土日ときまっていたので、土曜日の午前中を狙った。

この大劇院は、かのザハ・ハディドの設計である。イラク生まれ、イギリス在住の建築家ザハはあまりにも斬新な設計によって世界中で物議を醸し、「アンビルド（建築されない建築物）の女王」と言われている。私は日本の建築雑誌でこのオペラハウスの写真を見ていたが、ガラス、石、鉄骨でできた、まるで怪獣ガメラが横たわっているような外観にまず驚かされた。建物全体が傾き、今にも動きだしそうな歪んだ形をしている。ガラス面は三角形、あるいは六角形の面で覆われ、ザハ特有のデコンストラクション（脱構造）でまとめられている。合成写真、CGのような建物というのが写真で見た印象だった。

その大劇院が駅を出てすぐ眼の前にある。いざ実物を目の当たりにすると、どの柱も斜めに傾き、空間自体が常にどちらかに移動しようとしているようで、見る者をすごく不安定にさせる建築物である。

二〇一〇年五月に完成した大劇院はその複雑な建物形状のため、工事期間も費用も当然のごとく超過し、北京国家体育場（通称鳥の巣）の五百二十五億円超という費用をかなり上まわったという。ザハは気性が荒いことで有名だが、予算の縮小を求められると、イッセイミヤケの「プリーツプリーズ」に包んだ巨体を怒りで震わせたという逸話がある。

中国にはこの大劇院以外にもザハの建築がいくつかある。カタツムリのような形をした北京朝陽門の銀河SOHO、そして上海の虹橋空港の北側にある凌空SOHO。上海の凌空SOHOを見に行った時はまだ店舗が未完成であったが、いずれも曲線が重なりうねった形をした奇抜な外観の大型複合ビルである。太陽エネルギーを使い、照明や空気の冷化にこだわったエコな建造物として話題になったが、外観も内装も奇抜すぎてこれも納期は大幅に遅れる様子である。エコを目玉にした奇抜な建物より、中に入って迷子にならないようなふつうの建物のほうがいいのでは、などと思わないでもない。


私はどこの国の都市でも、オペラハウスを造ることがその町の成熟度とみなされる風潮を以前から疑問に感じていた。日本しかり中国しかりである。

近代美術館、現代美術館のあとはオペラハウスだと文化人や地元の役人は騒ぐが、扮装した歌手がおおげさに歌い踊り泣きわめくオペラが、夏は腹を出して歩いている広州人に定着するとはとうてい思えない。

同じく日本のオペラ劇場にも強い憤りと不信感をもっていた。能舞台には寛容だが、オペラと聞くと私は青筋を立てる心の小さい男である。

それが眼の前の大劇院を見たら、「うねるようなこの姿がいい」と、ひと目でまいってしまった。まわりの建物が威圧的に高いせいか、ザハの建物はずいぶん謙虚に見え、小さな石庭のような佇まいを感じる。今までザハの建築にややもすれば敵対意識をもっていたが、「外装の石がいい」と建物の壁をたたいているありさまである。

大劇院の見学料は三十元（約五百円）で、高齢者は半額。拡声器を手にしたガイド嬢の後ろを、集まった十名がついていく。いかにも建築学科の学生風の男女に、子供連れの家族など、すべて中国人である。

広州大劇院の特徴は、ガラスや金属のほかに中国の御影石を大量に使用したことにある。石でできた日除けにさわってみたが、窓に合わせ現場で削った丁寧な仕上がりに感心した。構造物の配管や三角形の鉄骨が気にならないのは、こうした自然石をうまく配置していることも大きい。超最先端技術に自然石を重ねたウルトラ・スーパー・アーキテクチュアといえる。ガイド嬢も天井や壁を指さし、オペラ歌手のように両手をひろげ身をくねらせている。

一階から劇場に足を踏み入れたが、明るく上品なその空間の広さに感心した。四階までの客席が鍾乳洞のように自然な丸みを帯びている。

自由に椅子に座っていいと言われ、腰をおろしてみる。その座り心地に満足し、椅子の背もたれや座面をしきりにさわっていると、ガイド嬢が無表情に私の行動を監視していた。

早口な中国語の解説は理解できなかったが、こと椅子のことになると私のうなずきも大きくなるので、彼女はほとんど私に向かって説明するようになった。

「この室内装飾はどこが」と質問すると、「クヴァドラ社」と誇らしげに返ってきた。このデンマークの会社は椅子やカーテンといった布が世界的に有名で、建築家で知らない人間はいない。「そうなのか」私は椅子の赤い布の美しさに惚れ惚れし、あらためて何度も背もたれに触れた。

続いて地下の多目的ホールに下りていった。現在は映画館として使用されており、その廊下の天井からたくさんの白鳥が飛んでいる展示があるのだ。参加者全員が「ほおー」と感嘆の声をあげて見上げている。

「この白鳥は何で作られているか、皆さんわかりますか」とガイド嬢。紙でできているのだろうと思ったが、答えはなんと白いワイシャツの両袖口をとめたものであった。「してやられた」と思い、彼女に「とても美しい」と言うと、微笑みながら「謝謝」と返してきた。

ザハ建築に何か一つは欠点を見つけ、傲慢な彼女に文句をつけようと逸《はや》って見学に来たのだが、広州大劇院は見事としか言いようがなかった。天井の照明が星空のようにひっそりと輝き、その美しさにも魅了された。

建築家は「建物を使う人たちや、その後の維持のことを考えているタイプ」と「建築雑誌の話題をさらう、芸術家気取り」の二種類に大きく分類できる。いかに見栄えがよくても、雨漏り、階段の崩落、トイレの故障などが続けば、いずれ廃墟になってしまう。

これまで中国各地をまわり、十年もせずに人が寄りつかなくなって朽ち果てた建物を多く見てきた。だが広州大劇院には今後も、オペラ、音楽、京劇、雑技とさまざまに使われ、生き延びていってほしい。

ザハは近くを流れる珠江で拾った二つの白い小石に着想を得たという。建物の外観は川の水で浸食された石を模倣したというが、この話はどうも嘘っぽい。私も珠江の川辺に立って実際の姿を見てみたが、水は濁り、少しばかりにおってもいて、とても手をひたそうと思える川ではない。この川辺のどこに真珠のような白い石が落ちていたというのだ。

ザハは中国文化のアナロジカルな思考をうまく使うしたたかな建築家で、二〇一九年に開港予定の北京大興国際空港は「中国の伝統的な美しさを意識して造った」と言っている。ヒトデ（海星）のような形に六方向にのびたターミナルは印象的である。だが、この空港建設のために土地を奪われ追いやられた住民がいないかといったことが、私にはどうしても気になって仕方がない。イカやタコ、カタツムリ形状の建築は本当に人を幸せにするのだろうか。

マカオの猫カフェ

春節の休みを使って寒い国から来たキタキツネと広州で再会した。彼女のいる「経済的なチェーン系のホテル」は部屋が狭く、しかも朝食がついてないからと、朝起きるとすぐ地下鉄に乗り、私のホテルへとやってきた。こちらは十日間の滞在予定のうち一週間を費やしてあちこちの飲茶や点心を食べ歩き、「食は広州にあり」を満喫したところである。

「どこか面白いところないかな？」

二人で広州の新聞を開いてあと三日間の作戦を練った。

広州郊外の観光地もいくつか候補に挙がったが、なんとなく気が進まなかった。「マカオはどうかな？」と何気なく言うと、彼女は「そうだ。澳門だ！」と手をたたいてはしゃいだ。

マカオは東洋と西洋が交わる世界遺産都市として日本人にも人気の高い観光地だ。さらに中国政府により唯一カジノが認可されている。一九九九年のポルトガルから中国への返還後も、「一国二制度」の方針でマカオと中国本土の間は境界がそのまま維持された。現在も出入境管理が厳しくおこなわれ、中国人でも旅券か身分証明証の提出が義務付けられている。

広州市からマカオへはバスで行けば三時間ほどで着くはずだ。

さっそく中国版『地球の歩き方』でマカオの頁を開くと、どうも日帰りでまわるのは無理そうだ。料金を確認したが、どこのホテルも高い。まして春節なので相手は強気だ。とりあえず安いところから彼女に電話を入れてもらうが、どこも満室とつれない。

何軒か電話してるうち、小さなホテルで一つ「今夜ならキャンセルが出たから二室ある」というところがあった。迷っていると「明日には予約で満室になる」と言う。

私が「わかった」と決断すると、彼女は顔の汗を拭き「今すぐに出発」と言った。

十時半に、彼女の泊まるホテルの近くからマカオの隣り町の珠海まで長距離バスが出るという。大急ぎで一泊用の荷をつくり、地下鉄を乗り換え、目的のバス停に向かった。同じようにホテルで荷づくりしている彼女を待つ間、バス停の前でくりひろげられている春節のための踊りを見る。日本の獅子舞とよく似ていて、笛や太鼓と大勢の人でにぎわっていた。

バスはゆったりした高級大型車両で、二人用の席を独り占めしてふんぞり返っていてもまだまだ余裕があった。前に座った彼女は「ここに行こうね」とスマートフォンで検索した映像を次々と見せてくるが、私はあわただしい準備が終わりひと息ついた安心感からか、そのうちに眠ってしまった。

目を覚ますと、水の豊かな広州デルタ地帯がひろがっていた。車窓から見える水田の中に中国人が好む箱のような石造りの建物が点々とある。高速道路の脇にはパームツリーが並ぶ。私はこういう広大でがらんとした中国の風景が一番好きで、ただぼんやり見とれていた。

やがてバスはマカオに入る出入境ゲートの周辺に到着する。発着所にはどうしてこんなにいるのかと思うほど人が群がり、騒いでいる。

いつも物静かなキタキツネも、わらわらと集まってくる物売り集団に「不要」と叫び、手で追い払っている。

マカオへの入境審査場がまた大混雑で、目眩がしそうである。人々はみな汗だくで、大型のトランクを両手にかかえて難民のように列をなしている。カジノ目当ての中国成金富裕層がいっぱいいるのかと思ったが、それらしき姿は見当たらない。

船の桟橋のようなゲートにはバームクーヘンのように列が渦巻き、一歩進むのに十分もかかる。ふと一番左側のゲートを見ると、「六十五歳以上の人」の文字が目に入った。そちらは並ぶ人もおらず空いている。

旅券をかざしながら小走りにその区画に入っていくと、彼女も「親戚のおじさんの介護で来たと言うわ」とついてきた。私の審査は意外にあっけなく終わり、ゲートを通ってから振り返ると、彼女が両手を振りまわし何やらもがいていたが、すぐに無事通過した。「平気だった?」と訊くと、「日本の親戚のおじさんは認知症で体も頭も悪いからと言った」とすまし顔だ。

マカオのお金はパタカという。中国の人民元も使えるが、とりあえず二日分の小銭をパタカに両替する。マカオの人は同じように一国二制度をとる香港に劣等感をもっている。香港ドルはマカオでも自由に使うことができるが、マカオのパタカは中国本土や香港では使えない。その差がマカオの悲しさの表れだ。パタカは紙幣も硬貨も子供のおもちゃのようなちゃちさで、そこはかとない哀愁がただよっている。

狭く安っぽい部屋に荷物を置き、まずは近くのホテルへカジノ見学に行くことにした。二十四時間営業のカジノは服装もうるさいことは言われず、気楽で庶民的だ。あちらこちらに電光掲示板の数字が激しく点滅して雰囲気を盛りあげている。もっとも人気のゲームは「大小」である。ルールはいたって簡単で、サイコロの三つの出目を当てるだけとチンチロリンに似ている。髪を赤く染めた青年や、いかにも農村から来た中国人おばさん一行がテーブルに陣取っていた。

私はギャンブルにまったく興味をもたない人種である。ルールを覚えるのが面倒だし、「どうせ胴元だけがもうかるシステムだろう」と斜に構えている。賭博場よりバーで酒を飲んでいる時間のほうが数倍楽しい。

カジノの中を醒めた眼で見ながら歩く。スロットマシン、ブラック・ジャック、バカラ、ルーレット。どこかに必勝法があるはずだと人々は信じて熱中しているが、すべては水の泡と消えていく。

それにしてもカジノの雰囲気が妙に暗い。しばらく考えて、中国人の真の金持ちはシンガポールに行ってしまったのだと思いいたる。きっとあの世界一高い天空のプールがあるとかいうホテルなんかで遊んでいるのだ。シンガポールのカジノではドバイや中国から来た連中が一回のバカラに何億と賭け、大歓声をあげていると聞く。マカオはシンガポールに完全に負けていた。

そう思って町を歩くと、貴金属やブランドショップの通りも閑散としていた。返還後は香港やマカオがアジアの流通と金融の中心として輝きを増すと信じられていたが、シンガポールにそのお株を奪われてしまったのだ。

セナド広場や聖ポール天主堂跡といった観光地は、しかし貧乏な観光客で身動きできないほどである。殺人的な混雑の中、人々は手にべたつく板状の飴を持ち、肉団子を食べ、トランクを引きずっている。人込みを避けて路地に逃げ込もうと思うが、どこも行き止まりでもとの道に帰ってしまう。渋滞の隙間をぬって歩くしかない。大きな噴水の広場で美しく波打つカルサーダス（石畳）を観賞したいが、雑踏で足もとすら見られない。

キタキツネが、暴走するような人の流れに眼を狼のように険しくしている。この眼が爆発するのが怖い。私は両手をひろげ、力ずくでぐいぐい人の波をかき分けていく。

喧噪から離れ、中国でもっとも古い教会の一つ、聖ドミニコ教会に入る。バロック式の祭壇では神々しく聖母子像が微笑み、ここには安らかな空気が流れていた。

だが一歩外に出ると、また押し合いへし合いの人だかりである。蓮の花をイメージした奇抜なデザインのグランド・リスボア・ホテルの前も、行き場を失った群衆で埋めつくされている。我々のように金を持たない連中は町をあてどなく歩きまわるしかないのだ。

ちょうどその時、港行きの市内バスが走ってきた。群がる人々から逃れるように、目的地もなく我々はバスに飛び乗った。

終点は媽閣廟の前であった。丘に沿った寺廟の山門をくぐると、地元の人が巨大な渦巻形線香の下で祈りを捧げていた。

媽閣廟はマカオの町ができる前からこの地にあった道教寺院で、航海や漁業の守護神として、道教の女神媽祖を祀っており、寺院の中には観音堂もある。マカオの仏教は五百年あまりの歴史をもち、民間信仰はみな仏教と密接な関係をもっている。

四百年前、ポルトガル人が初めて船着場に到着し、ここは何という場所かと尋ねた。漁民は廟のことを訊いているのだと思い、「媽閣」を方言で「マッコウ」と答えた。それを聞いたポルトガル人はこの半島を「マカオ」と呼ぶようになった。これが地名の由来だそうだ。

寺廟の裏の坂を上ると、広場を中心に東洋と西洋の建築物のすばらしい眺めがひろがっていた。イスラム様式のアーチ建築の港務局。かつて天然水の井戸があったリラウ広場。孫文や毛沢東にも影響を与えた中国近代の思想家、鄭観応の屋敷マンダリンハウス。この一帯はまるで歴史ある建築博物館だ。その日は時間が遅かったので、翌日じっくり歩くことにした。

中国は阿片のために香港を失い、竜涎《りゅうぜん》香《こう》

のためにマカオを失った、と中国の歴史家は言う。竜涎香とはマッコウクジラの腸内にできた結石からとれる麝香に似た香料で、非常に貴重なものであった。ポルトガル人はマカオの特別居住権を得られるなら香料を欲しいだけ供給すると後宮の女性たちを騙し、まんまとマカオを手に入れた。マカオのあやしさは、スタート時点の胡散臭さからきているのかもしれない。

＊

次の日はまずグランド・リスボア・ホテルの前に行ってみた。案の定ここも昨日と同様に人があふれ、ふだんでも声の大きい中国人が思い思いに騒いでいる。

ホテルはどこも満室だというのに、この人たちはいったいどこに泊まったのだろうか。マカオで最高級のこのホテルの客とはとても思えない。ここのロビーには国宝級の芸術品や財宝が飾られているというが、この人の山では、それらを見ようとしたら半日はかかってしまう。

手に亀のゼリーやマカオキウイのジュース、肉まんを持ち、食べながら佇んでいる行き場のない人の群れにまじっていると、ひしひしと恐怖をおぼえる。服が食べ物で汚される恐れというより、得体の知れない無言の空気、圧力を感じるのだ。

二〇一四年に上海の外灘で観光客の将棋倒しがあり、何十人も圧死した事故があったのをちらりと思い出す。ゆっくりとその場を離れ、前日はじっくり見られなかった媽閣廟にふたたびバスで向かった。坂を上がるとリラウ広場がある。リラウとはポルトガル語で山の湧き水を指す。このあたりがポルトガル人がもっとも早く居住した場所である。

　リラウ広場の一帯にも歴史的な建築物が建ち並び、気持ちが落ちつく。井戸の近くに大きなガジュマルの木が鎮座するそばの椅子でひと息ついていると、突然「あれ見て。あの絵、誰かの絵と似ているわね」とキタキツネが大声を出した。

　坊主頭で三白眼の男が花に水をそそいでいる看板である。中国では最近、環境保護を訴える標語がやたらに多くなった。彼女はゆっくり「子供の教育は緑を大切にすることから始めよう」と中国語で読み、何がおかしいのか膝をたたいて笑っている。

　確かに環境意識の向上を訴えるスローガンにしては絵がそぐわない。なぜ坊主頭のおやじの絵なのだろう。柵についたその看板をたたくと金属の音がした。ということは中国政府かマカオ地区の役所が印刷し、かなりの量を制作したことになる。「人や地球にやさしい」を意味する「緑《ルー》色《スー》」はこのところの中国政府の重要なキーワードの一つになっているが、それにしてもこの絵柄はなんだかおかしい気がする。

　私は腕組みをして「爱《アイ》绿《ルー》护《ホー》绿《ルー》」（緑を大切にする）の四字熟語に合わせるにはどんな絵がいいか思案した。ごくふつうに考えれば、やさしそうな母親が花に水をやっている図柄などだろう。

この絵を描いたのはおそらくプロの画家のはずである。ではなぜこんな下手な絵を描き、政府はそれを採用したのだろうか。いや待てよ。これは公募で選んだ子供の絵かもしれない。看板の近くにぐっと寄り、謎を解明しようとしてみたが、正体はわからなかった。

彼女はスローガンの末尾の「倣起」というのを指さし、これは自分が何かを起こす、始める場合に使い、国や会社の上層部などの上からの指示で始める場合は「抓起」となる、と解説する。しだいに不穏な中国語会話教室になってきた。

私が電子辞書をひろげて確認していると、「だからこの絵がぴったりなんです」「中国は融通がきかない国と言う人がいますが、ちがいます」と言って椅子から決然と立ち上がり、青い空をぐっと見上げた。

リラウ広場から歩いて二分ほどのところにある、イタリア人建築家が設計したマカオ政府港務局の中東風建物に見とれる。ロビーに入ると、イタリア人のもっているセンスのよさがいたるところにあふれ、小躍りしてしまう。さらに前日行ったマンダリンハウスを再度訪れる。総部屋数が六十以上というから、とにかく広い。マカオで最大規模の住居である。細かい透かし彫りの欄間、古めかしく優雅なランプ、書画と見るべきものが多く、あれこれ散策していると、いつの間にか彼女とはぐれてしまった。

マンダリンハウスは損傷がかなり進み、政府が八年を費やして修復したというが、その中国様式さらに西洋風のまじりあった不思議な建物を、よくここまで丁寧に復元したものだと感心した。入口のミュージアムショップに戻り、旅の記念に絵葉書や手作りの絵本、地図など小物を購入する。「キタキツネはいったいどこに」と思いながら待っていると、スマートフォンが振動した。「どこに行っていたのよ」「いま入口にいる」こういう時に本当に便利である。ここで迷子になったら泣くしか術がない。

お土産屋で買った絵地図をひろげると、「猫珈琲」という店を見つけた。この地区から歩いて行けそうである。坂を下り細い路地を右に左に迷路のような道を進んでいくと、かわいい看板があった。きっと素敵なママが迎えてくれるのだろう、と胸を躍らせながらひっそりしたカフェのドアを開けると、トタン屋根の下に壊れかけた机と椅子が四組あるだけの店であった。

確かに猫が木陰で寝そべり、街の喧噪もない。しかし、もう少し洒落た室内を予想していたのに、音楽も流れていない。「你好」と声をかけるが、誰も出てこない。キタキツネと眼を見合わせ「帰ろうか」と出ようとすると、ようやく奥のドアが開き、短パンとランニング姿の眠そうな中年おやじがのっそり現れ、「どうぞ」と椅子を指さした。「ここは猫カフェですよね」と念を押すと、おやじは黙って寝そべっている猫を指さした。

私はコーヒー、彼女はジャスミン茶を頼んだが、注文の品が出てくるまでの時間の長さに、退屈を通りこして眠たくなってきた。シュロの葉がかすかな風にゆれている。なんだか時間がそのまま止まったようである。看板どおり、本棚に猫の写真集や絵本が何冊かあった。

それにしてもあの看板のかわいらしさと痩せ細ったおやじのギャップが、まさに秘密のカフェといった雰囲気である。彼女はバッグに入れておいたワッフルを取り出し、小鳥が餌をついばむように少しずつ無表情に食べている。私はふいにコーヒーを運んでくるのはきっと美しい女性にちがいないと確信した。だがやはり出てきたのはあのランニング姿のおやじであった。

あたためられた厚手のカップからは意外にも挽いたばかりの豆の香ばしいにおいがして、味も満足そのものだった。それまで中国で飲んだ中でも最高のコーヒーだ。この分厚いカップも古風と言えなくもない。いつの日かおいしいカステラが評判になり、路地の奥の隠れ家的なカフェが順番待ちの列ができるほどの店になることもありうる。

内装も、テーブルも椅子も、考えようによってはアンティーク調と言えよう。この分厚いカップも古風と言えなくもない。


おやじは、店を訪ねてきた記念に何か書いてくれとノートを差し出した。そこには二年前の開店から今までに訪れた客の名前があった。ほとんどが中国人だが、神戸から来た日本人は「素敵なママに会えました。マカオのいい思い出の店。とても居心地がよくて長居をしました」と日本語でけなげなことを記していた。

きっとあの看板を描いたのは素敵な女性なのだ。願いを込めて私が猫の絵のことを尋ねると、なんと眼の前のおやじが描いたという。そして奥に戻り、油彩の猫の絵を見せてくれた。素朴で、猫好きな人にとってはたまらない絵である。

だが「よかったら買わないか」というおやじが告げた値段を聞いて沈黙してしまった。日本とマカオを往復できる額だ。

話を変えるために、その素敵なママのことを訊くと、広州に帰ったという。きっとこの旦那は女房に愛想を尽かされたのだろう。

訛りの強い広東語とキタキツネの北京語のやり取りを聞いても話の筋が何もわからない。私は店にふらりと来た旅の男とママが駆け落ちして大陸に渡ったという筋書きを期待していたのだが、半年前に体を壊して広州に里帰りをし、そこで静養しているという。

マカオで知り合ったおやじ画家。これも何かの縁かもしれない。

エンジェルス・トランペット

福建省の廈門《アモイ》は南は広東省に接し、東は海を隔てて台湾と向かい合っている。福建省第二の都市であり、温暖な土地は「海上の花園」と呼ばれるほど緑や花の多い美しい港町だ。経済特区で、成田から直行便が毎日飛んでおり、日本からのビジネスマンの往来も激しい。世界を渡り歩く華僑の主要な出身地としても知られている。

近年は日本や台湾からの投資に伴い、毎年上向きの発展を続けている。水深が大きく波が穏やかな廈門港は中国南方の天然の良港で、水産加工、缶詰食品、造船、紡績と飛躍的にのびている。市内には中国有数の重点大学、名門廈門大学があり、広大な庭は市民に開放されている。

観光地としては、南普陀寺、歩行者優先の歓楽街中山路、有名なピアニストを輩出しているピアノ島ことコロンス（鼓浪）島、世界遺産に登録された客家の土楼群を見学できる

日帰りのツアーもある。

これまで台北、大連、広州と海に近い町を旅してきたが、廈門にも同じような海辺の景色があった。建物からなんとなく海鮮料理のにおいがした。


八時過ぎという遅い時間に、市内のホテルでキタキツネと合流した。廈門では海鮮料理が有名だ。フロントの人に「この辺に安くて美味しい店は?」と尋ねると、「その麦当劳(マクドナルド)の通りを行ったところの市場に食堂があるよ」と教えてくれた。

彼女は早朝に会社に寄ってからハイラル空港へ直行したため、珍しく口紅を引き、うっすら化粧をしていた。一般的に中国の女性はほとんど素のままで、日本の若い女性のように化粧品で顔をてからせていない。職場では紺や黒といったスーツで、姿勢よくパリっとしている。そんな姿で市場の二階の簡易食堂に入っていった私たちに対し、ランニングシャツ姿で椅子の上にあぐらをかき、卓の上にビール瓶を並べた男たちはみな一様に「ふーん」という顔をして遠慮ない視線を送ってきた。

入口のたらいに入った魚介類を指さし「炒めて」「揚げて」「蒸して」と注文する。ここでの注文は彼女にまかせるしかない。さかんに両手をひろげ「要少一点」と伝えている。こういう店はどこもきまって量が多く、二人では半分以上残してしまうのだ。

貝柱、アワビ、カキ、蒸し煮のタイが食卓に並ぶ。彼女が「ビール飲むの?」と目配せしてきた。南の人は夕食でもお茶を飲む人が多い。だがここはくだけた雰囲気の食堂である。青島ビールの小瓶を注文し、さっそく料理に箸をのばす。あっさりした味で、広州とはちがってほんの少し辛いところも気に入った。

キタキツネはピーナッツや里芋、さらにエビ、イカ、セリが入った雑炊の大きな器を覗き込み、スプーンで口に入れては「好吃好吃」と満足そうであった。

廈門の気候は日本の石垣島と似ており、九月の台風シーズンが終わり十月に入ると、暑くも寒くもなく最高の季節である。さらに教育熱心な土地柄で人々に教養があり、がさついたところがなく全体に愛想がいい。純朴なので外国人とわかると誰でも標準語で話しかけてくれる。

窓側の隣りの席に、珍しく一人でビールを飲んでいる青年がいた。チェック柄の半袖シャツにチノパンというすっきりした服装で、本を開きビールを口にしながら時おりこちらを見ていたが、肩ごしに私たちのたどたどしい会話を聞いて観光客だとわかると「どこから来たの？」と声をかけてきた。

私が「日本から来た」と言うと身を乗り出し、椅子を手に私たちの卓に移ってもいいかと合図してきた。「どうぞ」と承諾すると、青年は、「コンピューターのエンジニアをしている。廈門でわからないことはすべて訊いてくれ」と言った。

中国人は一般的に、相手の素性がわかると一気に距離を縮めてくる人が多い。日本人のように警戒することもなく、相手が理解していようがいまいが、熱っぽく話しかけてくる。

キタキツネが自分のホテルでもらった小さな地図をひろげると、二人は中国語で熱心に語りはじめた。彼の顔は喜びでいっぱいで、ふだんはめったなことでは酒を口にしない彼女がビールを、それも大瓶で追加した。

二人は眼と眼を見つめあい、なんだかうっとりしている。さらに青年が「車を持っているから時間が空けばどこでも案内します」と言うと、「車を持っているの？」キタキツネが眼を輝かせた。中国では個人が車を持っていることは最大のステイタスである。

「大きな本屋さんはどこかにある？」と尋ねてみたが、「中山路に新華書店があったけど、今はつぶれてしまった」と返事はつれない。

そろそろおひらきにしようとトイレに立ち、彼の分の会計もすませて戻ってくると、二人はまだ名残惜しそうにスマートフォンを取り出して微信（WeChat）という日本のLINEのようなアプリのアドレスを交換していた。

ホテルに戻ろうとすると、青年は「自分の分もごちそうになり面子がない」と言い、ホテルのバーに誘ってくれたが、私は荷物の整理もあるので、二人を置いて部屋に戻った。

次の日に中山路を歩いてみたが、私にとって書店と文房具店のない町は砂漠を歩いているようで気持ちがうつろになる。もとは本屋だったという店は壁がけばけばしい中国色彩に塗られた土産物屋になっていた。平日の昼間だからか、歩行者天国の廈門で一番にぎやかなはずの繁華街は閑散としている。

裏路地の小さな薄汚れた店に入りギョーザを食べながらキタキツネに「午後はどうする？」と相談すると、なぜかきっぱりと「植物園に行こう」と断言された。バスで行けばすぐだという。

植物園の入口に運転手付きの電動カートがあったので乗ることにした。植物園の中は歩きだと日が暮れそうなくらいに広い。有料ではあったが、やはりカートが正解であろうと確信した。

六千種以上の亜熱帯植物が生育する植物園は南国の花がいたるところに咲いていて、夢心地になる。見るべきポイントでカートは止まり、アジア最大のサボテン園ではじっくり三十分ほど時間をとってくれる。

私はブルグマンシア、通称エンジェルス・トランペットの花の前で釘付けになった。下向きに垂れ下がった花が甘い香りをただよわせている。美しい花だが毒をもっており、口にすると錯乱状態になり死にいたるというかなり危険な花でもある。「木立《きだち》朝鮮朝顔」とも呼ばれ、中国名は洋金花、または白曼陀罗。これほどいっせいに咲き誇っているブルグ

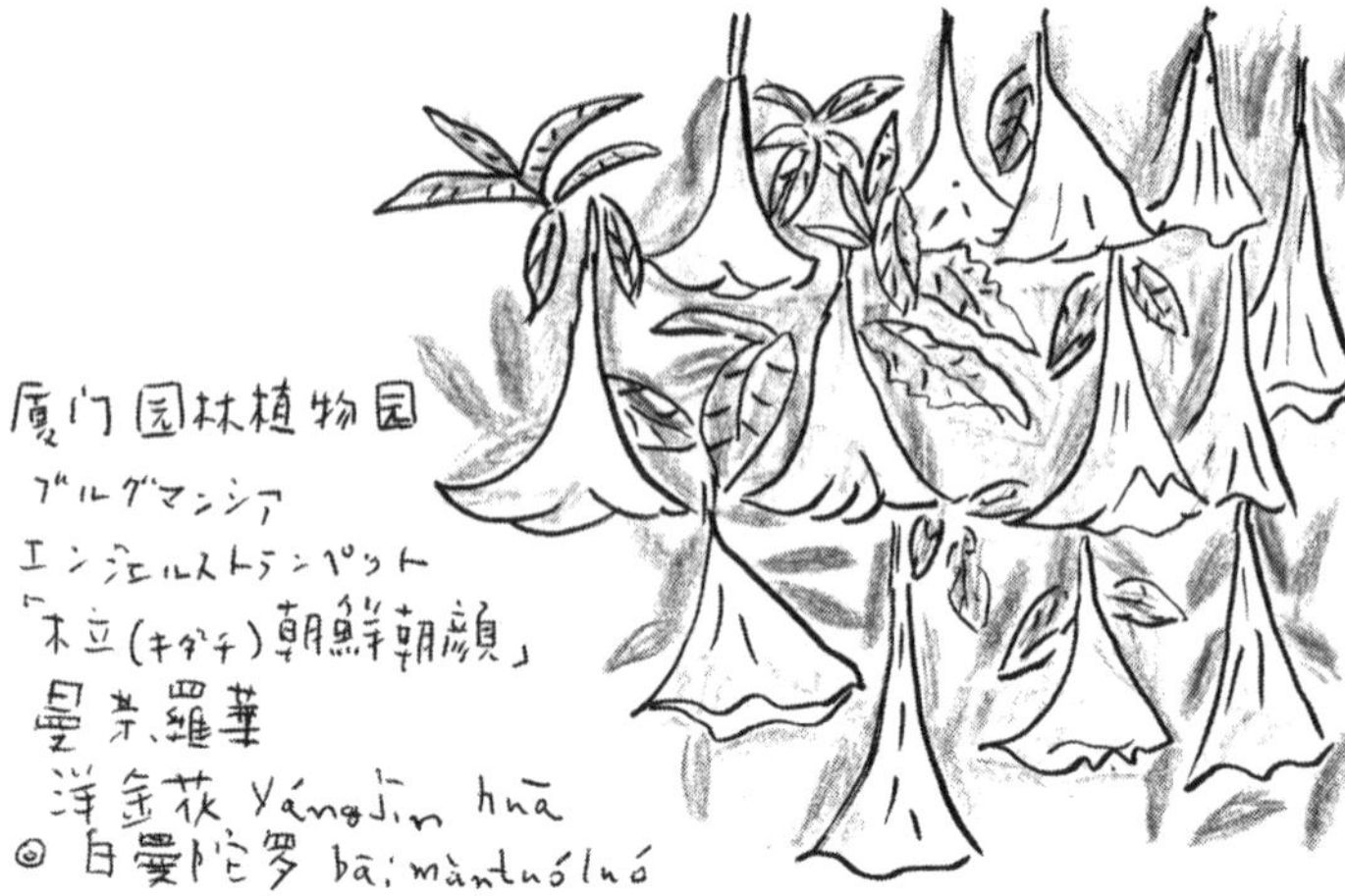

マンシアを見るのは初めてである。

「美しい。美しすぎる」と嘆息する。田中一村が奄美でアカショウビンとともに描いた絵が頭に浮かんだ。幻想的な花の風景に自分の体が溶け込んでいくようであった。

「行くわよ」彼女の声で我に返った。

夕方いくらか風が出てきて寒くなった頃に、もと来た門の前に出ると、なんと昨日の青年がまだ新品の黒い車で待っていた。私は思わず「用意がいいね」とつぶやいた。

*

中国も近代化が進むにつれ、繁体字に懐旧の念を感じ、お品書きに載せる老舗料理店も出てきた。古い歴史をもつ町を「古鎮」として観光地化し、客を呼び込もうという新たな流れが生まれている。

ホテル近くの大通りに、コロンス島へ渡る連絡船乗場行きのバス停がある。角に二軒の花屋があり、亜熱帯らしく蘭やブーゲンビリアの甘い香りがあたりにただよっている。

朝八時にバス停の前で行き先の表示板をじっくり確認していると、「用心深いね」とキタキツネが背中ごしに声をかけてきた。縞模様の半袖のシャツに、小さなバッグをたすき掛けにしている。どんな時も背筋がのびて姿勢がいいのには感心する。立ちまわりがしゃきっとしていてだらけたところがない。

海岸線を三十分ほど走ってフェリー乗場に到着した。ちいさな船着場を予想していたが、まるで野球場のような広さの切符売場に驚く。

コロンス島は中国でもっとも美しい島と言われ、観光案内には「海上の楽園」と笑顔満載の写真が紹介されている。さらに「猫の楽園」とも称される。気候が温暖で魚が豊富、なにより島内では自動車が禁止されているので、猫たちにとってまさに天国なのだ。また、ピアノの所有率が中国一だから、いつでも「猫ふんじゃった」のピアノ曲を聞きながら昼寝ができる。猫の楽園は人間の楽園でもある。

島へはわずか十分ほどで到着する。どんなに短い時間でも船の旅は旅情をそそるものだ。甲板から遠く離れていく桟橋に、彼女は眩しそうな顔で誰にともなく手を振っている。日本なら「蛍の光」の音楽が流れてくるところだが、中国の船は騒がずにすっと岸を離れていく。

コロンス島は一九〇二年に共同租界として定められ、欧米、日本と十三カ国の領事館が設けられた。わずか二平方キロメートル足らずの島に、洋館・映画館・ダンスホール・教会などの西洋建築が並び、当時はまるで「万国建築博覧会」のようだったという。

コロンス島にも電動カートがあった。一人九百五十円でおもだった見どころを案内してくれる。

遊園地にあるおもちゃみたいなカートであるが、猫だろうが人だろうがものともせず、細い道を警笛を鳴らしながらすごい速度で走っていく。運転手は女性だが、暗いトンネルに入っても一切速度をゆるめない。どうもハンドルを握るとこの国の人は殺気がみなぎるようだ。

細い山道をくねくね登り、菽荘花園という広い庭園の前で、「はいここで三十分見学」とカートから降ろされた。海と山と緑をうまく配した庭を眺めうなずく。壁に向かって進むと突然眼の前が開け、白く光る海が一面にひろがっていた。

その劇的な風景に観光客は「オーッ」と雄叫びをあげる。年中海を見ている日本人にとってはたいした景色ではないが、中国東北部の寒い地方から来た彼女には温暖な海の姿は心の琴線にふれるものがあるのだろう。波の動きによって刻々と表情が変わる様子をじっと立ちすくんで見ていた。

敷地内に併設されたピアノ博物館には、この島で生まれ育ったピアニストの集めたピアノがいたるところに飾られ、ショパンの曲が小さく流れていた。博物館自体がピアノの形をしているところがわざとらしくもあるが、古いピアノが歴史順に展示されているのは壮観である。三十分たっぷり見学して集合場所に戻ると、ふたたびカートはあわただしく出発した。

煉瓦造りの黄栄遠堂で自由時間となる。この一帯は激動の時代をくぐり抜けた歴史的な建物が多い。

黄栄遠堂はもとは華僑の富豪の屋敷だったという。その富豪は東南アジアから廈門に向から船の中でトランプ遊びに興じ、最後は大胆にもこの屋敷を賭け、勝負に負けて約束どおり相手に譲ったという。その豪邸も今は門のところまで樹木が生い茂り、「夏草や兵どもが夢の跡」といった風情である。

スケッチ帖を取り出し、岩に座って筆ペンで建物を描いていると、観光客が通るたびにじろじろと覗いていく。このところカメラは持たなくなり、スマートフォンでもほとんど写真を撮らなくなってしまった。この数年の中国の旅では、竹尾のドレスコというA5判変型の無地のノートを愛用している。よく手になじみ、薄い紙のわりにマジックインキを使用しても裏ページにインクが抜けず、色鉛筆の発色もよい。そのまま印刷原稿に使うことができる。

人の集まるところには屋台も並ぶ。コロンス島の食べ物は、まずは廈門でもよく見られる魚丸湯である。サメなどの身をすりつぶしたつみれ団子で、スープと一緒にプラスチックのスプーンで食べる。小腹がすいた時に最適である。

キタキツネはこれに春巻二本を昼食としてよく食べている。もう一つ、小さなカキを水で溶いた小麦粉と炒め、卵でとじたオムレツも美味しい。香菜を挟み、甘辛いソースをかけるのが屋台料理として人気だ。焼きビーフンも定番で、あちこちの屋台が競いあっている。どの味もほんのりした甘みの中に辛さがあるのが廈門風と言えよう。

電動カートで出発点のフェリー乗場に戻ってくると、南の空がうっすらと紅色に染まってきた。もう一度、にぎやかな島の南東部を散歩することにする。

丘の上の福州路は喫茶店、画廊、土産物屋、ペンションと、キザな言葉だが隠れ家のような小さな建物が並んでいる。古い別荘や領事館をきれいに整備して、もうひと儲けと企んでいる。

路地には猫が日当たりのいい場所を見つけて寝転がっている。私は距離をおいて遠くから冷たく猫たちを見ていた。子供の頃に毛の下にたくさんのノミを見つけてから、猫は苦手だ。彼女は猫に近づいて、そっと手をのばして頭をなでていた。日本の猫は太古の時代に中国からやってきた。かわいいという人も多いが、私にとっては魔性の生き物だ。

猫に誘われるように高台に上がっていくと、薄い黄色と白でまとめられた外観のホテルがあった。大きなガジュマルの葉が暮れていく光の中でゆれている。租界時代はポルトガル政府の事務所だったそうで、中国でもこれほど異国情緒あふれる場所を探すのはむずかしいだろう。

広間で珈琲を飲んでいると、木製の棚に手作りっぽい絵本があった。和綴じで、黒一色のゴム版刷りの素朴な絵本だ。パンダのエプロンをしたホテルの女の子に「この本が欲しい」と言うと、少し首を傾け、奥から一冊かかえてきた。「いくらですか」と尋ねるが、強い訛りの広東語でよく聞き取れない。ようやくわかった値段は四千二百円と意外に高い。逡巡していると、女の子はちょっと恥ずかしそうな仕草をして「これは台湾の民話です」と言った。台湾の高雄に住む画家の作品で、大きな鯨と兎の絵がすばらしかった。財布を開き札を渡すと、すごくうれしそうに包んでくれた。

しばらくして宿の主人らしき男性が現れ、広東語で挨拶をし、少しの間キタキツネと話し合っていた。私ももう少し絵本について訊きたかったが、広東語はまったくわからない。「こんにちは」の「ニイハオ」が「ネイホウ」となる。必死に通訳してくれるが、女の子、主人、そして私と多方向での会話に悪戦苦闘していた。

平日のせいなのか、ホテルの中には人影がない。彼女が出し抜けに「私は今日はここに泊まります」と言った。テーブルの横にあった宿の案内を見ながら四階のテラス付きの部屋を指さし、「廈門の海が一望だって」と喜んでいる。

この部屋は空いているかと尋ねられた主人は「どうぞどうぞ」と両手をひろげた。部屋を覗くと天井が高く、整理が行き届き、広々としていた。部屋に入るなり彼女は赤いソファに寝っころがり、じっと眼をつぶって一人で猫まねきの仕草をしていた。

私は絵本をめくりながら、これは日本の因幡の白兎の話とそっくりだなと思ったが、悲しいかなそれを説明する語学力はなかった。

＊

ホテルに彼女を残し、一人廈門へと戻った。廈門から北に百キロ上がった泉州に安平橋という橋がある。中国に現存するもっとも古く長い橋と言われ、全長は二千七十メートル。中国で出版された橋の写真集で安平橋を目にしてから引き寄せられ、「生きている間にこの橋を渡る」と虎視眈々と狙っていたのだが、この機会に行くことにした。

泉州は海のシルクロードの出発点として、七世紀から十四世紀にかけて中国でもっとも栄えた貿易港であった。アラビアやインドから商人が集まり、多くのイスラム教徒が住んでいたため立派なモスクもある。産業としては磁器や烏龍茶、製靴業が知られている。

廈門に戻ってからキタキツネにメールすると、もうしばらくコロンス島に滞在してからハイラルへ帰ることにした、と返してきた。こちらで一緒に夕食の予定だったのだが、今回はこれでお別れである。

「お気をつけて、よい旅を」（慢走、一路平安）というメールの結びの文字に、さびしさが募る。彼女はこのあと十一月から四月まで凍てつく大地で冬眠するように丸くなって暮らすのだ。すのだ。私はあと四日ほど滞在することになっていた。

泉州の長距離バス発着所で待機していた白タクの中年運転手は、やたらに腰が低く愛想がいい。「わざわざ日本から橋を見に」と揉み手状態である。料金は交渉次第だが、私は相手の言いなりになっていた。日帰りではなく一泊の予定も視野に入れている。

秋の澄んだ空がひろがり、風もなく、絶好の橋渡り日和である。運転手は橋を渡った対岸で待っているという。三十分ぐらいで渡れそうだったが、天気もいいので一時間後にと約束して二人で時計を合わせ、念のため電話番号も伝えた。それにしてもこの運転手の満面の笑顔には人を不安にさせるところがある。

橋の袂には国指定重要文化財の解説板があり、橋の由来が書かれていた。

安平橋は晋江市安海鎮と南安水頭鎮の海湾をまたぐ橋で、五里以上あるので俗に五里橋、または五里西橋と呼ばれている。南宋の一一三八年に建造が始まり、十四年の歳月を費やして完成した。白い花崗岩の佇まいは八百八十年前のものとはとても思えない美しさである。架橋当時は二千五百メートル以上あったが、短くなった部分は公園と道路になっている。

橋の入口は立派な唐風の屋根のついた二階建てで、厳重な鉄の門があり、二輪車などが入れないようになっている。文化財の保護と観光客の利便のためだろう。古い写真には手摺がなく、沈下橋そのものであった。一九八二年から整備工事がおこなわれ、手摺もその時つけたと思われる。冠湖橋で、大潮の時は潮が橋を越えて流れてくるという。

橋を歩きはじめてすぐに気がついたのは、定規で引いたように真っすぐではなく、微妙に曲がっていることだ。この曲がり具合が安心感を与えてくれる。幅は四メートル前後で、これも心地よい広さである。

人の手によって切り取られた石には表情があり、温かみを感じる。現代の石材のように機械で削り取られた金属的な表面とは雲泥の差である。

編笠をかぶり荷を持った婦人とすれちがい、かすかにうなずきあう。通行している人の顔に棘がない。中国人は無愛想な人ばかりだが、橋の上ではそれも消える。橋の上には和みがある。

それにしても日本の平安時代末期に建てられたとは思えない精度の高さである。

橋のスパンは三百六十一と数が多く、橋脚の形も水深、流れる水の強さによって半舟型、両舟型、長方形と変化をつけている。

これまで中国各地を旅してきたが、庶民の暮らしや往来を支えてきた古橋を見ると、その土地の自然と風土に見事に調和した橋が生きているので感心させられる。運河などにかかった苔むした古い眼鏡橋や、橋の上に屋根がある貴州省の風雨橋など、渡るたびに中国のおおらかな旅情が体に押し寄せてくる。
安平橋の構造様式は、同じ泉州市にかかる洛陽橋の構造を模倣したものである。そちらは一〇五九年の完成で七百三十一メートル。各石桁の重量は約十二・三トンもあり、海岸やその付近で切り出した石塊を筏に乗せ、潮の干満を利用して輸送し架設した。重機やクレーンもなく輸送用具も未熟であったはずなのに、その仕事ぶりは神業だ。

橋があまりに長いので、途中に四阿《あずまや》、亭を五つ置き、渡る人の休憩の場にした。橋の中央にあるのが水心亭で、その柱には「天下にこの橋より長き橋なし」と当時から記されていた。一九〇五年に鄭州の黄河大橋ができるまでの七百数十年にわたり、安平橋は歴史に残るもっとも長い橋であった。

水心亭は間口が十メートルほどで広く、まわりには石碑が十三基並べられていた。歴代の橋の修理と保護に関する記録を刻む、珍しい橋梁碑刻である。

水心亭でひと休みして橋の絵を描いていると、野球帽をかぶった中年男が会釈してきた。男は私が描いていたスケッチ帖を見せてくれと言い、どこから来たのかとおなじみの質問をする。日本からと答えるとおおげさに両手をひろげ、日本人と初めて話したと言う。そして安平橋がいかに優れて美しいかを語りだした。

こういう時すらすら返事ができたらいいのだが、私の口は牡蠣の殻のように閉じたままだ。だが前日描いたコロンス島の絵を見せるとしだいに打ちとけた空気になり、通じているかどうかなどおかまいなしに話す気になってくる。

歴史のある橋だけに、各四阿には気になるものがたくさん刻まれている。

中亭の前の両側にある武士の石像も見事なものだった。手に長剣を構えた素朴で味わい深い宋代の石像彫刻を前にすると、橋一つにしても中国の歴史の深さをひしひしと感じる。

ただ橋の下を見ると、長い間に流れ出した土砂がたまり、青々とした草が風にゆれている。安平橋も今では水の上に立つ橋ではなく、点在する浮島にかかる長橋になってしまった。長さが四百メートルも短くなり、舟が行き交う舟行路も残るのは一部だけだ。

橋を渡り終えるとさすがに感無量という気になる。振り返って眼を細めても橋の出発点は遠くかすんで見えない。

歩き疲れたので、ひとまず腰をおろしたくなる。そういったこちらの気持ちを見透かしたように、飴菓子を売っている行商人がいた。近づくと甘いにおいがしてくる。「少しでいいです」と買って口にすると、幼い頃に食べたカルメラの味がした。

飴を舐めながら白タクの運転手を探すがどこにもいない。約束の時間にはまだ十五分ほどあるから、どこかで休憩しているのだろう。

公園のまわりに屋台がありパンを売っていた。小腹がすいたので一つ手にすると、米粉で作ったパンであった。ベンチに座って熱いパンをかじり、魔法瓶に入れてきたお茶を飲んでいると、例の運転手が遠く離れた駐車場で両手を大きく振っている。

本当に愛想のいい男である。「なぜそんなに笑顔を人々にそそぐのですか」という中国語が頭に浮かんできた。

男が近づいてきたので、お菓子とパンの袋を差し出した。「你是笑容不絶」（あなたは笑顔を絶やさない）と言うと、相手は爆発するようにさらに笑った。私の泉州の思い出は、安平橋よりこの男の笑いかもしれないと一瞬思った。

運転手はカルメラの行商人と友人なのだという。そういえば中国人は「朋友」（友達）という言葉が極めて好きな人種なのだと、ここでも認識した。

泉州の町は古い建物が多いだけに、うねるような狭い路地や一方通行が多く、車は大きく迂回して走る。中心部の見どころは開元寺が有名だ。泉州博物館、イスラム寺院の清浄寺にも寄ってみたい。

「ホテルを予約したい」と運転手に告げると大きくうなずき、傍らのカバンから一枚の案内を取り出して「このホテルなら安くなる」と笑いながら言う。色褪せたホテルの写真は人を明るい気持ちにさせるものではなかった。私が思わず「いくらですか」と訊くと、日本円で三千円くらいの料金を言った。

「経済的でとてもいいホテルだ」タクシーは山のほうに登っていく。連れていかれたホテルは絵に描いたような安宿で、貧乏旅行者か人生を投げ出した人が泊まるような風情だった。改修工事中なのか、玄関のまわりに工事資材や道具が散乱しているのも暗い影を落とす。

笑顔の男と私はしばらく見つめあっていたが、厦門に急いで戻る理由もない。ほかを当たるのも面倒になっていたので、結局そこに泊まることにした。

里帰り

中国のもっとも北、黒竜江省の竜江県白山郷十村を訪れた。緯度が高いため夏の日照時間は長く、午前四時前から明るくなり、夜は八時近くまで日が沈まない。陽ざしは強烈だが、湿度が低いので日本のようなじっとりした暑さではなく、乾いた風が心地よい。

私の中国の旅はいつも目的がない。多くの旅がそうであるように物見遊山に行くようなものだ。それでも、一人で移動していると不安感に包まれ、なにかと神経質になる。

成田から北京を経由しハイラル空港のタラップを無事下りた時、自宅を出てから早十六時間たっていた。市内のホテルまではタクシーで二十分と近いのがありがたい。ハイラルは二度目。泊まるのは前回と同じホテルだ。部屋に入りカーテンを開け、「やれやれ」と据わりの悪い椅子に腰をおろした。まだ夜の九時前なのでホテルのレストランは開いているが、動くことがおっくうになり、醒めた眼をして薄暗い町を眺めていた。明日の午後に

はまた列車で七時間かけて竜江駅に向かわなくてはならないのだから、荷物をひろげる気力もない。体をほぐすために外を少し散歩するのがいいのだろうが、ハイラルの道は横断歩道や交差点に信号機がなく道を渡るのに身の危険を感じる。もっとも、中国全土どこでも夜は自動車事故が怖い。

本来ならキタキツネが空港まで迎えに来ているはずだった。ハイラルから一緒に列車で竜江に行く予定だったのだが、ハルビンへの突然の出張が入ってしまった。私のスマートフォンに「竜江まで一人で来てほしい、駅で合流しよう」とメッセージがきたのは出発間際のことだった。

「えー、一人で？」眼の前が真っ暗になってしまった。ハイラルまで行くのも不安なのに、そこからさらに七時間も一人列車にゆられなければならない。竜江行きを取りやめにしようかと一瞬思った。だが飛行機やホテルのキャンセルはもう無理でお金は戻らない。彼女は「列車の切符はホテルのカウンターに預けてある。子供でも来られますよ」と私の深い悲しみなどわかってくれない。

あれこれホテルで思い悩んでいても仕方がないと諦め、外に出ることにした。こういう時は酒を飲みたいが、一人で店に入るのは気が重い。ホテルの裏の商店で、蒸かしたての肉まんに付け合わせの炒めものと瓶ビール二本、白酒の小瓶を一本買って、部屋に戻った。自分が大雑把なくせに小心者なのはよく知っている。こんな時に外で酒が入ると危険である。

東北地方のビールは味に定評がある。よく冷えたハイラルビールをコップに注ぐ。その喉ごしのよさ、ホップの香りに「うまーい」と自然に声が出る。さらに熱々の肉まんにかじりつき、そのかすかな甘みと湯気の味に「これだよこれ」と思わず両腕を左右に振ってうなずく。

そして五十度をこす白酒。鼻につく高粱《こうりゃん》の独特の香りをいやがる人も多いが、中国に来たらやはり白酒である。トランクの上に足を乗せ、頼りない夜景を見つめながら白酒を舐めるように喉に落としていくと、だんだん気持ちが落ちついてきた。


翌日はハイラル駅を午後一時過ぎに出発した。浜洲線は内モンゴル自治区の満洲里と黒竜江省の省都ハルビンを結ぶ全長九百三十五キロの鉄道路線で、ロシアが建設した当初は東清鉄道と呼ばれていた。その後、日本が建国した満洲国は北満鉄道と呼び名を変えた。ロシア、中国、日本の歴史がびっしりと詰まった路線で、いろいろ考えさせられる。

ハイラルから竜江までは距離にして約三百キロ。私の乗った列車はそれより南東の長春、瀋陽と南下していき、北朝鮮の国境近くの丹東まで何十時間も走る。料金はグリーン車に相当する新空調軟座で百八十五元、日本円で約二千六百円と驚くほど安い。中国最北部を横断する浜洲線は鉄道マニアのあこがれの路線でもある。

私が乗ったA寝台軟座は四人用に仕切られた個室で、上下二段に分かれている。重い鉄扉があり、昼間は下のベッドに腰かける。

この路線は距離が長いので、すべて寝台車仕様である。昼間でも寝たい人は毛布をかぶっている。普通車を覗くと仕切りがなく、三段ベッドに六人がうごめいておりまことに暑苦しい。一方、A寝台は空調も快適で、穏やかなやわらかい夏の午後の雰囲気である。退屈すると通路の小さな椅子に座って外の景色を眺めたり、車内販売のワゴンから軽食やお茶を買うこともできる。

私が昼寝をしているうちに、列車は白樺の林が続く大興安嶺山脈の長いトンネルを越え、夜の八時、時間どおり竜江に到着した。

改札口でキタキツネが両手を頭上でひらひらさせて出迎えてくれた。「おつかれさま」と言うなり私の肩からカバンをもぎとった。仕事が終わってハルビンから直接来たのか、白シャツに細く黒いネクタイでおめかしをしていた。

駅前は想像していた以上のにぎやかさ、タクシーでごった返しており拍子抜けする。

彼女は中肉中背のがっしりした男性と一緒だった。小学校時代の同級生だという。男は握手をしてきて、「ようこそ、どうぞどうぞ」と黒い車に案内してくれる。てっきり近くのホテルに行くのだと思っていたら、車は大通りからはずれ、ポプラ並木が続く道をひた走りだした。あたりは真っ暗なため様子がわからない。彼女と幼なじみとの会話は早口の中国語で、何を話しているのかほとんど聞き取れない。

「お腹は平気?」と前の席に座ったキタキツネが時々振り返るが、車は相変わらず闇夜の道を走っている。さすがに心配になり「お腹はすいていない、これからどこへ?」と訊くと、驚いたように「私の実家じゃない」と笑った。そんなのは初耳なのだが、言葉の壁のせいで事前の打ち合わせと食いちがうのは毎度のことなので、何も言わないことにした。

闇の中で道がだんだん細くなり、奥まった路地のようなところで停車した。ここが彼女の家らしいが、真っ暗で何がなんだかわからない。スマートフォンを取り出して足もとを照らしつつ鉄の門を開くと、すごい勢いで犬が吠えだした。飛びかかってくるかとおののいていると、彼女が「小屋にお帰り」と追い払ってくれた。犬は鎖でつながれているようでひと安心する。

平屋の大きな家をぐるりとまわると分厚い木の扉が開き、小柄な母親が出てきて「遅かったね」と物静かに言った。母親は携帯電話を持っており、娘とは何かと連絡を取りあっているようだ。

彼女は大きな手提げ袋を二つかかえてきて、その中からハムやメロン、瓶詰めの漬物、ガムテープといった母親に頼まれたのであろう品々を取り出している。男は母親とも顔見知りらしく、少し話したら「では」とあっさり帰っていってしまった。

時計を見るとすでに九時半を過ぎていた。それ以上の会話もなく、母親は着の身着のままオンドルの上に横になると、薄い毛布をかけて、なんとそのまま眠ってしまった。

電灯があるのはその部屋だけである。キタキツネは私をもう一つの部屋に案内してくれたが、真っ暗で何がまわりにあるのかまったくわからない。夜の用足しに出られるよう通り道を確認し、夜食に台所の横で二人して饅頭と鶏の煮物を二口三口食べた。

「白酒もあるよ」彼女は壊れかけた納戸を開き、白い容器を取り出した。半分ほど液体が入っている。近くにあったコップに注ぐと、強い酒のにおいがあたりにひろがった。

「この白酒は地元でしか手に入らないもので、珍しいのよ」と言って自分は飲まず、私の顔をじっと見つめている。ひと口飲んで、そのまろやかでコクのある味に納得した。「私が帰るたびに、弟が買ってきてくれと言うけど、いつも品薄なの」彼女は白いシャツからポロシャツに着替え、自分も母親の隣りで寝ると言った。

薄暗い電灯の下には、中国東北部の田舎の、台所の見本のような情景があった。大きなかまどに、焚き付けのために山のように積まれた乾燥トウモロコシの茎、吊り下がった野良着。それらを見つめて私はこれからいったいどうなるのか、いささか心配になってきた。心の支えはこの白酒だけである。

小便のために立ち上がると、「どこでもいいのよ。外はすべてトイレだから」と聞く前に答えが返ってきた。

外に出るとひんやりした大気が降りてきていた。少し眼が慣れてくると、あたり一面トウモロコシ畑が海のようにひろがっていた。

「そろそろオレも寝よう」スマートフォンの明かりを頼りに手探りで戻る。ふと入口の左側、本棚の二段目にある小さな額が気になり、近づいて中の写真を見てみると、あの母親が紅衛兵姿で写っていた。文化大革命の時のものだろう、紅衛兵の腕章をつけ、毛沢東語録を手に、引き締まった二十代の自信満々の顔がそこにあった。

父親の父親は山東省からボロボロになって竜江にたどり着いたと彼女から何度か聞かさ

れていた。母親の額を手にそっと台所に戻るとキタキツネはまだ起きていて、「よくそんなの見つけたわね」と言って苦笑いした。

なんとなく落ちつかない気持ちのまま横になったが、白酒の酔いもあり、眼を閉じるとすぐに寝入っていた。そして明け方近くになって夢を見た。濃い霧がかかった部屋の中で、チャイナドレスを着た女性が立っていた。

中国の町を歩いていて、チャイナドレスを着た人を見た記憶がない。上海のおんぼろビルの食堂で見たような気もするが、すでに忘却のかなたである。

これは外国人が日本に来ても、振袖に出会わないのと同じようなものなのだろうか。最近は浴衣さえ持っていない日本人も多くなったが、同じように一般の中国人女性もチャイナドレスなど持っていない。

チャイナドレスというのは和製英語で、正しくは旗袍《チーパオ》という。立襟で裾に深いスリットの入った中国風のドレスを指す。ぴったりとして体の線を強調するチャイナドレスは、日本でも大陸へのあこがれ、異国の香りの象徴として、上海を舞台にした映画にたびたび登場している。現在のドレスの原型は、天津の租界地に住んでいたイギリス人の洋服屋が作りあげたものだ。

もととなった「旗装」は清朝時代の満洲人だけに許された服装であり、革命以後は誰も

が着ることができるようになった。満洲の冬は寒いので、少しでも冷たい風を防ぐよう襟を立てている。大きめのスリットが入っているのは、馬に乗る際に便利なようにである。

当然、その頃は下にズボンを履いていた。したがってズボンとセットでない旗袍は本来の姿とはいえない。現代風に足をちらりと出すスタイルとなったのはごく最近のことである。しかし、足が太くて短く、ずんぐりむっくりした日本人女性に着こなす勇気のある人は滅多にいない。

チャイナドレスといえば、文化大革命の時に国家主席劉少奇夫人、王光美が紅衛兵に吊るし上げられたのを思い出す。インドネシア訪問の時に着ていた旗袍が、ブルジョア的で資本主義の道を歩む、媚びた服と批判されたのだ。

劉少奇夫妻は一九六三年の四月、一カ月かけてインドネシア、ビルマ、カンボジア、北ベトナムと訪問したが、出発前に上海と香港でかなりの種類の旗袍をそろえていた。トップレディとして公式の席に出る王光美は教養と美貌を備えていた。すらりとした長身でシルクの旗袍を着こなし、大学の物理学科出身で英語も堪能。屈託のない笑顔が美しく、そのうえ髪は欧米風にパーマセットをしていた。王光美の名ホステスぶり、さらに大きな白い麦藁帽子、サングラス姿、心和む海岸の風景写真。こういう王光美を横眼でじりじりじっとりと見ていたあの女がついに切れた。

毛沢東夫人、かの江青である。いつも人民服に野暮ったい眼鏡をした江青は王光美を妬み、嫉妬でいても立ってもいられず、絶対に「許す」ことができなかった。東南アジア歴訪の旅が終わったら「必ず仕返しをする」と激しく体をゆすっていたにちがいない。

まず外遊する際に着用していた装身具にいちゃもんをつける。資本主義そのもののブルジョアファッションを自己批判すべきだと紅衛兵を焚き付けた。そんなにネックレスを首から垂らしたいならと、ピンポン玉をつないだネックレスをつけさせられた弾劾裁判の写真は有名である。

文化大革命を悲惨にしたのは、四人組のリーダー的存在である江青の暴走によるところが大きいが、彼女の嫉妬心も革命的だ。

その江青は人民服姿の写真が多く残っているが、四人組の逮捕後は、私生活では外国製品ばかり好んで使用していたことが暴露されている。いつの時代も女性は光ものに弱いのだ。

もう一つ、チャイナドレスで思い出したことがある。私の両親は名古屋で洋裁学校を経営していた。戦後すぐの昭和二十三年に『文化裁断全集』定価百五十円を出版した。内容は子供服、婦人服、紳士服の作り方である。見開きで左側に寸法があり、いたってわかりやすく、素人にも作れるよう実用的に書かれた本である。

編者に母の名があり、発行者は父の名である。発行所は名古屋市昭和区「服装文化協会」と記してある。自宅と同じ場所だ。私が生まれたのもこの鶴舞公園のそばの自宅であった。四歳までの記憶はほとんどないが、鶴舞公園の池のあたりはかすかに覚えている。

本の扉には、鶴舞公園のシンボルとも言える奏楽堂を背に、洋裁研究所の生徒百名ほどを従えた母の写真がある。記念写真なので、生徒も戦後すぐにしてはきちんとした身なりをしている。母はスカートに上衣のスーツ姿で、髪は短く毅然としている。子供を五人も産んだ三十五歳の女性にはとうてい思えない若々しさがあった。

この本は新聞広告の効果もあり、すぐに再版となった。さらに『子供服全集』を出版し、これも大いに売れた。当時はどの家庭も、服はすべて手作りであった。わかりやすく書かれた母の製図、裁断、縫い方の本は、進歩的な若い母親たちに受け入れられた。父はそんな母と一緒に出版に意欲を燃やし、東京に出ていくことを決意した。

昭和二十四年、私が五歳の時に両親は東中野に大きな家を建てた。二階を洋服作りの作業場にし、見習いの女の人が母のもとで絶えず二、三人働いていた。母が忙しい時には彼女たちが食事の用意もしてくれた。広い応接間からは滝のある池が見え、父はいつも満足そうに煙草をくゆらせ、池を見つめていた。

服装文化協会はさらに判型を大きくした『紳士服全集』を出した。そろそろ一般家庭でもミシンを買えるような時代になったからか、またたく間に四刷となる。続刊として「文化裁断全集」の二巻目もすぐに出す予定になっていたのだが、やがて暗雲が立ちこめはじめた。類書が現れたのだ。父はまねされたと怒っていたが、専門出版社の本は値段も手頃で写真も多く、頁を開くのが楽しくなるよう工夫されていた。

追い討ちをかけるように百貨店に納めていた婦人服がしだいに売れなくなり、大量に返品されてくるようになると、出荷を担当していた父はすっかり仕事への情熱を失ってしまった。

父は世間が豊かになれば皆が注文服を求めるようになり、吊るしの既製服には手を出さなくなると考えていたが、実際は逆であった。細かい注文をつけられる服より、定価で買えて、季節に合わせて変えられる手頃な服を人々は求めるようになったのだ。

父と母は仕事の進め方で衝突し、毎晩怒鳴りあいの喧嘩を始めるようになった。いつも母の布団で一緒に寝ていた一番下の妹は、喧嘩が始まると怖がって大声で泣いていた。母は婦人服仕立ての店を日本橋と中野に開いていた。働く意欲をなくした父は新聞ばかり眺め、毎日昼寝をしていた。そんな父とは裏腹に母は朝早く家を出て、深夜に戻る毎日を送っていた。だが、その二つの店もうまく進まず、二年もすると閉店となった。

そして何年もたたずして、借金の返済のために土地を売り払い、隣り町の小さな家に間借りすることになった。私には母の着物姿や白い割烹着姿を見た記憶がない。子供の学校の行事にも興味を示さなかった。姉と兄が優秀なのに安心してか、私の学校にも一度も来なかった。

いや、一度だけ授業参観にふらりと現れたことがあった。

その日、給食のあとの午後の教室は笑い声が響いていた。社会科の時間に後ろのほうで一瞬ざわめきが起こり、すぐ静まり返った。そっと振り返ると、なんと母がぴっちりした紫色のドレスを着て悠然と微笑んでいた。それを見て、授業参観にチャイナドレスは派手すぎるのではないかと子供ながらに思った。

＊

私は旅の間はいつも早起きで、鶏の声と同時に起きる。顔を洗うために台所の横にある大きな瓷器《じき》の中の水をたらいにそそいで外に出ると、すでに母親も起きていて鶏に餌をやっていた。「おはよう」と挨拶すると、手を軽く振った。

キタキツネは中国人にしてはいたって無口だが、その母親も寡黙である。こちらを詮索するようなことを何ひとつ言わない。顔を洗った水を何気なくその辺に捨てようとしたら、トウモロコシ畑に、と手で指図された。

煉瓦壁に沿って塀をぐるりと歩き、敷地の広さにたまげる。昨夜は真っ暗な中を犬に吠えられながら手探り状態で部屋に入ったので、何もわからなかったのだ。

庭の前に立ち、「テニスコート一面分、二面分、三面分……」とその広さを見積もってみる。高いポプラの枝がのびる塀のまわりには、夏野菜が丁寧に育てられていた。西瓜、南瓜、そして高粱、トウモロコシなどが、パッチワークの生地のように植え分けられている。

犬小屋の近くに植えられているのは人参、ジャガ芋、茄子、葱、胡瓜、ニンニク、シシトウ、ピーマン、唐辛子にトマト、と完全に自給自足体制ができている。

母親は真冬には娘や夫のいるハイラルに移るが、ほかの季節は生まれ育ったこの静かな田舎で一人暮らしをしている。そのほうが性に合うのだそうだ。

私は竹籠をかかえた母親にくっついて、野菜畑というか家庭菜園をまわっていった。母親は生姜の茎に手をのばし、「姜《ジャアン》」と言った。「日本にもある?」と訊かれたので、「もちろん」と返事をすると、うなずいて笑った。

この村には農家を中心に約三百人が住んでいる。いずれも山東省からの移民である。一九五八年、キタキツネの父親も母親もまだ九歳前後の頃、毛沢東は「大躍進政策」と呼ばれる壮大なる実験を中国全土でくりひろげた。その目標は理想の生活であった。毎日毎日家庭で食事を作るのは無駄である。「公共食堂」を運営し、生産はもとより、消費や生活まで「公有化」「人民公社化」をめざすものであった。

高揚した人民による大衆運動は全国的にひろがったが、実験は悲惨な結果に終わった。なんと四千万人もの餓死者を出してしまったのだ。そのほとんどが農民であった。

この失敗は中国共産党の最大の悲劇であったが、彼らは自然災害や大洪水が頻発したためだとして、その原因を長い間すり替えようとしてきた。しかし後に調べていくと、自然災害などは極めて小さなものしか起こっていなかった。党の誤った政策がもたらした結果であり、人災であった。これにより毛沢東は失脚した。

彼女は子供の頃に伯父から餓死寸前の話を何度か聞かされたという。食べられるものは樹の皮から野草の根までかじり、モグラや鼠を食べ、力尽き亡くなった子供を土葬したが、村人の一人が掘り起こし、鍋で煮て……。

身の毛もよだつ陰惨な話ばかりである。

大躍進も文革も経験していない世代であっても、あの時代の話になると口をつぐむ。

大きな丸い折りたたみの卓の上に朝食が並ぶ。饅頭、高粱の熱いお粥、ニンニクの黒酢漬け、胡瓜の塩もみ、昨夜の残りの野菜と鶏の煮物。母親が「どうだい味は？」という顔をしていたので、お粥を飲み干し「美味しいです」と言った。薄切りにしたニンニクは日本の野蒜に近い味がし、感激した。この自然の味、土の味は食べ物の原点である。

食事のあとは台所の横にある手押しポンプの井戸で洗い物をした。小さな椅子に座り、キタキツネが縁の青い皿に白い粉をこすりつけていた。「それは何？」「内モンゴルで採れた重曹」そう答えて洗い終わった水を庭の大きな瓶に流した。

水が不足している土地だからか、たとえ

一滴でも無駄にしない。当然、お風呂なるものは家の中にない。洗濯機もない。この家の電化製品は、オンドルの上の電灯と小さなコンロに液晶テレビ、携帯電話、壁にかかった時計の五点だけのようだ。

それにくらべて我が家には洗濯機、乾燥機、冷蔵庫、食器洗い機、電子レンジ、換気扇、電気釜、湯沸かしポット、トースター、冷暖房器具、オーディオセット、電気絨毯、掃除機、アイロン、ドライヤー、電気スタンド、ミキサー、コーヒーポット、電動歯ブラシ、髭剃り、電話、扇風機、テレビ、加湿器、ギター、アンプ……家電類を指折り数えていくと際限がない。

こういう物はじっくり考えれば、あえて持たなくてもいいものばかりだ。あの無人で動くロボット掃除機などいったいどれほど役に立つものか。

奥の部屋に通じる廊下の角に電化製品がもう一つ、冷蔵庫があった。「やはりこれは必要だよな」と何気なく開いて笑ってしまった。この冷蔵庫は故障していて、中には小さな赤いアイスボックスが入っているのみだったのだ。これから修理するのだろうか。中国人は物もちがいい。壊れたからといって簡単には捨てずに何度も修理し、もう使用できないとわかっていても処分しない。

母親は娘と私に、外にある井戸のポンプが壊れたので見てくれと言う。さっそく見に行き、五メートルほどの白いビニール管を引き上げると、水を吸い上げるモーターがついていた。だいぶ錆びついている。隣りの家にオート三輪があるというので若い奥さんに運転を頼み、私と母親が荷台に乗り込み、ビニール管を丸く巻いて修理工場へと向かった。

母親は「近く」と言ったが、トウモロコシ畑を延々と、ずいぶん長いこと走る。母親の家やあたりの景色が「初恋のきた道」にやっぱり似ていると思い、一人うなずく。撮影場所がひなびた華北地方ということもあるのか、この竜江の村と回想の映像が重なる。

のどかな風景ではあるが、舗装されていないでこぼこ道を三十分も走ると、「いったいどこまで」と不安になってくる。すれちがう車はすべてオート三輪である。通称「カエル号」とも呼ばれるオート三輪は悪路でも屈曲した道でも小まわりがきくので農家に重宝されていて、中国の田舎ではどこでも大活躍している。田舎だけでなく北京でも三輪タクシーとしてたくさん走っていて、何度もお世話になった。

私が中学生の頃まではオート三輪の代名詞ダイハツミゼットが狭い路地を走りまわっていた。小学生の頃、家に白い洗濯機、冷蔵庫をのせてきたのもミゼットであった。だが、日本では六〇年代の終わりにすっかり消えてしまい、今では自動車博物館でしか見ることはできない。

ようやく着いたのはオート三輪の修理工場だった。ポンプを荷台から工場に持ち込む。下半身が不自由な中年の男が、故障した部分を調べてくれた。だが錆が強くてボルトがはずれない。どうやら細かいゴミや土がポンプの入口を塞いでいるようだ。男は網で覆われた箇所をじっと見つめ、母親に何か指示を出していた。

退屈になってきた私はその場を離れ、裏に行ってみた。

驚いたことに、そこには何十台もの中古オート三輪が並んでいた。オートバイにリヤカーをつけた簡素なものから、タクシーにも使える豪華な客室の三輪まで、さまざまなカエル号が毅然と生息している。色も形もちがうオート三輪の姿は壮観そのものだ。

夢中になって車体や荷台にさわっていると、遠くのほうから店員が「運転するかい？」と声をかけてきた。

竜江の短い夏

中国東北部出身のキタキツネは小麦粉食文化の中で生まれ育ち、日本人には想像もつかないほど餃子に対するこだわりが強い。というか、日本人の思い描く餃子と本場の餃子は、実は似ても似つかぬものである。

十五年ほど前、西安で兵馬俑坑を見学するツアーに参加した。私が初めて本場の餃子を口にしたのはその時である。

土埃の舞う道を行く観光バスが止まったのは餃子の名店とほまれ高い店だったが、まるで体育館のように飾り気のない食堂であった。現地の人々は丸い食卓を囲み、大声をあげ、野鳥のように一心不乱に餃子を食べまくっている。我々日本人一行はその中国人のみなぎる活力の原点が餃子と知っておびえおののき、うつむきかげんに席に着いた。

現地ガイドにビールを注文してもらうと、出てきたのはぬるぬるのものであった。冷えたビールとの交換を頼んだが、紺一色の制服を着た店員はきっぱり「没有」（ない）と言った。

しばらくして水餃子の入った器が各々の前に置かれていった。器はドンブリのように大きく、端が欠けている。隣りのテーブルの中国人はタレも何も付けず、黙々と餃子を口にしている。まねして箸をのばすが、白くて長いプラスチック製の箸で摑もうとしても、餃子は湯の中をつるりつるりと逃げていく。

さらに事態を悪化させたのは、参加者の一人が「白いご飯」を注文したことだ。女性ガイドは「餃子はおかずじゃありません。れっきとした主食です」とつき放すように言った。それでも、と懇願する婦人に、ガイドはしぶしぶチャーハンを許した。

握り拳を半分にしたくらいの餃子は香辛料が効きすぎ、慣れない味にとまどった。本場の黒酢や醤油、ラー油も舌に違和感を残した。

日本で一般的な焼き餃子は一切出てこなかった。水餃子が三日月形ではなく馬蹄形であるのにも不信感を抱いた。何よりも小皿にニンニクがまるごと置いてあり、隣りの中国人がそれをかじっているのに仰天した。丸かじりはないだろうと心の中で強く思った。

そのうえ、いきなり大音響の中国古典音楽が鳴り響き、伝統衣装を着た踊り子たちが赤い布をひらひらさせて舞いはじめた。彼女らは踊りながら、観光客に装飾品を押し売りしてくる。

極め付きはやかんの中身が白湯だったことで、お茶葉を頼むとわずかだが代金がかかるという。この仕打ちに私は気色ばんだ。

店を出る時にはもう、中国の餃子は絶対に食べない、ましてや中国に来ることは二度とないだろうと深く確信した。北京オリンピックの時もテレビを無視していた。

だが、ひょんなことで神戸から天津に二泊三日の船旅をすることになり、その船中で私の誤解は解けた。その船の中国人コックが作った水餃子に感激してしまったのだ。少量の豚肉に絞ったニラやキャベツが入った水餃子を食べると、口中に野菜の香りが満ち魅了される。

やかんの白湯は、中国人は生水を飲まず各自小さな魔法瓶を持ち歩いており、そこに注ぎ足すためのものだとも教えてもらった。

その後ふたたび中国を旅するようになり、そのうちに餃子の美味しさは実は皮にあると気づいた。皮を味わうのならば、油っぽくて胸焼けのする焼き餃子より水餃子のほうに軍配が上がる。何もつけず味わうと、皮が主食で餡がおかずだと納得させられる。

私の好物は「素三鮮」で、どの店でも注文することにしている。シイタケ、白菜、ニラなどの三種類の野菜を和えたもので、肉類が入らない餃子である。

すっかり中国の餃子に魅了された私は、キタキツネと母親が手作りの餃子をふるまってくれると聞いて小躍りした。

昼間、井戸の電動ポンプの修理のため、隣家の奥さんに村はずれまでオート三輪を出してもらった。そのお礼に、隣家の若い夫婦と小さな女の子を夕食に招待することになったのだ。

合計六名の餃子パーティである。私も何かお手伝いしようと思いあたりをうろついていたが、キタキツネに「邪魔だから散歩にでも行ってきて」と追い出されてしまった。

夕暮れのトウモロコシ畑をぶらぶらと二十分ほど歩くと雑貨屋があった。缶ビールを四本買ったが、やはり冷えていない。「三十分ほど冷凍室に入れておけば冷える」と店の若い主人は椅子を出し、座って待つよううながした。

山東省からの移民が多いこの地域は、言葉に訛りがある。店の主人も日本のことを標準語の「リーベン」ではなく「イーベン」と言った。発音の時にRがYになるのが山東訛りなのかとも思ったが、詳しいことはわからない。

ビールは瀋陽の雪花啤酒が有名である。グラスにうっすらと雪の花びらのような泡が立ち、しばらく消えないのでその名がついた。中国でも人気が高いビールである。

少しだけ冷えた缶ビールを袋に入れ、家に戻ってみると、母親、キタキツネ、隣りの奥さん、旦那さんが大きなテーブルの上で生地作りに奮闘していた。やがて生地が出来上がると、丸くまとめてボウルに入れ、布巾をかけ三十分ほど寝かす。

キタキツネは以前東京に来たことがあり、当然、日本でも餃子を食べている。生地を寝かせている間、一同は彼女の話を興味津々で聞いていた。

「皿の上に引っくり返されて焦げた焼き餃子を出すのに驚いたが、ご飯がついてきたのにはもっと驚いた」。まわりの日本人はご飯の上に餃子をのせて、当たり前のように食べている。その光景を見て彼女は食文

化のちがいに啞然となったと語った。

母親は「日本人は礼儀正しい国民だというが、そんな変な食べ方をしているのかい？」と眼を丸くしている。さらにキタキツネは「ラー油は辛いだけで、酢にも味がない」と日本の餃子に手厳しい。「困るのは、全部ニンニクが入っているの」と追い討ちをかける。彼女が焼きそばパンや冷し中華、天津丼、カレーラーメンを見たらどうなることか。何と言うか楽しみだ。

「きっとお米の美味しい日本だから、餃子ライスやラーメンライスが成立するのだろう」と彼女も最後はやさしくまとめた。隣りの奥さんもなにやらうなずきながら、丸くのばした皮に餡を詰めている。豚肉、鶏肉にナス、セロリ、トマトと別々に包んでいき、野菜だけの餃子も作る。

中国では焼き餃子は「鍋貼」といい、北京の屋台で夕方になるとよく見かける。日本の焼き餃子とはまた異なり、文字どおり浅い鉄鍋に貼るように並べられている。

この手の焼き餃子は客のおもてなしで出すものではない。ここの家では、残った餃子はこまかく刻んで小麦粉を足し、日本のお焼きのようにして次の日に食べるそうだ。

日本に餃子がひろまったのは、旧満洲国に日本人が入植してからだという。満洲に派遣された師団の本部が宇都宮にあり、帰還した人々がひろめたそうだ。その時、白菜も日本に持ち帰った。しかし、中国語の「饺子《ジアオズ》」が、いつ「ギョーザ」になったのだろうか。

東北地方に古くから移民してきた山東省の人々は、餃子を方言で「ギャオズ」と話していた。それを日本人や朝鮮人が聞いて「ギョーザ」となったという説がある。しかし水餃子ではなく焼き餃子に人気が集まった理由は不明である。小麦粉食文化の中国と、米食文化の日本のちがいなのだろうか。

台所の大きな二つのかまどに湯が煮えたぎってきた。私は湯の前に座っている母親に、山東省の人は餃子を「ギャオズ」と言うのかと尋ねた。彼女は「亡くなった祖母は確かにそう言っていた」とうなずき、高粱の茎で編んだ円形の網にきれいに並べた餃子を、湯の中に放り込んでいった。一度浮き上がったところで差し水をし、ふたたび沸騰すれば出来上がりである。皮が膨張し、ふっくらと白く浮かんでいる。

餃子にニンニクを入れない理由は、湯にニンニクのにおいがうつり、どれも同じ味になってしまうからだという。

糖包も網の上にのせて湯に沈めた。黒砂糖を小さく包んだもので、いわゆる箸休めというのか、口にすると甘さが体にしみわたる。

大きな器に山盛りの餃子が次々と運ばれ、にぎやかな食事宴会に突入していく。若夫婦の前にビールを置くと旦那のほうでも白酒の瓶を取り出し、小さなグラスに注いで私に差し出した。

小皿のニンニクをひと口かじる。とれたてのニンニクがこんなに美味しいものだとは思いもしなかった。刺すような辛さはなく、むしろほのかに甘く感じる。

野菜はすべて庭で育てられたものだ。色とりどりの野菜は実に丹念に手をかけられ、雑草などどこにも見当たらない。おそらく母親の頭の中はいつも野菜作りのことでいっぱいであろう。

竜江の夏はいつまでも明るい。暮れゆく空に餃子形の白い雲が浮かんでいる。私は山東訛りが飛び交う中、ほんわかとした気分で胡瓜と卵の餃子を口にし、しだいに酔っていった。歌が好きなキタキツネは台湾で流行した「春夏秋冬」という歌をうたっていた。

*

私が訪ねたのはちょうどトウモロコシの最盛期で、村の中をオート三輪があわただしく行き交っていた。一面の畑を見るかぎり、豊かな農村風景がひろがっている。これまで中国奥地の村を歩いていて、家が崩れ農地が荒れた、すさんだ土地をいくつも見てきたが、ここで出会う村民の顔は明るかった。

村の雑貨屋には夕方になると人々が集まり、奥の部屋で麻雀に興じる。その日も男たちが輪になってビールを飲み、宴会をしていた。みなキタキツネの小学校時代の友達である。彼女が顔を出すと「どうしていた」「元気か」と肩をたたき、屈託がない。

「私が生まれたところを見に行く？」

日傘をさした彼女はモノトーンの夏服を着ている。村の女性たちが豹柄などのけばけばしい服を羽織っているのとは対照的である。水道がすべて井戸なので日常的にシャワーを浴びる習慣のないこの地では、汚れが目立たない大胆な柄が人気である。

ある人の育った故郷を訪ねることは、その人をもっともよく知ることである。人はその風土、時代を避けて生きることはできない。

私たちはトウモロコシ畑が続く道を二十分ほど、両親や自分の生い立ちを話しながら歩いた。時おり日陰にある木の下に座り、ひと休みしながら入り組んだ道を確認する。

「ここがその家」

そこは屋根や壁の煉瓦が崩れ、荒れ果てた一区画だった。彼女が指さしたその家は、八畳にも満たない、まるで家畜小屋のような姿だ。

「小学校の時まで、ここに両親と兄、私の四人がいたのよ」

汚れた材木や欠けた煉瓦が一面に散らばり、ゴミが散乱した様子に胸が詰まる。中国人はしばしばこのように前の家を放置したまま、新しい土地に移る。なぜそこを片付け整地して、新たな家を建てないのかが不思議でならない。土地が広大だから、ひとところにしがみつく感覚がないのかもしれない。人々は流れるように場所を変えていく。

小学校はその家から十分ほど歩いた場所にあったが、今は合併して閉校になったという。中学校は自転車で二十分ほど。全員で約百六十名の小さな中学校だった。

農業従事者がほとんどの村では、全員が「農村戸籍」である。だが彼女は「都市戸籍」を持ち、都市での労働許可証も持っている。その辺が実は前から気になっていた。

はじめに、キタキツネの父母のことを訊いた。

母親が現在も住んでいる家は、まわりの住居とくらべて際立って大きい。屋根が高く煉瓦造りで、どちらかというと洋風である。

父親は農業ではなく隣り町の富拉爾基の製鉄所で働き、出世コースを進んだ。代用教員から人民公社の会計係を務めた優秀な人だ。大きな家だけでなく、車や電話、テレビも村で最初に購入した。母親と知り合ったのも同じ代用教員時代だという。

だが、彼女の父のように製鉄所で働いていても、竜江に住む人はすべて「農村戸籍」である。商人だろうがホテルの従業員だろうが、もちろん同じことだ。

現在では都市への移動は比較的自由になり、多くの農村労働者が都市で働くようになった。だが、中国の戸籍制度は日本で暮らす人には想像もつかないほど厳格で、都市での労働許可証を取得するためには、たくさんの書類審査を通過しなければならない。仮に都市で仕事を見つけ家族と一緒に移り住んでも、農村戸籍の子供は都市の小中学校には入学が許可されない。子供だけ田舎の親戚に預けるか、特別な入学金を払って地方出身者を受け入れる学校を探す。

中国の初等教育はかなり厳しく、小中学校で落第になる者もいるという。

まず小学校三年生までに、ピンインと呼ばれる中国式ローマ字表記を完全に習得しなくてはならない。ピンインが正確に頭に入ってないと発音が曖昧になるし、辞書も引けないからだ。ピンインと九九ができない者はみんな落第させられる。落第が二年続くと、さすがに嫌気がさして小学校を中退してしまう子供もいる。

現在の都市部では落第は少なくなったらしいが、かつて農村部で小中学生の中退者が多かったのは、子供が勉強できる時間や環境が整っていなかったからだろう。そのうえ転校は認められていないので、何としても進級するか落第するかしかない。

「横並び意識」の強い日本から見ると暗澹たる人生と言えるだろう。日本では義務教育段階で落第措置がとられることはほとんどないからだ。だが、海外では「落第」は珍しくない。中国はフランス、ドイツ、ハンガリーなどと同様、小学校一年生から留年があるが、頭のいい子には飛び級もある。課程の内容をきちんと習得させないまま進級させることこそ当人のためにならないというのが、本筋かもしれない。

「なんで都市戸籍が取れたの」ポプラの木陰でベンチに座って尋ねると、彼女はふっと笑って、黒竜江省のおおまかな地図を尖った枝で地面に描いた。

「この呼中という町の高校に入学したのよ」

大興安嶺地区の呼中というのはオムル山脈の森林地帯にある。ここ竜江よりさらに北で、ロシアとの国境に近い。冬は零下四十度になることもあるという。

「祖父が人民解放軍の軍人だったので、私の移動ができた」

中国では軍人の身分が高く、都市戸籍の恩恵を受けられる。さらに呼中は林業を中心に発展した五万人くらいの都市で、外部からの流入にも比較的寛大であった。

「それでも都市戸籍を取るために、中学で必死に勉強した。十四歳で一人で十数時間列車に乗って呼中に向かった時は本当に心細かった」

「呼中の高校に入学できたけれど、冬は外に出る時、あまりに寒くて身の危険を感じた。自転車のチェーンがいつも凍っていた」「でも水がきれいで、空の青さを思い出す」

私は森に囲まれたロシア国境近くの最果ての町を思い浮かべていた。

高校を卒業したあとは、てっきり今の大手スーパーマーケットグループにすんなり入社

大興安嶺地、呼中の高校へ。

したと思っていたら、「高校時代の男友達と、ハルビンの地下市場でジーパンを売っていた」と言う。驚いて「ジーパンを？」と聞き返すと、「北京で新しいジーパンを買い付け、店舗の一角を借りた店で当初は驚くほど売れた。でもやがて売れなくなって解散した」。

「その後はハルビンで電話交換業務をしていた。二十四時間勤務で大変だった」

都市戸籍を取れたからといって、都市で満足のいく仕事はそう簡単に見つかる

ものではない。高校時代の友人がハイラルの会社で経理の求人があると言うので、現地に出向き、筆記試験と面接試験に合格して二十七歳の時にやっと落ちついた。

私はあらためて中国で生活する厳しさを聞かされ、日本のゆるく甘い社会に安堵した。戸籍制度だけではなく、その人の学歴や職歴を綿密に記録した人事档案制度は、今も厳格に付きまとい管理されている。

「まだ知りたいことがあるの？」

私は、彼女の結婚と離婚の顛末を訊きたかったがやめておいた。一般的に黒竜江省の女性は素朴で情に厚いが、裏切られると感情をとどめることができず、際限がなくなり、激しく報復に出ると言われる。

どこまでも続くトウモロコシ畑をそのまま二十分ほど歩くと、雅魯河という川に出る。さらにいくつかの川が重なり、黒竜江省の真ん中を流れる松花江に合流する。これは中国で四番目に長い河で、満洲の言葉では「スンガリ」（天の河）と呼ぶ。チチハル、ハルビン、佳木斯《チャムス》、ハバロフスクの町を通り、全長約二千キロをゆったりと下っていく。日本最長の河川信濃川のおよそ六倍の長さである。信濃川の水が米どころの新潟平野をつくったように、松花江もまわりの平野に豊かな食糧生産基地をもたらした。

二人して川辺に座り葦の葉をむしっていると、キタキツネがぽつりと「この対岸の景星にも日本人の満洲開拓団が来たのよ」と言った。日本軍のことは、以前ハイラルに行った時に、彼女がどことなく避けていた話題である。

「ここが満洲国と呼ばれていた一九三〇年代に、日本からの農民開拓者は三十万人もいたそうね」中学校の歴史の時間に教師が話してくれたという。今から八十年も前のことで、その当時の建物や開拓した畑の具体的な位置はもうわからないという。

私たちが見つめている川は支流なのか、幅がやや狭く五十メートルほどになっていた。だが流れは強く、深さも背の高さぐらいはあるだろうか。ここを泳いで渡ろうとすると苦労するはずだ。それでも、生き延びようと必死に幼子を抱いてここを渡った開拓民もいたのかもしれない。

ふと「この川は魚が獲れるの？」と訊くと、「好的」とうれしそうにうなずいた。帰りに竜江の駅の近くの食堂で食べましょうと言って、バッグからお茶の入った瓶を取り出し、膝の上に置いた。茹でたトウモロコシも出して、半分私にくれた。


前にハイラルを旅してその広大な風景に圧倒されたあとも、私は日本人の移民先である満洲についての本を読みあさってきた。そして大連に行ってからは、建国から十年余で幻と消えた「満洲国」とはいったい何だったのだろうかとますます考えるようになった。

昭和七（一九三二）年、突如「満洲国」が誕生した。上海で起こった日中両軍の衝突事件に世界が気を取られている隙をついて満洲国は建国され、清朝最後の皇帝溥儀が象徴としての椅子に座った。

日本側は「五族協和」「王道楽土」をスローガンに掲げていたが、国際社会の風当たりは強く、「満洲事変は日本の侵略行為にあたり、傀儡国家以外の何物でもない」と切り捨てた。

国際連盟調査団が満洲国に行くと、力で統治していた関東軍は逆上し、「もう満洲国は日本の領土なんだ。つべこべ言うな。国際連盟から脱退してしまえ」とばかりに暴走していく。

満洲国成立から半年後、試験移民として独身男性のみの約五百人が日本を出発した。全員が小銃や手榴弾を持ち、機関銃を運ぶ。これが第一次武装移民団である。行き先はハルビンから松花江を三百五十キロ船で下った佳木斯であり、そこから五十キロ南に下った永豊鎮という村であった。最初は移民と呼んでいたが、入植者に対する現地民の反感を和らげるため開拓と名前を変えていた。

当時、中国農民を苦しめていたのは匪賊の集団であった。日本からの武装移民に地元の農民は最初は安心したが、すぐに移民たちは彼らを追い払い、耕作地も森林も放牧地も奪った。

だが移民団は慣れない土地や匪賊の襲撃に精神的に負けてしまい、半数は脱落していった。開拓移民のつもりで張り切って大陸に渡ったのに、やることは現地の家を取り上げ農民を追い出しただけだったのだから、無理もない。さらに日本人は生水を飲む習慣が直らず、そのために赤痢にかかる者が続出した。

中国人は生き延びるための独自の知恵を備え持っている。数千年にわたる歴史の中で流動してきた民族だからしぶとい。たとえば食事の時もニラやニンニク、生姜を多く使い、無意識のうちに健康面に気をつかっている。腹痛に効くゲンノショウコや、まだ固く青い無花果の実が赤痢に効くなどという、漢方医薬や鍼灸や指圧を生活の中に取り入れていた。

日本人は列島を洗い流すような民族の移動の経験を一度もしたことがないから、互助組織や同郷人の助け合いも弱い。絶え間なく群れをなして移動している中国人とは、疫病一つとってもその対応がちがう。

中国を旅していてとりわけ感心するのは、今でもみな小型の魔法瓶や茶が入ったプラスチック瓶を持ち歩き、水道の水でさえ絶対に飲まないことだ。

本格的な移民は「満洲開拓団」あるいは「満蒙開拓団」と言われ、昭和十一年には「百万戸・五百万人移民」政策が打ち出された。日本の三倍の広さの土地を手に入れたのだ。

これから本格的な満洲開拓の時代に入るのだと日本側は気合を入れていたが、協力していた満洲国政府はこれに驚き狼狽するばかりであった。

新天地の荒地を希望の大地に開拓するのならわかるが、現地の農民が死にものぐるいで耕した土地を安く買い上げ、井戸を奪い、銃剣で強制的に立ち退かせれば、いつかひどい仕打ちを受けるのは目に見えている。

開拓団とは別に、満蒙開拓青少年義勇隊も忘れてはならない。最終的には九万人弱を送り出した。数えで十六から十九歳の青少年が「右手に鍬、左手に銃」をモットーにソ連国境近くに盾のごとく配備された。

今なら中学校を卒業したばかりの、まだ体もできていない少年たちが、学校教育の中で国策に組み込まれていたのだ。

私が「開拓団」について漠然と思っていたことを覆させられたのは、長野の「満蒙開拓平和記念館」を訪ねた時のことである。最初、長野県下伊那郡阿智村になぜその記念館があるのかわからなかった。

日本全国から送り出された開拓民は約二十七万人と言われる。そんな中でも長野県は三万三千人と突出して多い。隣りの富山県は五千二百人、群馬県は八千七百人である。予想していなかったが、東京からも約一万人が満洲に渡っていた。

その頃起きた世界恐慌は日本をも直撃した。東京には失業者があふれ、さらに地方からの困窮民の波が日に日に押し寄せてきた。

長野県出身者がだんとつに多い理由は、貧しいからというだけではなかった。行政や教育界が「国策」の圧力を受けていたのだ。分村移民した大日向村（現南佐久郡）などは良き村のモデルケースとして日本中に喧伝された。そして全国でももっとも多く開拓団を送り出した地域が、記念館のある飯田下伊那地方である。阿智郷開拓団は百七十五人のうち、戦後帰国できたのは四十七名というむごさであった。

記念館で購入した「満洲開拓民入植図」を開いてあらためて驚愕したのは、ハルビンを中心に扇をひらいたように開拓団や義勇隊が点在していることだった。佳木斯や満洲で唯一の日本人公墓がある方正《ほうまさ》あたりに固まって開拓に出かけていったものだと思い込んでいたが、まさに満洲国全体に、星が散らばるように出向いていたのである。チチハルやキタキツネのふるさと竜江にも確かに日本人の開拓者が来ていた。さらに隣り町の札蘭屯《ジャラントン》にもおびただしい数の開拓者が存在していた。

昭和二十（一九四五）年八月九日。日ソ不可侵条約（中立条約）があったにもかかわらずソ連軍が侵攻してきた。開拓団を守るべき関東軍は東南アジアの戦場に移動してもぬけの殻であった。ソ連侵攻は確実視されていたのに、その徴候を開拓民には一切教えなかった。男は軍に根こそぎ動員され、残っていたのは女性、子供、老人がほとんどであった。

中国農民はこの日を境に立ち上がり、報復を開始した。土地や家を取られ、小作農に貶められ、流浪の生活を強いられた中国人の怒りは爆発した。一夜にして主客が逆転した。ソ連軍との戦闘、集団自決、暴徒の襲撃、まさに地獄絵図が待っていた。開拓民たちは悲惨な運命に翻弄され、戦後も中国残留孤児の苦難が待っていた。

彼女と私は三十分ほど川面を眺めてから、少し寒くなってきたので立ち上がり、来た道を帰ることにした。

彼女は文化大革命の時の下放について話しだした。都市の青年を地方で労働させる下郷運動である。黒竜江省にも数十万人の若者が荒野の開墾のため強制移住させられてきた。

「結局、貧しい土地には逃げられない人間が追いやられてくるのね」そう言って、葉のついた葦の茎を両手ではさみ笛のようにピーッと鳴らした。

「父も母もまだ若く、毛沢東語録を手に高揚していた時代だった。一九七〇年まではね」

トウモロコシ畑がいくつも重なり、地平線のようにびっしりと続いている。我々は言葉少なに夕暮れの小道を戻っていった。

私は満蒙開拓青少年義勇隊の写真を思い出していた。日の丸と満洲国の国旗である新五色旗を掲げて勇ましく行進する姿は、紅衛兵がこの地を赤旗をたなびかせて歩いている姿と重なる。

帰り道の角に竜の絵の看板のかかった雑貨屋があり、喉が乾いたので奥のテーブルでお茶を飲むことにした。珍しくキタキツネは缶ビールを手にした。冷えていないが、雪花啤酒はいつ飲んでもうまい。

彼女は「ニンニクのかけら」と店の人に言った。紙の上にかけらが二、三個のせられると、皮を手でむき、かじりだした。私にも食べな、と眼で合図してきた。

ハイラル駅

初めて訪れた土地は、やはり「百聞不如一見」であった。透き通るような青い青い空の下に一面のトウモロコシ畑を見た瞬間、ああここは中国東北部なのだと実感した。乾いた夏の風と光に満ちた二泊三日の短い旅の終わりがやってきた。

出発の日の朝食は高粱の入ったお粥に蒸し饅頭、大盛りの「地三鮮」。地三鮮とは近くの畑でとれた三種類の美味しいものといった、田舎の定番家庭料理だ。

この地の主食は饅頭のように小麦粉が原料になる。饅頭のほかに有名なのが煎餅だ。小麦などの粉を水で溶き、トウモロコシやサツマ芋、大豆といった穀物とまぜ、薄くのばして適量の油で平鍋で焼く。北京ダックを包む時の皮といえば、あれかと思い当たる人も多いだろう。

北京料理の基本は山東省の料理人が編み出したものがほとんどで、北京では煎餅を春餅とも呼ぶ。セミの羽のごとく薄く焼いたものが口当たりがいい。水分が少ないために、夏でも傷まず日もちがよくて重宝される。

キタキツネは手慣れたもので、薄い卵焼き、豚肉の糸切り、葱の細切りと、とりあえず何でも巻いて食べていた。細切りの蓮根とセロリをさっと炒めたものも、くるくる巻いている。何も入れずそのまま口に持っていっても、簡素なうまさがある。

日がたって固くなってきても、二枚三枚と重ね、あたため直して油で焼くと、また香ばしい味がする。沸騰した湯に落とし、塩・胡椒などで味をつければ立派なスープになる。

山東省は葱の名産地なので、葱を挟んで食べるのが通だという。この葱巻きを何度か食べたが、お茶のつまみや小腹が空いた時の、おやつがわりとしてどんどん手がのびる。自家製の味噌とあいまって、単純にして奥の深い味である。

東北料理は香辛料をたっぷり使った濃い味付けが特徴だが、彼女は根っこのところで山東料理に惚れているので、全体にトウモロコシの甘みが生きた風味になる。

中国人が食生活で重んじているのは、「体を冷やさない」ことに尽きる。夏の朝食など、日本人はまず冷蔵庫を開け、冷たいジュースにヨーグルト、さらに冷えたトマトや胡瓜のサラダにパン一枚で職場に向かう。そして夜は冷えたビールに冷奴。こういう食生活を続けていると冷えからくる胃腸不調、下痢、便秘、肩こり、頭痛、関節痛、そして風邪をひきやすくなり、不眠が始まる。長年放置した冷え冷え体をもとに戻すため、朝は中華粥で始めよう。

中国人を見ていると、夏でも氷の入った飲み物など、体を冷やすものは絶対に口にしない。私も中国に行くようになってから、家にいても外でも日常的にお粥を食べるようになり、さらに小型の魔法瓶を持ち歩くようにしている。茶葉にはそれほどこだわりをもたないが、体をあたためる紅茶か白湯が多い。

そして冷えたビールは夏でも避けるようにしている。かつては私も中国のビールはぬるいと憤慨していたが、今では冬でも凍りつくように冷やす必要があるのかと頭をひねる。

中国料理の定番にトマトと卵の炒めものがある。酸っぱいトマトとふんわりした卵が美味しく、ご飯や饅頭と、あるいは餡かけ麺にしても体があたたまる。山椒を入れて大人の味にする。こういうさっとできる料理も注意して味わうと、生姜、葱、ニラ、ニンニク、唐辛子がほんの少量ずつ入っている。すべて体をあたためる食材である。

中国には古来「医食同源」という言葉がある。食べ物で病気を防ぐ料理人のほうが医者より尊敬されてきた。中国料理の根幹には薬膳料理があるのだ。

母親が丹精込めた野菜が庭にひろがっている。鶏は放し飼いで、山羊も道辺で餌を探す。完全に自給自足の生活が出来上がっている。夫も娘も息子も都会のハイラルで生活し

ているが、母親はここが静かで一番落ちつくし、老後は一人暮らしが幸せだという。冬になると、深く掘った地下の野菜保存室に、ジャガ芋、人参、玉葱を下ろす。

　私が自家製の野菜の味に感激しているのを見て、母親はうれしそうにうなずいていた。とりわけ小ぶりの野生のニンニクは、やや甘みがあり、揚げても薄切りの生でもエシャロットのようで美味しく、毎食口にしていた。

　竜江のホテルに泊まるつもりで来ていたので、私はお土産を用意しておらず、母親に渡したのは羽田空港で買った小さな和菓子だけだった。それが気になっているうちに、帰る日になってしまった。

来た時と同様、小学校の同級生が竜江の駅まで車で送ってくれることになっていた。ハイラル駅に向かう列車は九時二十五分発。余裕をもって二時間前の七時三十分に家を出ることにした。

拙い中国語で挨拶し、思い出深い白山郷に手を振って別れた。彼が「いい絵が描けましたか」と尋ねてきたので、「ハイ、まあ」と小さな声で答えた。

一つ思い出深いのは、キタキツネにあげた額縁のことだ。二年ほど前、私の個展用の絵葉書を額に入れて彼女に送ったことがあった。小さな木の額には細い線が彫られており、目立つ品ではないが、上品で、選んだ本人にはひと目でわかる。

箪笥の上に置かれていたのがその額だ。彼女が母親に贈ったのだろう。その個展は中国を描いた水彩画を多く出したものだったから、絵葉書にも中国の風景を選んだ。

母親はその絵の上に、自分の気に入った写真を入れていた。文化大革命当時、五十年前の紅衛兵姿の若き母親。さらに最初の夜に本棚で見つけた別の額の写真では、同志だった女性四人が同じように毛沢東語録を手に真剣な顔をして一点を見つめていた。

それらの写真を見ただけでここに来た価値があったと強く思った。

母親の故郷の生活は、五十年前の暮らしそのままだ。水源は井戸で、大きな道から一本入ると砂利道となり、あとは延々と続くトウモロコシ畑である。

今も変わらない風土だからこそ、その土地を愛し、一人で野菜を作り、鶏に餌を与えて暮らしている。村には古くからの知人や同志もいるから、さびしいことはない。それに燃料だって豊富だ。庭の片隅には枝や薪が山積みされ、かまどの近くには乾かしたトウモロコシや高粱の茎が束ねてある。かまどには一日中種火があり、大鍋からは細い線のように湯気があがっている。大小いくつもある魔法瓶に湯を入れるのが朝の日課である。

家を出る時、キタキツネは二つ折りにした紙幣をそっと箪笥の上に置いていった。

新空調軟座と書かれた一等車は快適そのものである。満洲里まで走る浜洲線は、かつては木材を燃やして汽車を走らせており、そのため周辺の樹木は次々と伐採されていった。現在この列車に乗ると、車窓から果てしなくひろがる大地や地平線に落ちる真っ赤な夕陽を眺めて歓喜できるが、鉄道開拓団が入る前は、樹齢五百年をこす大森林地帯で、昼でも鬱蒼とした暗い大地であった。

列車に乗ってしばらくしてトイレに行くと、車端に日本の列車では見られない湯の入ったタンクがあった。乗客はそこから魔法瓶にお湯を移すのである。席に戻ると、彼女はヒマワリの種が入った袋を取り出し、せっせとリスのようにあたりに散らかしはじめた。

＊

列車が大興安嶺山脈の長いトンネルを越えると、一面に緑を敷き詰めたフルンボイル草原に入る。大興安嶺は中国東北地方を縦に分断する最大の山脈である。標高は二千メートルとそれほど高くないが、延長はおよそ千二百キロに及ぶ。

夕方の四時過ぎ、もうすぐハイラル駅というところで横になっていたキタキツネが目を覚ました。そして鳥のように両手をばたつかせ、「よく寝た」と言いながら身の回りの整理を始めた。

窓の外に巨大なドームのような煙突が二つ見えてきた。白い蒸気の煙がゆらゆらと上っている。私が一番多く使う中国語「那是什么？」（あれは何ですか）を口にすると、彼女は小学生のように、「那些火力发电站」（あれらは火力発電所です）と答え、バッグをたすき掛けにして立ち上がった。発電所が駅のこんな近くにあるなんて、事故でもあったらと怖い感じがする。

ハイラルの町は内モンゴルの草原フルンボイルに、忽然と砂漠のオアシスのごとく存在している。ハイラルとはモンゴル語で野生のニラを指す。ハイラル河の両岸には白い小花をつけた大きなニラが密生しており、そこから地名がつけられた。

ハイラルは満洲国時代は黒竜江省にふくまれていたが、現在は内モンゴル自治区になっている。旧市街には古い中国風の建物が、新市街にはロシア風の現代的なビルが建ち並ぶ。一九三〇年代から四五年までは旧日本軍によって、対ソ連の最前線基地として最重要視されていた。

ハイラル駅は数年前に建て替えられ、来るべき中国新幹線に対応できるよう整備されている。屋根に丸い帽子をのせ、全体のファサードがロシア風である。ハイラルの次の大きな駅は満洲里で、そこから先は国際列車となり、モスクワまで続く。

かつての東清鉄道は満洲国時代になると北満鉄道、北満鉄路と呼称を変えていたが、この鉄道は日本とロシア、ヨーロッパを結ぶ最短の高速列車であった。別名スパイ列車とも呼ばれ、外交官や商社マン、医師を装ったスパイたちが、日夜敵方の機密情報を探り求めて乗り込んでいた。

日本人が多く住んだ大連や奉天（現在の瀋陽）、新京（長春）、ハルビンの写真は数多くあり、現在も書店で本を手にすることができるが、満洲国時代のハイラルの写真は少ない。その中で、プラットホームで列車を待つ写真が有名である。『中国鉄路百年老站』（中国鉄道出版社）にも載っており、ハイラル停車場一九三八年と記されている。拡大鏡でじっくり見ると、ロシア語でハイラルと書かれた看板の下に、日傘をさしたロシア人の女性が立ち、その右にパナマ帽をかぶった二人の中国人、そして柵に寄りかかる白い上下で気取ったロシア人らしき若者。腕章を巻いた日本人の憲兵があたりを監視するように立っている。

目を惹くのは、穀物が入った大きな麻袋の山に体を預けている、やはり日傘をさした白

い和服姿の女性である。この時代、自由に列車に乗れる人はかぎられ、旅行証明書のない者は駅に近づくことも許されなかった。憲兵隊は日本人居住者の家族構成まで知りつくしていたはずだ。

三十代半ばくらいの女性は、目鼻立ちが整って美人に見える。おそらく線路上に三脚を立て、黒い布をかぶり、「ハイ、写しますよ」と手を大きくあげて撮った記念すべき一枚なのだろう。カメラはまるでこの人物に焦点を合わせるようにホームを撮影している。

この四十名ほどの人々は、これからどこへ向かおうとしているのか？　和服の女性の正体は？

女性から少し離れたところに立つ男も気になる。白黒写真なので色彩は定かでないが、ズボンは白できちんと折り目がついている。上衣がたぶん紺、そして白いワイシャツに同じく紺のネクタイ姿が実にきまっている。

腕を後ろに組み、背筋がのびて姿勢が実にいい。これまでの人生を自信たっぷりに過ごしてきた風であり、いかにも高級官僚といったいでたちである。また、首から望遠鏡がさがっているのが只者ではない。こんなものをふつうの男が持っていたら、すぐさま「貴様、何者だ」と憲兵にどやしつけられただろう。

和服女との距離が微妙だ。八十年前の写真機材は一枚写すのにも時間がかかった。高級官僚風男の妻は最初は寄り添うように一緒に立っていたが、準備を待つ間にしびれを切らして麻袋にもたれたのかもしれない。

あれから八十年近くたつ。二人が仮に存命なら、百十五歳前後である。この当時の話をじっくり聞きたい。この一年後にノモンハン事件が起きるのだが、そんなことは誰一人思いもよらないように、穏やかな夏の朝、午前中の列車を待っている。

中国各地を旅してきて感じたことは、駅前文化がないことである。日本なら駅前には「とりあえず一服」と腰をおろせる食堂や喫茶店、ホテル、そして地図や旅行案内の類を置いた本屋が必ずと言っていいほどあるのに、中国の駅前にはそれらがない。

中国政府は革命以後、特定の場所に人が集まることを警戒してきた。さらに出版に対しても、民間人が自由に本を作ることを禁止した。一九六〇年代〜七〇年代の文化大革命の時など、本といえば毛沢東語録しか見当たらない不毛の地であった。したがって書店も育つことはなかった。現在のハイラルにしても、国営の新華書店と教科書や参考書を扱う教育書店のみで、日本人の本好きにとってはさびしい町である。

ハイラル駅からタクシーでホテルに直行する。「夕食は魚料理の店に行こう。七時にホテルの前で待っていて」と言い、彼女はそのままタクシーに乗っていった。父と弟の娘を連れてくるという。彼女の父親に会ってどう挨拶したらいいのかわからない。ホテルの前に一人残され、しばし途方にくれていたが、とりあえず部屋に戻ってシャワーを浴びた。その間「はじめまして、私は日本から来ました」と小学生のような挨拶文を中国語で頭に描いていた。

約束の七時にホテルの玄関に立っていると、タクシーの窓から彼女が手を振った。父親は前に写真で見たとおり、鼻筋の通った人のよさそうな顔で笑っていた。

彼は鋼のような体という表現がしっくりくるような長身で、細身ではあるが華奢ではない。食道癌の手術をしてから酒は一切口にしないというが、顔色もよく背筋ものびていて、眼は鷹のように鋭く光っていた。

卓がきまるやキタキツネはスッと立ち上がり、大きなやかんを手に戻ってきて、これから使う箸や皿四人分を熱湯で消毒するようにゆすって洗い流し、バケツに湯を落とした。こんなことを日本の食堂でしたら間違いなく追い出されるだろうが、店の女主人は「湯はそれで足りる？」とまるで気にしていない。

キタキツネ曰く、南の広東州でノロウィルスが流行し、中国全土にまたたく間にひろがったのだという。「高級店ではさすがにしないけれどね」と笑ったが、アルコールを湿した紙をバッグにしのばせ、箸だけでもそっと拭くらしい。

「現在ハイラルに日本人は住んでいますか」父親に尋ねると、腕組みをして、「うーん、知らないな」と答えた。だが、「満洲国時代のハイラル市の総人口は二万人ほどで、民間人の日本人はその一割、二千四百人、日本人小学校には四百人……」と手もとのメモを見ながらすらすら口にした。「あなたが来るから、図書館で調べてきた。でも軍隊の数まではわからない」と驚くようなことを言う。ということは当然、日本軍がこの地でした数々の悪行も知っているのだ。

ハイラルの日本人街には食堂、写真館、古本屋、洗濯屋、飲み屋、阿片売場、遊廓があったことは本で読んできたが、その場所ははっきりわからなかった。

「食べ終わったら散歩がてら案内します」

こちらはビール一本のあと、白酒をすすめられたが断った。酒の席は引き際を見極めることが大切で、ずるずる飲んでいてもいいことは何もない。

揚げた魚が卓上に並んだ頃、「こんにちは」と元気のいい日本語が聞こえてきた。見るからに健康そうなその娘はキタキツネの姪で、高校二年生だという。背が百七十センチもあり、大きな眼が好奇心で輝いている。白いTシャツのデザインも垢抜けている。「日本語はどこで勉強したの?」と訊くと「本とCDだけです。将来は日本に行きたいです」とよどみなく答える。

父親は孫娘にもたっぷり愛情をそそいでいるようで、「この子が日本に行ったらお願いします」と言って二度目の握手を求めてきた。

山東省の猿使い

旅は気力と体力が衰えると終焉を迎える。ここ最近はとくに、中国行きの飛行機に搭乗するたびに「もしかしたらこれが最後かな」と思うようになった。お膳立てされたパッケージツアーならば気楽なのだが、一人旅となると年齢とともに億劫になってくる。

夏の休みを使い、一年ぶりにハイラルに行った。昨年会ったキタキツネの父親が亡くなったのだ。一度会っただけで、語彙の少ない私の中国語ではあまり深い話はできなかったが、それでも短い会話の中に、これまでの人生を損得を抜きに働いてきた人間の人のよさというか、素朴な善意があふれている感じがした。もう少し言葉が話せたら、彼が生きてきた激動の時代の中国についてもっと聞けただろう。だが、今となると、それを聞いたからといって何になるのかとも思う。

日本に帰ってからも、彼女とはスマートフォンでやり取りをしてきた。父親が亡くなったことで糸が切れたように精神が不安定になっており、時おり届くメールも暗い話が多く、喪失感がただよっていた。

彼女はハイラルにある自分の部屋と父親の部屋を処分して竜江に戻り、家を改築して母親と民泊を始めたいという。電気だけしかきていない土地なので、これから大改造をしなくてはならない。莫大な資金がいるので、できたら応援してほしいとある。

「とりあえず民泊の資金を集めるためのパンフレットを作るので、あなたが前に描いた絵を使用させてほしい」

秋から春にかけての竜江は気温が氷点下になり工事が進まなくなる。その前に資金を集めて工事を始めたいと性急である。

これまで竜江の絵は何枚も描いてきたので、「成功を祈ります」と原画を航空便より速いEMS便で送った。しかし、あの田舎にそんなに多くの客が来るのかが疑問に思えてならない。彼女からのメッセージには「日本からたくさんのお客さんを連れてきてくださいい」と切実な思いが綿々と綴られていた。

三度目のハイラルなので北京空港での乗り継ぎに不安はないが、六時間もじっと空港で待機するのはやはり苦痛である。

いつもなら五階の中華料理屋で、キノコ炒めや空豆の茴香煮などをつまみに燕京ビールを楽しむところだが、今回は亡くなった人へお線香をあげに来たのでしんみりしていた。退屈した時のために持ってきている文庫本も、空港では行き交う人をただじっと見ているだけで、活字は目に入ってこない。

隣りの椅子に「中国人」と黒々と大きな漢字でプリントされた白いTシャツを着た大柄な男が座った。よくもこんな服を着て空港内を歩けるものだ。思わず「あなたはどこの国の人？」と声をかけたくなったがやめておいた。そんな男と知り合いになっても何の得にもならない。

北京からハイラルは二時間半ほどである。旅行鞄を手に空港の外に出ると、キタキツネがカーディガンを羽織り、しんなりと立って胸のあたりで手を振っていた。

もう一人、かつて満洲里まで車を走らせてくれた陳さんが立っていた。今は独立して内装デザインの会社を経営しているという。相変わらずたくましい体つきで、景気がいいのか高級車に乗り、娘をニューヨークに留学させ、と、いかにも社長という風格を備えていた。

今日の訪問のことは何回か打ち合わせをしていたので、車中で特別話すことはなかった。ハイラルの空港から二十分ほどで、市内中心部のホテルに到着する。国営のビルや橋は色とりどりのネオンで美しく飾られ、夜空に溶け込んでいる。今まで見慣れた中国の風

景とはちがい、モンゴル風やロシア風の建物は新鮮である。ラウンドアバウトという信号のないロータリーでは、渦を巻くように車がぐるぐるまわっている。

ハイラルの夏は短く、観光シーズンのかき入れ時で、ホテルはどこもすぐ満室状態になってしまう。ハイラルを訪れる観光客は、モンゴルの草原を満喫しに郊外へと車を連ねて走っていく。雄大にひろがる地平線、一面の草原に歓喜の声をあげ、羊料理を口にして帰るのだ。

翌日ホテルの玄関で彼女と待ち合わせ、亡くなった父親の公団住宅に向かった。ホテルから五分ほどとすぐ近くにあった。

日本では六階以上の高層住宅にはエレベーターを設けるよう規定されているが、

中国では十階以上でもエレベーターのない建物が多い。予期せぬ停電も多いため、住人は上階を避ける傾向がある。

昨年にも父親と二人で、ここを上がっていったのを思い出す。彼の部屋は七階なので、癌の手術を終えた体で階段を登るのはつらそうだった。部屋に入るなり荒い息をつき、倒れるようにベッドで一時間ほど横になっていた。

中国では土地を自由に買えないため、ほとんどの人が公団住宅に住んでいる。そのため、かなり田舎の町に行っても、高層住宅が乱立気味に建っていることに日本人は驚く。そのかわり職場との距離が極めて近い。だから東京で働く人が一時間も二時間もかけて電車で通勤していることを説明しても、「なぜそんな遠くから?」と中国人には首をかしげられる。

そして中国人が日本の団地、マンションの部屋に入ると、「なんて狭いのだ」と言って驚く。

いっぽう、中国の建物に入り中をじっくりと見て目にとまるのは、手抜きに近い大雑把な施工の仕方である。わりと新しい公団住宅でも、入口の階段がすでに欠けていたり、粗悪なコンクリートを流し込んだためか外壁に亀裂が走り、窓枠が完全に閉まらないことなどが珍しくない。

七階のドアを開くと、居間の小さな机の上に父親の写真と小さな遺灰の壺があった。日本から持ってきた彼の好物の小魚と豆の入った袋を供え、線香に火をつけ、頭を下げる。死者が天国に行ってもお金に困らないようにと、中国特有の紙銭も横にそっと置いた。

彼女は父親の部屋と自分の住んでいる部屋をそれぞれ処分し、生まれ育った竜江に戻り、家を改造して「民泊」にするという計画を本格的にきめたようだ。

食堂に移り、鞄の中から図面を取り出した。屋根の上にソーラーパネルがあり、内部は四つの小さな部屋になっている。井戸は残すが、家の近くまで水道がきているので、シャワー室とトイレを新たに造る。この改装には陳さんも全面的に応援してくれる。

ひと通り説明を聞いたあとで人民元が入った封筒を取り出し、「少しでも役に立てれば」と彼女の前に置くと、「このところずっと体調が悪くて」とうつむいた。その瞬間、大きな眼から涙があふれ、封筒の上に落ちた。

中国人は贈り物やごちそうをしても日本人のように大仰に頭を下げたりしない。高価な品をお土産に持っていっても、「どうも」で終わってしまう。日本人としてはもっと感謝の気持ちを表してほしいと不満に思うこともあるが、そのかわり、一度親しくなった人は簡単には裏切らない。

彼女はしばらく無言で涙を流していた。こちらも涙には弱いほうなので、不意をつかれ言葉を失った。もらい泣きを必死にこらえながら「大変だったね」とつぶやくように言う。「父が亡くなり、私はさびしい」彼女は肩で大きく息をするように震えていた。「自分の体も精密検査を受けるにはハルビンに行かなくては無理だと医者に言われた」と元気なく言い、さらに「弟一家の仕事もうまくいっていなくて、それも心配で」とまた頬を涙が伝った。

中国は縁故、親戚の絆が強い。力のある、仕事のできる人が、多くの一族を応援し支える。何の身元の保証もない遠い親戚に一千万円でも気前よく貸したりする。日本人にはその結束の強さがよく理解できないところがあるが、とにかく身内で徹底的に助け合う。「父の葬式代はすべて私が払いました」やっと落ちついた彼女は、お茶を注ぎながら、短い髪をかきあげ鼻を何度もかんだ。

線香をあげたあとは、二人で門のある通りに向かった。ハイラルの中心地から少し入ったところに広場がある。約二百七十年前にあったフルンボイル城の跡地で、数年前に再開発された。城壁のような門を新たに造り、そこを歩行者天国にして西洋風の料理店やバー、喫茶店、民芸品店が連なる繁華街にしたのだ。外国人にはのんびり歩ける広い空間がありがたく、夕方になると多くの人がこのあたりをうろついている。

そのうちの一つにだだっぴろい食堂があって、私は気に入っていた。大きな厚い木の机は地図をひろげたり鞄の中を整理したりするのに大助かりである。ハイラルビールを追加しながらいつもの窓側に座り、顔なじみになった親父と意味もなくつっつきあったりして、異国ならではの旅情にひたる。

だが、そこを毎日通って通勤する彼女は、わざと古くした町並みを「まるで張りぼての映画のセットのよう」と、いささか軽蔑した口調で言う。

通りには屋台や大道芸人も姿を見せ、しだいににぎやかになってきていた。

*

一人になり時間をもてあまし、市内の中心地をあてもなく歩く。スケッチ帖を持ってはいるが、とりたてて心が動く風景にも出合わない。

こんな時には、やはり本屋が和みの場所である。市内では新華書店と教育国書、古城南門の観光案内所にわずかに書籍と地図が売られている。もちろん中国語の本だけだが、背表紙をじっと見つめながら宝物を探すように歩く。挿絵の入った本や、モンゴル高原の写真集を手にとる。

中国を旅していて不満があるとすれば、国が出版物に目を光らせているせいか、いわゆる小出版社の採算を度外視した本や、私家版、手作りの本が棚に陳列されていないことである。

分厚い紙のもったいぶった造本の書籍には、作者の止むに止まれぬ熱意やぬくもりを感じる。予算をこえた高額な本でも、奥付の限定百部の文字を見るとメラメラと気持ちが燃えあがり、体の中を熱いものが流れる。それが中国では滅多なことでは見つけられないのだ。

海外に出てのもう一つの楽しみとして、地図がある。絵が豊富に入ったイラスト地図を見つけると、旅の喜びも倍増する。喫茶店に入り絵入りの地図をひろげていると、その町の空気を肌で感じられる。

北京や上海にはそんな地図が最近増えてきたが、ここハイラルの人間は草原と羊以外に興味がないのか、書店や案内所、民芸品売場、雑貨屋などに行っても魅力的な地図は皆無である。

その反動だろうか、私のスケッチ帖には東大街を中心に羊のしゃぶしゃぶの名店、餃子の店、羊の串焼き、湖の魚の店、居酒屋風の店、バーなどの店が地図風に細密丁寧に描かれ、なんだか食べ物ガイドマップのようになってしまっている。

ホテルへ帰る途中、いつも旅に持参する小型の懐中電灯が点かなくなっていたのを思い出し、電器屋で乾電池を買って部屋に戻った。だが、いざ交換しようとすると、注文したものとは異なるサイズのものが入っていた。こちらの言葉が通じていなかったようだ。

舌打ちしてもう一度、今度は懐中電灯を手に電器店へ向かい、「この電池は注文したものとはちがう、交換してほしい」と女子店員に抗議したが、「店主は今出かけていていない。だからわからない」とジャガ芋顔でそっぽを向く。「取り替えてください」と粘っても、「最初からそれを持ってくればよかったのに」「店主がいないとできない」の一点張りである。仕方がないので単四の電池を二本買い直すと、まるで放り投げるように転がしてよこした。ひとこと言ってやりたかったがあまりの態度に気力を奪われ、黙ってホテルへと戻った。

ハイラルも三度目となると、見るべきところは見つくしてしまっている。それより公園で将棋に熱中している親父や一人で民族舞踊の練習をしている子供を眺めているほうが楽しい。

ハイラル滞在の二日目、公園に行ってみると、植木の作業をしている四人組がいた。しばらく椅子に腰かけて見ていると、小型の機械でいくつも穴を掘りはじめたので覗きに行く。表面の土の下は砂地であった。

「何を植えるのですか」紺の作業服を着た親方らしき男に尋ねると、「ヤンホワイ」とぶっきらぼうに答えた。スマートフォンで発音をたよりに調べると、「洋槐：ニセアカシア」と出てきた。親方にわざわざ見せると「そうだ」とだけで、あまり相手にしてくれなかった。

ちょうど昼飯の時間になったのか、派手な赤い荷台を引っぱったバイクがやってきた。たぶん近くの弁当屋だろう。四人は提灯がさがった日除けテントの下に集まり、小さな丸

椅子に座って汗を拭いている。

弁当屋は男たちの前に次々とビニール袋を置いて、また風のごとく去っていった。代金は前払いなのだろうか。それにしても工事現場まで弁当を届けてもらうとは段取りがいい。

袋を通して見える容器の中から、あたたかいご飯の湯気があがっていた。別のプラスチックのパックには野菜炒めのピーマンらしきものが見える。青椒肉絲の定食といったところだ。大盛りを注文したようで、量の多さが半端ではない。箸があるのにみんな一心不乱にスプーンで口に運ぶ。別の袋には饅頭が入っており、その上に唐辛子をかけて脇目もふらずに食べている。

中国人はたいてい、何かしら会話しな

ながら食事をするのだが、この四人組は無駄口を一切たたかず、口と手だけを忙しく動かしている。

食べ終わると若い三人は青いシートを門の日陰のほうに引きずり、頭に麦藁帽子をのせて一瞬で爆睡してしまった。

感心したのは、親方の働きぶりである。彼は昼寝などせず、食後の片付けと道具の整理を自らおこない、竹製の熊手であたりを掃除した。それが終わると公園の長椅子で作業日誌のようなものを書きはじめた。考えをまとめるように時々空を見上げている。

短く角刈りにした髪、眼光の鋭さ、日焼けした風貌に、ひと昔前の中国共産党労働者の面影を感じる。日誌をつけ終えるとポケットから軍手を取り出し、丸いやすりでチェーンソーの歯の目立てを始めた。細かい歯一つ一つに三、四回ヤスリをあて、まんべんなく研いでいく。それも終わると、エンジンまわりの掃除に取りかかった。

「ああいう人が上に立つ者の見本だな」

親方に手をあげ一礼して別れたが、相手もちょっと手を動かして応えてくれたのがうれしかった。異国での旅はこんな小さなことが後になって印象に残る。いくらかぎりなくひろがる草原の風景を見ても、アルバムを閉じれば案外記憶から消えてしまうものなのだ。

これまで何度かヒマラヤの山を旅してきたが、ふいに思い出すことがあるのは山の風景よりも、峠で出会った幼いみかん売りの男の子や、茶屋で「ナマステ」だけの会話で食事を出してもらったおかみさんのことなどである。

この日も広場に行ってみると、昔懐かしい猿回しの大道芸人がいた。ピカピカ光る星模様の赤い服を着た二匹の猿が、三輪車に乗って交互に逆立ちやとんぼ返りをしてみせている。日本ではテレビでしか見たことがなかったが、眼の前での実演はやはり迫力があり胸が騒ぐ。

猿使いの男はひどいダミ声で、何を言っているのか全然わからない。彼も猿と同じ赤い蛍光色の服を着ている。かぶっている帽子までもが赤の蛍光色だ。

見物客は平日の午後とあって閑散としているが、そんなことには負けまいと、大声をあげて自分を励ますように猿と一緒に動きまわっている。二匹の猿が肩車をして三輪車に乗る芸で終了し、猿が一匹、帽子を手に見物料の集金を始めた。

猿使いはダミ声で「最低十元、百元で一人前」と騒いでいる。

サクラと思われる客が、「これはすばらしい」とわざとらしくあたりに見せびらかしながら五十元を入れると、猿はキィーと奇声をあげた。一元札を入れるとプイと横を向き、金を出さない客の前ではいつまでも動かない。そんな客を猿使いは「さあさあ」と煽り立てる。

猿がついに私の前に来たので、十元でも出そうと思い財布を開くと、一元札ばかりであとは百元札である。初めて間近で猿の眼を見たが、ゾッとするほど冷たく、こちらを睨みつけてくるようだ。恐ろしくなって思わず百元を出すと、猿はキィーキィーと二度鋭く吠えた。

猿回しを見たあとで一度ホテルに戻り、キタキツネのスマートフォンに夕食はどこで会おうかとメッセージを送った。彼女は川のそばの料理店を指定してきたが、場所がわからない。訊いても、中央橋のあたりをうろつけばすぐに看板がわかると薄情である。

ひと休みしてから外に出た。橋のあたりの建物を眺めたところ、すぐに目的の七階建てのビルが確認できた。食事時までまだたっぷり時間があるので、川沿いの道を上流に向かって歩いていくと、河原に斜めにつっ込むように白いワンボックスカーが停まっている。ナンバープレートの頭に山東省の印があった。

車の横にキャンプ用の机と椅子が出され、卓上にはトマトやキャベツのかたまりが置かれている。足もとにはインスタント麵の段ボール箱があった。

やがて、カセットコンロを手に男が車から降りてきた。なんとあの猿使いであった。黄ばんだランニングに紺のパンツ一枚でうろうろしている。

「今日、猿の芸を見ました」近づいて挨拶すると、男は不審そうな顔をしたが、すぐ百元を思い出したのか、かすかに笑った。

「あのビルで友人と七時に食事」奥の建物を指さすと、時間があるなら座れと風呂場で使う青い小さな樹脂製の椅子を出してきた。

猿使いの男は「あんたは何人？」と尋ねてきた。中国を旅していると、この質問にはよく出合う。いつものとおり、日本人で東京から来たと答える。

「何のためにハイラルへ？」

「ただの旅行です」

「酒は飲めるか」

うなずくと、男は小ぶりの瓶とグラスを二つ持ってきた。「俺は山東省から来た。夏は北で冬は南へ行く」と実にわかりやすいことを言う。「猿たちはどこに」と尋ねると、車の後ろのほうを指さした。もしかしたらこの川の水で猿の体を拭いたりしているのかもしれない。

そのうちにビニールの袋からなにやら取り出し、小麦粉をまぶして、フライパンに油をひき、ガスコンロの火を点けた。

「それは何？」

「蝉《チャン》」

蝉は山東省の人がよく酒のつまみにするので有名である。少し塩をかけるとうまいというが、まだ食べたことはない。

「どうぞ」とすすめられて口にする。焼き鳥の軟骨のような食感だが、やはり昆虫っぽい味がした。

白酒をひと口飲むと、蒸したような暑さが引き、体からすぅっと湿気や邪気が消えていく。一瞬あたりを爽やかな風が吹き抜けたようだ。

「うまいねえ」男も頭を振る。猿に引っかかれたのか、両腕に傷痕が何本もある。秋は北京の天壇公園の前あたりにいるから覗いてくれよと言い、ゆっくりと酒を注いでくれた。五十度をこす強い白酒は、こんな河原で飲むのにかぎる。

「ああうまい」

仕事が終わった満足そうな顔で、男は青くひろがった空をしばらく見上げていた。

＊

内モンゴルのハイラルを訪ねながら、今回も自分は何も見なかったという喪失感に包まれていた。来年にはキタキツネもこの地を去り、故郷の黒竜江省竜江へと戻る。そうなるともう二度とハイラルに来ることはないかもしれない。

人はいつもどこか遠いところへ旅に出たいという願望をもっているが、いざ異国の地に行くとなると、やはり迷いが渦巻く。まして冬は零下二十度を下まわる酷寒の地である。もう一人でここに来る熱意も勇気もない。

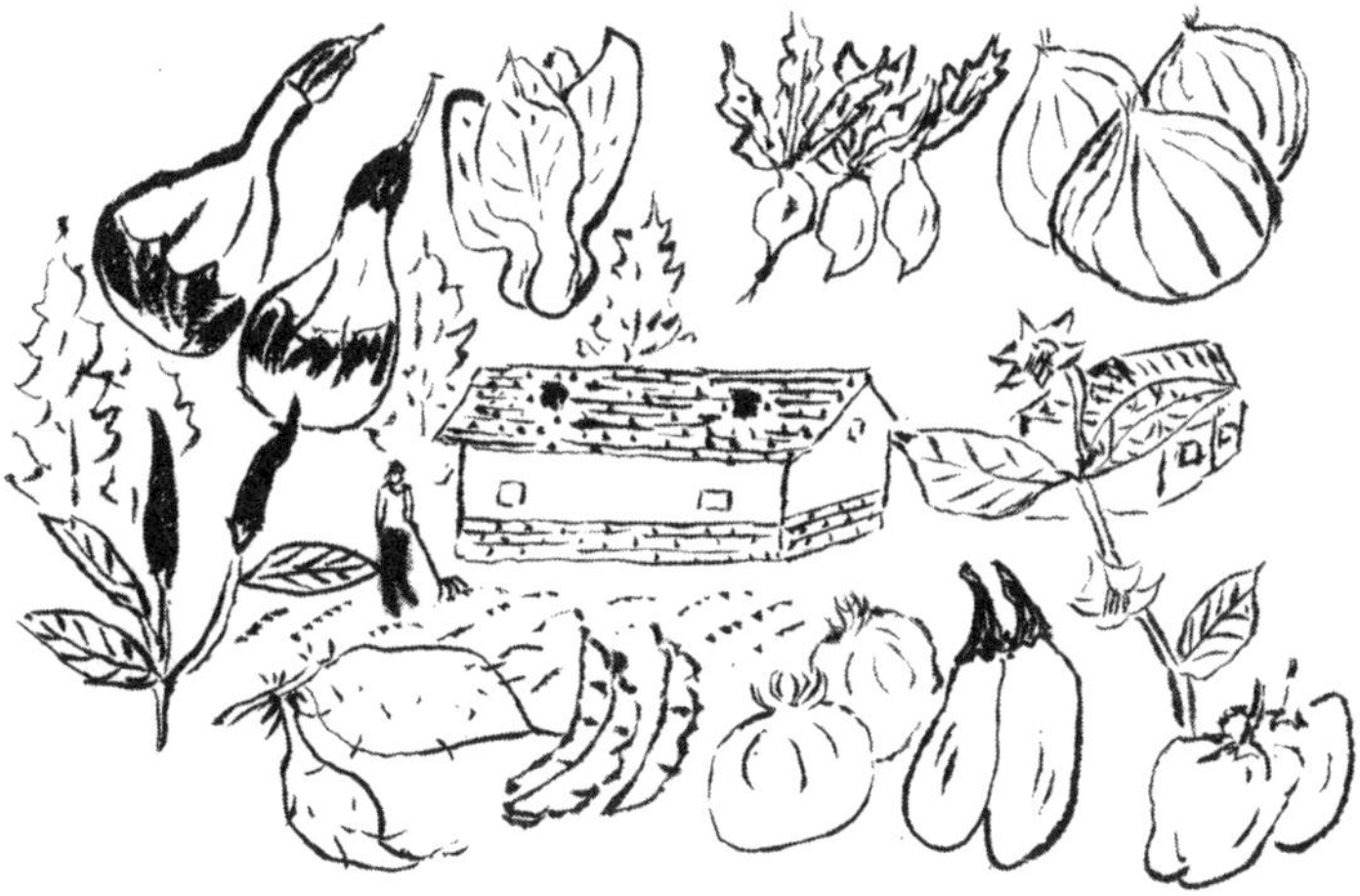

指定された店の窓際の席で一人暮れかかる窓の外を眺めていると、群青色の長いスカートに白いシャツ姿のキタキツネが陳さんと一緒に入ってきた。

「いい絵は描けましたか」と彼が言い、二人分のお茶を注文する。頼み終えるとすぐに彼女が民泊計画の話を始めた。

郷里の竜江は川も湖もあり自然を求める人が今後ぐっと増えてくる、と熱心に語る。自宅を改造して成功しているゲストハウスもすでに何軒かあり、夏は村の人たちと畑を案内し、新鮮な手料理を食べてもらい、冬はスケートをして鍋を囲むという。

中国の自然に帰ろう、田舎体験をしようという機運はこの数年急速にひろがりを見せている、と陳さんも口を添える。農村生活を楽しみ、しかも気持ちのよい宿泊ができれば必ず再訪者も増え、インターネットでも話題になる……。

二人は交互に休みなく話し、こちらに口を挟む余地を与えない。

しかし、家の近くまで水道がきているとはいえ、これからシャワーなどの設備を用意し、部屋を改造するのに膨大な資金がかかることは間違いない。都会では食べられない新鮮な無農薬の野菜や川魚を満喫でき、農業体験やバードウォッチング、魚釣りが楽しめると、一見甘い言葉を用意しているが、おそらく現実は厳しいことになるだろう。

「あなたは否定的な意見が多すぎる」と彼女には言われたが、昨年の夏に実際に村まで行っているだけに、たとえ家の改築がうまくできたとしても、あの村まで訪れようと思う旅行者がどれだけいるだろうかと疑問に思う。

中国でも民泊ビジネスが成功しているところは、人気の観光スポットに集中している。さらに中国の民泊には、違法営業が多いというのも気になる点だ。法の改正や規制緩和の中で、農村部は勝手に民泊を推し進めようとしている。これまで各地を旅してきて、清潔で安心して泊まれる「民泊」はまだ定着していない感じがした。

だが、そういうことを少しでも口にすると、「あなたはいつも悪い方向にしか物事を見ない」と返ってくる。

どうやら田舎体験型の民泊に自分が協力できることは、せいぜい絵葉書セットを作るくらいしかなさそうだ。

「もっと生き生きと働いて、母親にも楽をさせたい」彼女がふっともらす。両親のためにこれまで精一杯働いてきたのに、まだ尽くすというのか。

帰り際になり「では来年の夏には竜江に来てくださいね」と借用書が入った茶色の封筒を渡された。

私は翌朝ハイラルを離れる。予備に持ってきたポーチをそっと差し出すと、彼女は黙って頭を下げた。

＊

キタキツネは毎回律儀に空港の送り迎えをしてくれる。空港の椅子に座って別れを惜しみ、最後に竜江での民泊の資料を受け取った。

中国の民宿は「家庭旅店」という。ここ数年、高騰するホテル代に対抗するかたちで、民家への宿泊予約をインターネットでおこなえる民宿・民泊サイトが中国でもまたたく間にひろがり、最新の情報が共有されている。

中国人は今も爆買いツアーをくりかえしていると思っている日本人がまだいるが、それはテレビが面白おかしく垂れ流す偏ったニュースでしかない。

知り合いの中国人は、都市の外資系ホテルや高級ブランド時計店やブティックで買い物などしない。むしろお金をあまり使わず、自然がある田舎や小さな村に民泊する旅を楽しむ連中ばかりだ。そんな中国で急速に高まっているのが「田舎再発見の旅」の動きである。これは自家用車の普及によるところが大きい。

彼女は私の描いた竜江の風景をパソコンで取り込んだ洒落たパンフレットの見本を見せてくれた。陳さんの手により、室内も見事に改装されている。

「来年の夏は竜江にいます。遠いですが、絶対に来てくださいね」キタキツネは少し涙眼になっている。

「日本のお友達もぜひ呼んでください」そう言い、ひと呼吸おいて「時不我待《シープウウォタアイ》」（時は自分を待ってはくれない）とつぶやいた。

安全検査のゲートをくぐればもう会えなくなる。係員による身体検査が終わり、振り返ると彼女がゆっくり手を振った。しばらく眼を合わせ、お互いに「再見」と小さく口にする。

短くも長いハイラルの旅もこうして終わるのだと思うと、寂寥感が押し寄せてくる。青空の下にひろがる草原の景色が急にモノトーンに変わっていくようだ。

搭乗口の前の椅子には北京行きの出発を待つ人が座っているが、朝九時の便を待つ人は少なく閑散としている。彼女は今頃大急ぎでタクシーに乗り、職場に向かっているだろう。勤め先は八時半から動きだす。

「若い時の一人旅は夢を作るが、年寄りの一人旅は侘しいだけだ」誰かが酒場でもらした言葉が忘れられない。二つ折りにしたパンフレットを見ながら、彼女の村で民泊が成功することを願わずにはいられなかった。

空港の外を見ると、突然雲行きがあやしくなってきた。空が暗くなったと思ったら、いきなり大粒の雨が窓ガラスをたたきはじめた。まわりが砂漠のような土地なので、天候の変わり方が尋常ではない。椅子に座っていた客も奇声を発して窓にへばりつく。

北京での乗り換えに三時間の余裕をみているので、飛行機が遅れてもまだそんなにあわてる必要はないが、今度はすさまじい落雷の音で身が縮まる。空港の上に雷が落ちるたびに、天井の電灯が不安定に点滅する。

北京行きの九時十五分の表示が出たまま、三十分が過ぎていった。雨はいよいよ激しく、バケツを引っくり返したような勢いとなる。これなら欠航もありうるかもしれない。

こういう時こそ「運否天賦《うんぷてんぷ》」（運の善し悪しは天がきめるということ）と言うのだろうか。空で竜が一時間ほど暴れるだけ暴れたあと、いきなり青空がひろがってきた。

その間一切放送がないのも中国らしい。ゲートの前にも空港の係員は現れない。出発時間を過ぎても「どうした説明しろ」などと詰め寄る客もおらず、係員も「外を見ればわかるだろう」と言わんばかりに冷静である。この辺が中国人の悠然としたところなのか。

機内に移っても、それから一時間ほどまったく出発の兆しを見せない。遅れている理由を放送することもない。じっと我慢くらべが続く。

心配なのは北京から羽田への乗り継ぎである。国際線の手続きは時間がかかるので、「これは間に合わないかな」と観念したとたんに機体がゆれ動き、ハイラル空港を無事に飛び立った。

北京空港に到着すると、羽田行きの出発時刻まであと三十分を切っていた。空港の中を走る。「不好意思」（すいません）をくりかえしながら、機内持ち込みの小型鞄を引きずり、汗だくで中華航空のカウンターをめざす。

「もうだめか」と思いながら必死で人込みをかき分け、受付に近づくと、ハイラル空港からの連絡が入っていたのか、チェックインカウンターの男性係員が「オーッ、待っていたぞ」と三十秒もかからず搭乗手続きをしてくれた。係員も同行し、ゲートの入口まで走る。

出国手続きの前には大行列ができており、並んでいたら絶対に二時三十五分の羽田行きには間に合わない。だが係員が別のゲートの横にいた係員に何かを告げると開けてくれた。

「あと十分」係員は走って走ってという合図をしてニッコリ笑い、去っていった。

汗びっしょりで倒れそうになりながら、安全検査台の前で荒い息をついていると、あやしい男と思われたらしく二度も検査を受けた。

「あと五分」時計を見て、またもや北京の広い空港をマラソン状態で走った。

星の宿

新潟からハルビンへは中国南方航空が週三便の直行便を出している。飛行時間が二時間十五分という驚異的な速さなので、忙しいビジネスマンで常に満席状態だ。竜江駅に行くには、ハルビン空港から市内の駅へバスで向かい、浜洲線の列車に乗って五時間である。

キタキツネはついに故郷の竜江で、念願だった民宿を始めた。その体験宿泊と看板作りのため酷暑の中を出発したのだ。彼女から郵送されてきた案内には「星《シン》辰《シャン》小《シャオ》筑《ズ》」（星の宿）と気取った名前がつけられていた。

今回の旅で気が重くなるのは、旅行鞄の重さであった。何度かのやり取りのあと、民宿の追加工事を私がやるはめになってしまったのだ。

日用品と大工道具の二つに分けた荷は、無料で持ち込める限度いっぱい押し込んであ

る。使い慣れた鋸や鑿《のみ》、大型の彫刻刀セット、小ぶりの鉋《かんな》、ペンキ塗り用のハケ、ローラー、さらにペンチやドライバーセットなどが油の染み込んだ布袋に収められている。二年前の夏に訪ねた時、納屋のガラスが割れていたのが気になっていたので、ダイヤ入りの高級ガラス切りも入れた。これさえあれば窓の工事が滑らかに運ぶ。

しかし、刃物類が多いだけに、ハルビンでの荷物検査がすんなりいくか心配である。北京からハルビンまでは行ったことがあるので空港の中は多少知っているが、不安はぬぐえない。

飛行機が着陸態勢に入る案内が流れると、隣席の真っ白な髪のご婦人が窓の外を見つめながら大きな溜め息をついた。紺絣の着物姿で、老眼鏡をかけている。

「なにしろハルビンは初めてで、心配がたくさん」と言って、旅券と出入国カードを見せ「これでいいですか」と尋ねてきた。旅行会社が印字したのだろう、本人の署名もあり、間違いはなかった。

「ハルビンから方正へ行くのです」

方正は旧満州時代に多くの日本人開拓団が渡った土地である。ハルビンから車で三時間ほどの野菜畑がひろがる村だ。

「ずっと心の底にあった場所です。私の出生地で、私を産んで八カ月で母が亡くなったところでもあります」

方正には周恩来が「日本人民衆もまた戦争の犠牲者である」と日本人公墓の建立を許可した墓地がある。

「一人で来るのは不安でしたが……」

到着玄関口で現地の旅行会社の人が出迎えてくれるそうだ。「そこまでご一緒しましょうか」と言うと喜び、「山形から来たのです。母のためにサクランボを持ってきました」と笑った。

予定どおり午後二時前に飛行機は到着した。懸案の荷物検査も無事通過する。

ロビーを出ると、何人もの旅行関係者が大きな紙を頭の上に掲げていた。小柄な婦人は自分の名を見つけ「ああ助かりました」と旅行社の男性と握手し、私のほうに深々とお辞儀をした。

東京では観測史上初の四十度近い暑さが連日続いており、日中外出するには身の危険を覚悟するほどだった。ハルビンのひんやりした空気に触れ、猛暑から脱出できた安堵でひと息つく。

列車の予定時刻は五時過ぎでまだたっぷり時間はあったが、両替をすませると市内駅へ向から長距離バスに乗り込んだ。中国では何事も早めの行動が間違いない。

冷房の効いた車内は乗客が少なく、静まり返っている。早朝から重い旅行鞄二つとたすき掛けのバッグを持ち、汗だくになって東京駅から上越新幹線、そして新潟空港へと、体の休まる時がなかった。広い座席で足を投げ出し、車窓のカーテンを引いて眠っているうちにハルビン駅に着いた。

ハルビンの風景が中国のほかの都市とちがうのは、この町が帝政時代のロシアによって建設されたからである。重厚な駅舎の前に立つと旅情をそそられる。駅舎の玄関の上に大きな時計があり、針は三時を指していた。

列車は満洲里行きの軟座、いわゆるグリーン車を予約しておいた。運行状況を確認しに構内に入る。朝からほとんど食べ物を口にしていなかったので、売店でお茶と饅頭を買い、椅子に座って出発時間まで過ごすことにした。

五時十分、ハルビンを出発する。列車は市内の高層建築が林立した間を抜け、やがて夕暮れの草原をひたすら走りはじめた。夜十時前に竜江駅に到着するはずだ。車内の五時間などあっという間に過ぎていく。とりあえずキタキツネに連絡をしようとスマートフォンを取り出そうとして、

「あっ、ない」

旅券や財布、電子辞書の入ったバッグを引っくり返すが、いくら探しても見つからない。私のあわてぶりに、前の席の青年も座席の下を見てくれたのだが、あの銀色の最新型

iPhoneは見つからない。

新潟空港で写真を撮ってからのことを必死に思い返す。「どこで失くしたのだろう」自分の顔が白くなっていくようだ。

旅に出る時はカメラと兼用なのでいつも首からさげている。だが荷物が多いとそれも邪魔になるものだ。空港の待合では……記憶の糸を一つ一つたぐり寄せていく。

「しまった、そうか！」ハルビン駅へ向かうバスの窓際に置いたことを明確に思い出した。おそらくバス会社に保管されているはずだが、今は手ぶらで荒野に向かうしかない。

「もしキタキツネが竜江の駅にいなかったら……」スマートフォンには彼女をふくめた連絡先すべてが入力されていた。

だが考えてみれば、ほんの十年前までは海外に出ると携帯電話も通じない時代だったのだ。あわてても仕方がない。


十時前、竜江駅に時間どおりに着いた。旅行鞄の上にもう一つを重ね、人影のない長いホームを歩いていく。夜の静寂に汽笛が短く響いた。

薄暗い改札口に、麦藁帽子をかぶって大きく手を振っているキタキツネがいた。

「ああよかった」なんだか涙が出そうな一年ぶりの再会だった。彼女はすっかり日焼けし、髪を後ろで束ね、民宿のおばさんそのものの姿であった。

「何回も連絡したのに全然返事がなかった」

そう言って拳骨で肩を二度ほどこづく。

「ハルビンのバスの中に忘れた」

「你是笨蛋」（だめねー）

彼女は大笑いをしながら大工道具の入った旅行鞄を手にし、「なに、この重いのは」と眼を丸くした。

駅前に小型トラックがあり、「あれがうちの車」と示す。春に免許を取り、車は中学校時代の友達から安く買ったそうだ。

運転は竜江の町だけはだいぶ慣れたという。家がまばらな田舎道から砂利道に入り、三十分ほど走って見覚えのある煙突の家の前で止まった。門の前に一台の車が停まっていた。

今夜も「星の宿」には一組の客が泊まっ

ているそうだ。一泊百八十元は日本円にすると三千円ほど。朝食付きでこの値段は確かに安い。最初にくりかえし利用するようになったのは旅行者よりも隣り町のチチハルに向かう商売人だったと説明してくれた。

大型の農機具用の小屋を改造した部屋が、私のこれからの寝ぐらだ。真新しい寝台が一つだけ置いてある。

母屋の屋根にはソーラーパネルが張りめぐらされ、トイレもシャワーも外にあるが、予想外に清潔に造られ、まだ新しい木の香りがした。空いている客室もそっと見せてもらう。何の飾りもない部屋に寝台が二つあり、入口の靴入れの上に赤いスリッパがあった。

「この部屋に棚が欲しいな」

「了解」

人は頼りにされると生き甲斐を感じるものである。

自室に戻り、着替えや大工道具をひろげていると、お茶と魔法瓶を持ってキタキツネが現れた。「母はもう寝てしまって」と小さな丸椅子に座り、私が持ってきた乾物、梅干、海苔の佃煮の瓶をしげしげと眺めた。お土産の新潟の和菓子を渡す。

「何日くらいいる予定なの？」

帰りの飛行機の切符は、席が空いていればいつでも自由に使えるオープンチケットにしてあった。木製の看板と棚、小屋の鍵の取り付け、ガラス窓の修理などで漠然と一週間ほどの滞在を考えていた。

「夏の間は予約がけっこう入っているの」

とパソコンから抜き出した紙を見せてくれたが、確かに八月の終わりまで毎日のように予約が入っていた。

大きな農家の一軒家を、部屋が四つある民宿に改造するだけでもずいぶん資金が必要だったことだろう。ハイラルの団地にあった父親や自分の部屋を処分し、親戚に頼み込み、さらに政府の民泊貸付も申請し、やっと星の宿は動きはじめたのだ。

新たに水道や電気を引き込み、下水道の工事もし、と、頭が痛くなるほどお金がかかったことを彼女は白湯を飲みながらそっと語った。

「ここの夜は星が本当に光っている」

「宿の名も素敵でしょう」

小さな窓ガラスがテープで補修されている。「まずはこの修繕から始めようかな」などとぼんやり考えるが、長旅の疲れのために、その日の夜は服を脱ぐと旅行鞄を閉じる間もなく爆睡してしまった。

朝方四時に外に出ると、鶏が数羽、餌のまわりに群がっている。近くに立っていた母親に「しばらくお邪魔します」と挨拶すると、こっくりうなずいた。

とりあえずシャワーを浴びることにしたが、太陽であたためられた熱い湯がほとばしるように出るのには驚いた。ただ真冬になったら外のシャワー室への出入りはどうなるのだろうといらぬことを心配する。

中国も日本と同じように田舎はどこも草のにおいがした。

ふとこのままここに居候して、家の傷んだところを直しながら生活していくというのも自分にはぴったりだと思った。

II

中国で贅沢

ロシア
モンゴル
ハイラル
ハルビン
新疆
ウィグル自治区
カシュガル
北京
青海省
西安
洛陽
鄭州
上海
チベット
自治区
ラサ
成都
楽山
麗江

だから上海に行こう

上海の旅は秋がいい。上海蟹が出まわる九月末あたりから初冬が天候も安定して最適である。上海蟹の老舗といえば創業一七四四年の王宝和酒家《ワンパオフージュージャー》が有名だ。おいしいカニを求め研究して二百七十年以上もたつのだから恐れ多い。

上海蟹は近郊の淡水湖で育ったカニを蒸籠で蒸したものが一般的で、蘇州市と崑山市の間にある陽澄湖のカニが最上級とされる。だが、このところの湖水の汚れや除草剤に汚染された土壌が問題となり、上海蟹に手をのばさない地元民も多くなった。王宝和の店に入ると「真面目、仕事一筋、安全、安心」と専門養殖場の写真を飾っている。

私はエビやカニといった甲殻類を口にするとじんましんが出るのでほんのひと口食べただけであるが、紹興酒に漬かったほんのりした味が記憶に残っている。

そのカニで財をなし建てたのが、市内の中心部、南京東路のすぐ近くにあるホテル王宝

和大酒店である。丸い建物のてっぺんにはカニのような無数の足がひろがった意匠が凝らされている。

このカニホテルが私の上海での常宿で、これまでに四度宿泊してきた。ホテル自体はこれといった特徴がなく、可も無く不可もない。ビジネスマンの利用が多いのは、地下鉄の駅に近く足の便がよいからだろう。料金が手頃なので長期滞在には助かる。内装は質素で大きな書き物机に明るいスタンドも備えているから、地図をひろげるには便利である。

カニホテルを選ぶもう一つの理由は、上海最大の総合書店、上海書城に近いことだ。七階までの売場は二十五万冊をこえ、上海に関する本はすべてここにそろっているといっても過言ではない。二階には星巴克珈琲（スターバックス）もあり、長期戦の計画が立てやすい。

上海書城のある福州路界隈を私は上海の神保町と呼んでいる。外文書店、画集に掘り出し物が多い藝術書坊、目方で売るあやしい古本屋、さらに紙もの、書道用品など文房四宝の老舗が軒を連ねている。ことに文房具は最新の商品を世界中から仕入れ人の心を離さない。ひと昔前は北から数えて四番目の東西の通りなので、四馬路と呼ばれる色町であった。その名残の建物もまだ残っており、独特の風情に歴史を感じる。

かさばる本をホテルに預け、「老半齋」の雪菜ラーメンを食べに行く。雪菜とは高菜のような漬物で、炒めた雪菜と細切りの豚肉をのせたラーメンが出てくる。夕方など豚の角煮、クラゲの酢の物に瓶の紹興酒と進むと、「ああ上海に来た」と深くうなずき満足する。二百円もしない小籠包店の「願一碗」も元気だ。

黄浦江の東方明珠タワーや外灘の両岸などは、一度歩けばもう近づく気にならない。もともと観光名所にはいたって冷淡な性格で、「中国は公園に集約されている」を信条にしているので、上海人民公園に足が自然に向かう。カニホテルから公園まで二十分ほどである。

中国各地には人民広場と言われる公園が必ずある。どの公園も退職組、年長組の活動の場で圧倒される。舞踊、合唱、集団縄飛び、太極拳、さらに将棋に編物と、明るいうちは目一杯楽しまなければ損とばかりに満喫している。

だがこの上海人民広場には独特の動きを見せる年配の謎の淑女たちがいる。晴れているのに派手な傘をしずしずと持って現れ、石畳の道端に傘を置いて通行人になにやら声をかけているのだ。ひろげた傘の上に大きな紙が貼りつけてある。

興味津々で覗くと、

「要求男方、78~85年、重点大学本科以上、身長1・75米以上、年収20万以上有房、电话(6279-××××)」

などと書いてある。どうやらこの一角は未婚の娘、息子の結婚相手を探すお見合い斡旋広場になっているようなのだ。

「男」「女」「未婚」「美麗」「大学」「85年生」「収入」という文字が傘の上に貼りつけられ、そばの椅子におばさんたちがたむろしている。

私のような老人にも写真付きのコピーを渡すご婦人がいた。「私は日本人だよ」と言っても「いいよいいよ」と涼しい顔をしている。

ここで気になるのは「有房」という文字だ。中国では結婚の第一条件が「房」である。「房」とはマンションの一室を指す。つまり、男性が家を持つことが結婚にはものすごく大事なのだ。中国では日本のように一戸建てを持つことが許されないため、すべてが集合住宅となる。

上海のマンションは2LDKで三千万円近くと日本並みに値段が張る。通勤が一時間半もかかる郊外でも二千万円はくだらない。そのわりには結婚適齢期の男性の年収は日本の半分にも満たない。

そんな息子のために親は必死で働き、自分が元気なうちに「房」を買ってやろうと一生懸命に貯蓄をする。一人っ子政策が始まった一九八〇年以降に生まれた男の子にはとくにそうで、ちやほや王子様のように世話を焼き、三十歳前にはなんとしても結婚させようとする。中国の家計貯蓄率が八〇年以降異常に高くなった要因がここにある。

とにかく親は家系を継いでくれることを望み、必死に結婚相手を探す。紙に「上海戸

口」と書かれているのは上海出身の男女のみが結婚相手で、ほかの省や農村部の人はだめということだ。

写真を見ると、かわいらしい娘も多い。美人なほど娘の親の要求も「有房」「収入」「学歴」「勤務先」と上から目線になってくる。驚いたのが「体重60」「身長175以上」などと容姿にまで偉そうに条件をつけていたことだ。日本人の考えだと「愛」を穏やかに確認し結婚となるが、中国では「見た目で選んでどこが悪い」と実利を重んじている。

お見合い傘をゆっくり見ていくと、離婚歴のある娘もけっこういる。ここ数年、中国の離婚率はうなぎのぼりである。中国の女性は夫婦生活に我慢ということをしない。嫌なことがあるとすぐさま離婚と決断も速い。

バツ二となると傘の紙も弱々しく条件が格段に緩和され、「五十歳まで可」とやさしさがあふれてくる。三十近くも歳の離れた夫婦も珍しくない。もっとも、もしかしたら愛しているなら早く死んでくれなどと思っているのかもしれないが。

私は婦人からもらったお見合いコピーを大切にバッグにしまい、「ゆっくり検討します」と晴れの傘公園をあとにした。帰りには太平洋珈琲に必ず寄る。スターバックスみたいに欧米人がいないのが精神的によい。神保町の裏通りにある喫茶店のように薄暗く、妙に落ちつく。


日本では定年後の生き方の本がさかんに出版されている。誰もが幸せな老後を求めているのか、それとも心配性なのか、会社を離れた人の表情がともかく暗い。

これまで時間がなくてできなかった語学の勉強や楽器、山登り、水彩画に海外旅行と悠悠自適に楽しめばいいものを、年金生活だからとやたら弱気になる。

会社勤めの頃はきちんと背広できめていたのに、定年になるととたんに釣りにでも行くようなポケットの多い茶系のチョッキを愛用し、午後は図書館、外資系の珈琲店でスマートフォンをいじくり、四時頃から一人居酒屋で酒を飲み、「こんなはずではなかった」とこぼすようになる。

逆に「毎日が感動の連続」などとインターネットに書き連ねるようなオヤジもいるが、これはこれで押しつけがましく胸糞悪い。

ある夜、私は妻とひっそり牡蠣鍋を食べていた。こちらは日本酒のつまみとしてひたひたと食べていきたいのに、妻は両手で山盛りの野菜を放り込むように投入する。険悪な雰囲気が鍋にただよう。私も酒が入り、眼付きが陰険になってくる。

「三つ葉はあとにしたら」

「細かい男ねいちいち」

「煮物ではない。お前は鍋の本質がわかっていない」

すると妻は菜箸をたたきつけて、「こっちはおばあちゃんの介護で毎日疲れているのに。もううるさいから中国にでも行ってきてよ。永遠に帰ってこないで」。

＊

だから私はまたも一人中国にいるのだ。日本に居場所のない人間は上海が一番。おおらかでいい。雪菜鍋も奥が深い。しばらく滞在すると体の芯から楽になる。

地下鉄の打浦橋駅を降りるとすぐに、田子坊という現代美術がひろがった地区がある。ここには世界各地の料理店、喫茶店、画廊、雑貨店など四百軒もの個性豊かな店が集まっている。

二十年前に青山で画廊を営んでいた主人が下り坂の日本の景気に見切りをつけ、この場所に世界の可愛いものだけを集めた店を開いて大成功をおさめた。奥さんが上海の人というのもすんなり開店できた要因である。

そのなじみの主人から、隣りの店が空いたので改築して、今年の冬から絵を置き販売したいと相談された。

外灘を見渡せるもっとも古いホテルである和平飯店のバーで夜に待ち合わせた。ホテルの玄関で示し合わせたように出くわしたが、まったく歳を重ねていないような若々しさで驚く。

「マティーニで一杯やりましょう」観光客にも人気の高い、生バンドの入ったジャズバーに入っていくと、六人組のバンドが「リンゴの木の下で」を演奏していた。チャイナドレスを着たボーカルの女性は続いて「夜来香」を両手をひろげ歌いだした。

もしかしたら日本人と知ってサービスをしているのかなと見まわすと、やはり十名ほどの日本人の年配者が固まっていた。

「来年の春あたりにあなたの個展をしたい」彼は二杯目のハイボールを手にしながら言う。「絶対に売れないし、動かないよ」と返すが、「それまでに上海の絵を少し描いてほしい」と誘い水をかけてくる。

外に出ると雨が激しく降りだしていた。タクシーで帰る彼と別れたあと、ホテルで傘を借りて人影のなくなった外灘を少し歩くことにした。

船のまわりに荷を運ぶ青い合羽姿が見える。「どんな仕事も楽じゃないなあ」と思わずつぶやいていた。

広州芸術村

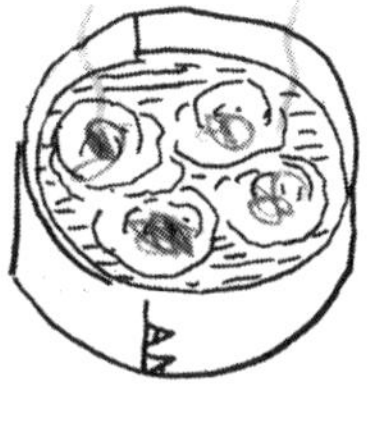

広州は食べ物以外に特筆すべきものはないと、これまでさんざん聞かされてきた。そんな広州に行くきっかけは、一年前のことになるが蔡という青年との出会いだ。

神保町の居酒屋で遊び仲間に中国のでまかせをしゃべっていたら、「あの……」と隣りの席の丸坊主の男が話しかけてきた。彼は都内の美術専門学校に留学して銀座の画廊で一年ほど修業したという。そしてこれから広州に帰り、郊外に画廊を開くのだそうだ。

私が酔いにまかせて「広州にもし行ったら、その画廊を見に行きたいな」と言うと、「必ず来てください」と強い力で握手をされ、住所と連絡先が書かれた紙を渡された。木工作家か彫刻家のような荒い手であった。「必ず来てくださいね」そうくりかえした眼は笑ってはいなかった。「わかりました」と答えると、うなずいてくれた。

その後何度かメールの交換があり、運河に囲まれた郊外の水郷「小洲村」に開いた画廊の写真を送ってきた。煉瓦で作られたこざっぱりした内装は自分一人で手がけたという。

二月中旬にしてはあたたかい日だったが、旅行鞄に薄手のマフラーを入れ、ホテルを出発した。事前に地下鉄とバスの簡単な乗り換え方を教わっていたけれど、一人で行くとなると不安だ。

地下鉄の客村駅から路線バスで三十分ほど走る。やがて幹線道路から小洲村に近づくにつれ、道路はガタガタ道になってきた。あたりの家も傷みが激しく、今にも崩れそうな町並みが続く。いかにも終点に近づきましたよといった雰囲気の中、一抹の不安を抱いていると、運転手が「次は小洲村だ」と最後に残された私を気づかい声をかけてくれた。

バスを降りると、屋台に積まれた果物からいいにおいがただよってきた。西瓜、苺、みかん、ドラゴンフルーツと広州は果物の天国である。お土産に粒の大きい苺を一袋包んでもらった。蔡青年は土日は画廊を空けられないので迎えに行けないと、連絡をくれていた。確かに稼ぎ時に店を無人にするわけにはいかない。

バス停のすぐ近くに小洲村の大きな案内板があった。周辺には美術系の学校がいくつかあるようだ。村の入口に大きな画材道具屋まであるのも納得である。

「水の世界」という彼の画廊の名前を探したが、案内板には出ていなかった。とりあえず村の入口にある小洲人民礼堂の前でひと休みして、蔡青年に電話することにした。

人民礼堂は村の公民館的な存在で、時にはギャラリーとして開放されているそうだ。六十年前に建てられたという、背の高い二階建ての黄色い建物は文革時代を彷彿させる外観で、今となってはあの時代の素朴ないい味を残している。かつては外に張り出したベランダで若者たちが毛沢東語録を読みあげていたのだろう。

近くの路上で売られていた「小洲村導游図」をひろげると、彼の画廊が見つかった。予想していた以上に迷路のように入り組んだ路地には、画廊、カフェ、古本屋、雑貨屋、民宿、料理屋、ビリヤード店とさまざまな店が連なる。この村は芸術家の活動の場として熱気を帯びて動きだし、それに伴いじわじわと観光客が増えだしている。

小洲村は広州市海珠区の南東に位置している。海珠区全体が周囲を珠江に囲まれた小島で、張りめぐらされた水路が村を形成している。昔は車ではなく小舟が主力であった。現在でもどの路地も細く曲がりくねり、車が入れない。車の騒音が一切ないため、あたりには沈黙したような静けさがただよっている。クラクションに怯えることなく、のんびりと散策できるので、この村は徒歩で動くのが一番適している。

村の中には観光客向けの標識も多く、迷うことはない。休日らしく、若い男女が手をつなぎ屈託のない表情で歩いている。

村には灰色の壁で覆われた屋根の高い一軒家が多い。「水の世界」もそんな家だ。蔡青年が自分の手で作ったという空間は無駄がなく快適である。油絵や水彩画、水墨画、版画がバランスよく展示されている。若い芸術家の風貌はどこの国も同じになるようだ。まず髪型は長髪か坊主で、デニムのつなぎにサンダルが定番である。蔡青年は坊主頭で、暑さのせいか短パンにサンダル姿であった。

飴色に光る机と椅子は李朝時代の模造品だが洒落た品である。近くの食堂の胡麻スープが美味しいとすすめられ、電話で配達してもらうことにする。

しばらくとりとめもなく小洲村や絵のことを話していると、胡麻のスープが二つ、黒い大きな丼に入ってやってきた。蔡青年が届けてくれた人に十元の札を渡したから、一つ五元、日本円で九十円足らずなのだろう。

こまかく砕いた胡麻に砂糖が入っているのか、ほのかに甘い。日本のおしるこに近く、生姜の味もかすかにする。「これは疲れた時に体に効くのですよ」と、蔡青年はスプーンを手に静かに笑う。

細長い机の上には仲間たちの絵葉書がたくさん並べられている。水郷の写真に風景画。そして中国の現代美術に欠かせないのが毛沢東のプロパガンダ的絵画である。文革時代を懐かしがっているのか、醒めた眼で見ているのか、蔡青年も毛沢東の肖像画を油彩で描いている。

中国の写真や絵画の出版物は急速に発展しているが、今なお創作の動機を毛沢東に頼りきっているのが気になる。もっとも、今の中国におけるほかの方法は何かと問われると答えられない。

画廊からの帰りがけにあたりのカフェや画廊をひと通り覗いてまわることにした。手作りの木馬をたくさん飾っている店、牡蠣の殻を壁一面に埋め込んだ家。牡蠣殻の壁は冬はあたたかく夏は涼しく、さらに虫も寄せつけないという。この村では四百年前から使われていて、昔は百軒以上あったが、現存しているのは数軒だという。

路地や水路沿いには、これから「古鎮」として再出発する村の意気込みが感じられた。あと何年かすれば、広州郊外の芸術村として注目されることは間違いない。

しばらく歩いていくと、遠くのほうから

聞き覚えのある女声のフォークソングが流れてきた。その透明感のある声に、思わず胸が詰まった。演奏はギターとベースだけで、もしかしたらライブ活動をしているのではと足を速めると、流水橋のたもとに大きなラジカセがあった。歌はここから聞こえてきたのだ。

中国風の白い橋のそばで髪の長い若い男女がCDを販売していた。手にとると「原創音楽」と書かれていた。何枚もちがうジャケットがあるので尋ねると「どれも同じ」と返ってきた。

中国の歌にまじって「花はどこへ行った」「ドナドナ」「風に吹かれて」といった曲がカバーされていた。ピーター・ポール＆マリー風のやわらかい歌声が、不意に琴線にふれる。眼の前にいる本人が歌っているそうだ。名前を聞くと照れたように笑いながら書いてくれた。

村を歩いている間ずっと、「風に吹かれて」の一節が頭の中に響いていた。二十代の頃、日本でもずいぶん歌われていたものだ。あれから五十年が過ぎ去ろうとしている。

小洲村で一番大きな祖廟「簡氏宗祠」を覗くと、近くで老人たちが中国将棋を指していた。私はその辺に転がっている長椅子を引き寄せ、観戦することにした。

福建土楼

中国の建築や伝統民家に関する書籍を開くと、「福建土楼」あるいは「客家土楼」と言われる土造りの奇妙な形をした集合住宅に出合う。とりわけ印象的なのが、宇宙基地あるいは空飛ぶ円盤のように見える円形土楼（円楼）である。

私を土楼の虜にしたのは、『福建土楼』（黄漢民著　漢聲雑誌社）である。この和綴じ・大型上下本は台北旅行のおりに手に入れ、暇があれば頁をめくっていた。図版と写真がてんこ盛りで、見ているだけで人は旅に出られる。

廈門に行ったら絶対に、福建省と広東省のはざまにある山奥の土楼に行ってみたいと思っていた。滞在しているホテルの旅行案内所で一日土楼ツアーの切符が取れるというので手配をお願いした。「土楼の王様」と言われる永定土楼群の承啓《しょうけい》楼をめぐるコースで、土楼観光の中でもっとも人気が高い。バス代と昼食代、入場料込みで日本円にして三千三百

円と思っていたより安い。中国人観光客用のツアーなので言葉の不安はあるが、日本語の案内に専用車となると値段は十倍に跳ね上がる。本当は四弁の梅花が開いたように美しい田螺《でんら》坑《こう》土楼群を展望台から見下ろしてみたかったのだが、担当者は「そこには行かない」と首を横に振った。

申込用紙に記入していると、バスが遅れたら携帯電話で連絡するから番号を書いてくれという。翌朝七時十分にホテルから三分ほど歩いた大通りのバス停から出発である。

次の朝、指定されたバス停で一人落ちつかず長距離旅行バスを待っていると、スマートフォンが震えた。「あと十分遅くなる。じっとそこで待っていろ」と女性の怒鳴るような中国語が響いた。しばらくしてまたしても「十分遅れる」と連絡が入り、七時三十分、やっと緑色のラインの入った大型バスが横付けされた。

若いバスガイドは、「市内のバス発着所を予定どおり出発しようとしたら、この人とあの人が遅刻した」と笑いながら指さした。通勤時間帯で混雑もしていたらしい。バスは高速道路から国道319線に入り、埃をあげて山を越え谷を越え六時間近く走って目的地に到着した。

中国を旅していて裏切られることがないのは、人間の造ったものがとにかく「巨大」なことだ。万里の長城、故宮、天安門。どこも想像したよりはるかに大きく圧倒される。逆に日本のお寺や神社は、写真では一見壮大だが、その場に立ってみると「なんか小さいな」とがっかりすることがしばしばある。

土楼群もやはり大きい。二〇〇八年に世界遺産に登録されたのは六群四楼、合計四十六の土楼で、全部見てまわると四、五日はかかってしまう。

バスを降りると現地の案内人が待っていた。広東語訛りの強い女性で、各土楼の中を大声で紹介しながら早足で進んでいく。よく聞き取れないが案内されるまま小旗についていく。

福建省最大の土楼であるこの承啓楼のまわりには僑福楼、世沢楼、五雲楼などがある。建てられたのは今から三百年近く前である。それが現在でもびくともせず生活空間が保たれているというのが驚異である。一九一八年に福建省の永定で発生したマグニチュード7の地震の際は大きくゆれ、壁に亀裂は入ったものの、内部が崩れたり倒壊したりすることはなかった。この堅牢な城塞のような建物はいったいどうやって造られたのだろうか。

これらの土楼には「客家」と呼ばれる人たちが住んでいた。Hakkaは広東語の読みで、標準中国語では「グージャ」となる。日本では「ハッカ」「きゃくか」と読む人もいる。もともとは黄河中下流域の中原に暮らしていたが、戦乱を避けて南へ南へと流れ、福建、広東、広西省などの山奥の辺鄙な土地に安住の地を求めてきた人たちである。彼らは客家

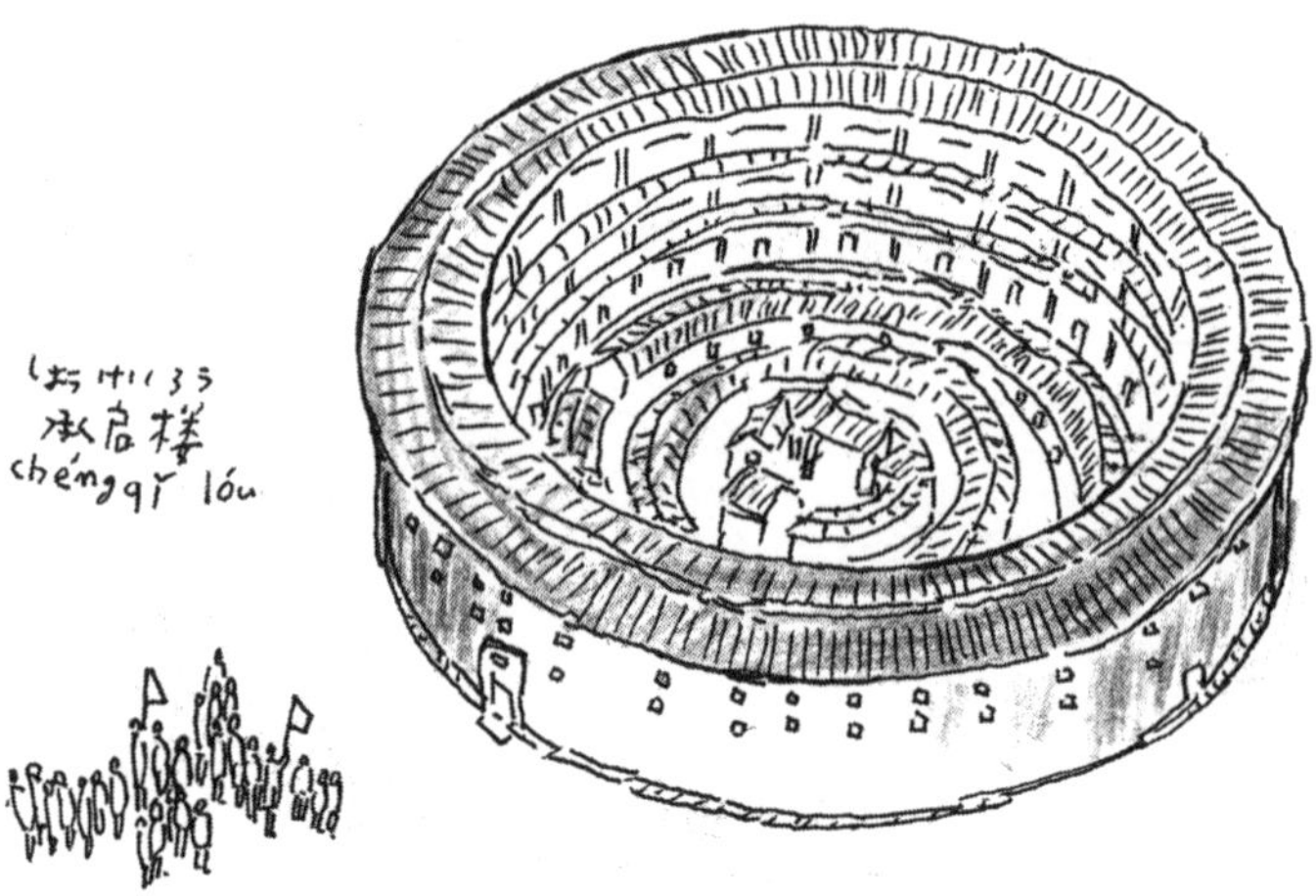

語という独自の言葉を話し、自ら「客人」と称して土着の人々と一線を画し、時に何代にもわたって各地を移動してきた。

彼らが客人を自称するのは、もとは自分たちは中原の民であり正統漢族の末裔、中華文明の正統な継承者だという強烈な自己認識による。新参者の客家たちはそれだけにどこに行っても土着民との軋轢も多く、山間部の辺鄙な場所に追いやられた。

だが、流浪の民の団結力は強い。自然災害や虎などの野生動物、盗賊に立ち向かうため強固な土楼を築いた。

粘土を搗き固めた壁は高さ十五メートル、厚さは地面に近いところで二メートルで上に行くにしたがい薄くなるが、最上部でも一メートルと極めて堅固である。不測の事態ともなれば門を閉めるだけで土楼全体が強固な砦となる。ここに共同で住むことで自らを守ったのだ。

山地や丘陵に住まざるをえなかった客家の人々は刻苦をいとわず、森林業、石材業、鉱山業に従事した。また、各地に散らばり、出稼ぎ労働者として富を蓄えてきた。

採鉱知識や冶金にも長けていた。たとえば五キロほど離れた振成楼《しんせい》は煙草の葉を細く千切りにする煙刀で名を馳せた。機械化以前はこの煙刀の切れ味で煙草の品質がきまると言われ、刃を鋭く長もちさせる焼入れ技術は門外不出とされていた。道具の品質管理を徹底することで、振成楼の煙刀には数年先まで各地からの予約が入っていたという。

客家は中国革命史に貢献した鄧小平、朱徳、葉剣英、胡耀邦などを生み、さらにシンガポールのリー・クアンユー、台湾の李登輝、フィリピンのコラソン・アキノ、あるいはタイガーバーム医薬事業の胡文虎といった名のある人たちを輩出した。その団結力は現在も「世界客属懇親大会」によって強化を続けている。

人は太古から移動をくりかえしてきた。客家の人々はその後も台湾、東南アジア、南アメリカ、インド洋の島、アフリカ南部へと分布し、それぞれの地で力を合わせ生活している。

私は土楼の外の椅子に腰かけ、室内野球場のような巨大な円楼を眺めていた。これまで何度も開いた『福建土楼』の頁と頭の中で重ね合わせる。

敷地の中はとぐろを巻くように三重の円形に囲まれ、中心には祖堂が配置されている。感心したのは外から見た大きさだけではなく、廊下や室内の石や木に施された彫刻や、窓の枠に組み込まれた細工の美しさである。細部に込められた歴史の重さに引き寄せられる。

一階は台所、二階は倉庫で、三階と四階が居間と寝室である。つい数十年前までは八十戸、六百人以上が暮らしていたという。

バスに戻るまでにはまだ一時間ほど自由時間があったので、私は集団から離れ、裏側にまわって洗濯機の蓋を開けたり、小屋の木材にさわったりしていた。足もとに古典的な鼠捕りの石が斜めに立てかけてある。ふと眼を上げると、野良着姿の老人が不審そうにじっとこちらを見つめていた。

愛想よく笑って挨拶してみるが返事はなく、表側のほうに行けと手を払われた。どこの家でも裏のゴミ置き場でうろうろされたら迷惑だろう。

土壁は三合土と呼ばれる岩石が風化した土を主材料に、砂と石灰をまぜて造る。そこにもち米のとぎ汁を加え、豊富なサトウキビから絞った砂糖水で練り合わせ、木の枝や竹も入れる。この工法は時間がたつと釘も受け付けないほど堅固になり、土楼はまるで石のように強固になっていく。実際に戦闘となり大砲を撃たれたこともあったが、それでも壊れないほどの強度があったそうだ。

円楼は四角い家型をした方楼より防衛面での死角が少なく、建築材料も少なくてすむ。それでも全体では方楼が四千棟とだんぜん多く、円楼は三百六十棟あるにすぎない。

「よーし、今夜はここに泊まるぞ」土楼を一周したあと、私は突然そう決心した。一泊千円前後で宿泊できることはすでに確認済みだ。集合場所で案内人に伝えると、「あっそう。再見」と言い、ほかの観光客を連れて帰っていった。

午後四時を過ぎると潮が引いたように観光客がすっかりいなくなり、あたりは虫の声が聞こえるほどの静けさに包まれる。

「さあて」と私は両手をこすり、もう一度土楼の中に入っていった。

*

観光客が宿泊できる土楼は承啓楼だけと言われる。二〇〇八年に世界遺産に登録されて以降は人気が高まり、世界中から人々が訪れるようになった。

だが、ほとんどの人は厦門からの日帰りか、泊まりがけだとしても近くのシャワー付きの快適なホテルに移動する。

一階の土産物店で宿泊手続きをすると、「日本人？　珍しいわ。このごろは泊まる人は滅多にいないい」とミノ笠をかぶったおばさんが椅子をすすめてくれた。絵葉書や土楼の本、丸い土楼型の灰皿と、あれこれお土産を手にしていると、「最高級のお茶だよ」と押し売りをしてくる。すすめられるままに購入し、竹の椅子に座ってお茶を飲んでいると、「夕食はどうするの」と尋ねられた。

土楼の近くの通りに世界遺産登録後にできたような土産物屋や食堂が並んでおり、そのあたりで簡単にすませようと思っていたが、ここの住民と一緒に食べられると聞いて、「食べます」と五百円ほどの代金を払った。

宿泊手続きの時にもらった紙に三階の部屋の番号が書かれていた。昼間の観光時間中は二階に上がる階段には綱が張られ、立入禁止の札があちこち目についたが、この紙を見せれば土楼の内部をどこでも自由に散策できるという。

きしみ音をたてながら木の階段を上って案内された部屋は簡素な細長い空間で、小さな窓と木の寝台があるだけだった。係の人が去ったあと、私はなんとなく土の壁をたたいてみた。確かに石のように固い。

縦型の窓は銃眼といい、敵が攻めてきた時にここから銃で狙うためのものである。外が狭く内側が広く造られており、外を撃つのに都合がよい。外からは小さく見えるために撃ち返される危険も少ない。

敵を撃退するために、石を投げたり水を撒いたりもする。土楼の中には枯れない井戸が二つあり、穀物が貯蔵され、家畜も飼われている。客家の人々は兵糧攻めにあっても半年はもちこたえられる豊富な食料や仕組みを歴史の中でつくりあげてきた。

これさえあれば勝手気ままに歩けるとポケットの中に宿泊手続きの紙を入れ、スマートフォンであちこち写真を撮りまわった。感心したのは大胆かつ繊細な土楼の工法だ。柱や廊下の手摺といった木材は想像以上にがっしりと、荒々しいまでに頑丈にできており、とりわけ屋根の重さを支える桁の処理にうなる。

瓦は防水性や耐久性に優れているが重いのが欠点である。さらにここ福建省の多雨から土壁を徹底的に護るため軒が長く、この承啓楼の場合は壁から四メートル近くもせり出している。瓦を敷き詰めた屋根の重みを支えるのが、古代中国で考案され日本の寺院建築にも輸出された組物《くみもの》だ。柱の上に横木を交互に積み上げる構造により、桁を柱の外に架け出すことが可能となる。

瓦の大きさも気になっていた。方楼なら同じ形の瓦を用意すればいいが、円形屋根の場合、大棟と軒の円周がちがうので、大きさの異なる瓦を放射状に配置するのが理想的だ。だがそうなると大中小さまざまな瓦を作らねばならず、農民たちの財力では荷が重い。

この円楼では瓦を何列か平行に並べ、一定間隔で生じる三角形の隙間をパッチワークで埋めて「入」の形のようにすることで実にうまく葺いていた。

私は建築学科の学生のように、廊下の手摺から身を乗り出し屋根の写真を何枚も撮った。各部屋の飾り窓が美しく、そこでも何度か足を止めた。

一階で将棋を指しているおやじどもの近くの壁の額には「紅頂花翎《こうちょうかれい》」の絵が収められていた。孔雀の羽と赤珊瑚が描かれた絵だ。この二つは清代の高官がかぶる帽子につけるもので、功労ある文武官に与えられた象徴であった。

荒れた山地や丘陵に住まざるをえなかった客家の人々は、刻苦勉励する精神を身につけ、多くの科挙合格者や学問の方面で優れた人物を輩出した。優秀な子供を一族が力を合わせて応援し、是が非でも科挙に合格させようとした。科挙の合格者が一人でも出れば、その一族にはさまざまな特権が与えられ将来安泰なのである。

土楼の祖堂の近くの部屋には科挙に受かった者や学者、医者、アメリカに留学して博士号を得た者など、名を成した人物の写真が飾られている。それらの写真に人々は両手を合わせ、祖堂と同じく祈りを捧げていた。

日が沈む前に土楼を遠くから見てみたいと思い、裏の高台に十五分ほどかけてゆっくり登り、あたりの景色を見渡した。

中国では民家の場所や構成は風水の考えに基づいて建てられるという。だがこの「風水」ほど日本人にとってわかりにくいものはない。風水は儒教、道教、仏教にその土地の風習までもが組み合わさっており、関連の書物もやたらに多く、調べていると迷路にはまり込み、何が正信で何が迷信か区別できなくなってくる。

ひとことでまとめれば、風水の教えは「山紫水明」の土地に家を建てなさいということだ。その特徴は大地を生きたものと考え、一個の巨大な生命体とみなすことである。

土楼こそが風水に応じて建てられたものだと力説する学者もいる。確かに丘の上から承啓楼を見下ろすと、風水の住居の立地選択にぴったり合っている。背後に山があり、川があり、さらに大きな道がある。

豊かな水を確保し、山に守られ風も防げる。風水にとって何よりも大事なのは、生気を噴き出す「穴」を見つけることだ。一般的には山に穴がある土地の近くに集落を求める。私は「穴」を探すために、じっと山のまわりを探った。風水によると、この穴は包囲された発見されにくい場所にあるという。家を建てる土地の良し悪しは現世の人間だけではなく、死者や未来の子孫の運命にまで影響を及ぼす。だからじっくり慎重に選ばねばならない。山川や水流、天地の運行も重要である。

住居の配置にも注意をしなくてはいけない。風水には「天円地方」という考え方がある。天は円形、地は方形という思想で、土楼の円形は天を象徴し、方形は人類自身を育む土地を象徴しているという。

円楼を「ロケットの発射台のような建物」「地面から生えたキノコ」などと小馬鹿にしたように表現する者がいる。集落には形状の異なる土楼が隣り合い、適当に組み合わされているようにも見えるが、ここには深い風水の教えがあるのだ。私はこれらの土楼を「天

から飛来した風水の神が与えた建物」と呼びたい。

高台から下りて土産物屋をうろつくと、西瓜やバナナ、みかんやサトウキビを絞ったジュースを売っている店が、観光客が去ったあとでもまだ開いていた。だが、数年前の旅行中に果物のジュースを飲んでひどい下痢を起こし七転八倒の苦しみを味わってから、こういった生の飲み物には手を出さなくなった。

空を見上げると星がまたたいていた。土楼の外観はいかめしいが、一歩中に入ると外の喧噪が遮断され、木造の室内に気持ちが和む。

ちょうど夕食が出てきたところだった。大きな食卓の上に、湯気のたった客家料理がいくつも大皿に盛られて並んでいる。基本的に野山でとれた素朴な料理である。流転の多い生活を送ってきた客家の人たちの食卓は、携帯性があり保存の利く乾物、漬物、燻製がよく使われる。有名なのが豚肉と漬菜の蒸し物で、醤油と砂糖がまぶされている。鶏料理もある。私の好きな雪菜もあった。これを一緒に食べるとご飯が進む。肉詰めの豆腐は「醸豆腐」と呼ばれ、客家の人たちが餃子のかわりによく口にするものだ。

ビールをつい頼みたくなったが、ぐっと我慢をした。泊まる部屋にはトイレがなく、灰色の瓶が入口に無造作に置かれているだけなのだ。酒が入れば夜中に何度か起きることになる。土楼に暮らす不便はここにある。

＊

三畳ほどの小さな部屋で目を覚ました時、窓からもれる薄明かりに、「ここはいったいどこだろう」と一瞬思った。

土楼の中は物音一つせず静まり返っている。それでも、外の空地で放し飼いになっていた鶏がときの声をあげるのを合図に、しだいに人々の足音がしはじめた。

小さな窓を開くと新鮮な風が入ってきた。まだ朝の四時だが、すでに二輪車や車のまわりで人影が動いている。客家の人々は今も働き者が多いようだ。

旅の間ほとんど酒を飲んでいないので、体が軽い。外のトイレへ用を足しに行こうと下りていくと、昨夜ミノ笠をかぶっていたおばさんが、すでに台所で朝食の用意をしていた。世話好きのようで、「今日はどうするんだい」と気さくに話しかけてきた。

午後のバスで廈門に帰るまで、近くの土楼群を見てまわりたいと伝えると、客家語なのか広東語なのか、とにかく訛りの強い中国語で「私にすべてまかせておけ」と力強く言う。そして「親戚の者に案内させる」と、いきなり赤いエプロンのポケットから携帯電話を取り出し、すごい勢いで話しだした。時々こちらの顔を見て笑う。電話が終わると「これで安心」というようなことを言ったが、詳しい内容は教えてくれなかった。

朝食はお粥と饅頭に搾菜、おかずは「地三鮮」であった。中国の定番家庭料理で、油を吸った茄子とジャガ芋、ピーマンの三種類の野菜を醤油と黒砂糖で味付けし、片栗粉でとろみをつけ、唐辛子をのせる。葱と生姜のみじん切りを散らして出来上がりである。

七時になると食卓の前に物音をたてず影のように人が集まり、箸をのばしている。立って食べている女の子もいる。日本では「座って食べなさい」と叱られるが、中国の人はよく立って食べている。私は落ちつかないので座って食べた。

朝食をすませて九時に土楼の大門の玄関口に立っていると、ヤマハの二輪車に乗った革ジャン姿の若者が現れた。これが「親戚の者」らしく、おばさんは何か大きな布袋を渡している。知り合いの土楼に届ける野菜のようだ。

私は午後三時の廈門行きのバスに間に合うように、「二時には絶対に戻ってほしい」と、

おばさんと革ジャン青年に念を押した。心配性の私はそのうえに電話番号を書いた紙を二人に渡した。

舗装されていない山道はガードレールもなく、葛折りの登り道がぐんぐん続く。眼下に巨大な土楼群が次々と現れては消えていく。喘ぐように前を走る大型の観光バスを二輪車は次々と追い越し奇声をあげる。

中国の二輪車は無免許運転の者が多い。そしてヘルメットをかぶっている者は皆無に近い。あまりの速度に私は青年の肩ごしに「頼む、ゆっくり」と怒鳴りちらしていた。

それでも速度をゆるめず、バナナ畑、茶畑、集落と越えていく。

永定土楼から三十キロばかり離れたとこ

ろに田螺坑土楼群がある。山の間に咲く梅の花の土楼と呼ばれ、その風景は土楼の中でももっとも美しいと言われている。方楼を中心に四つの円楼が寄り添い、まるで互いをいたわりあう家族のように建っている。

梅の花のような五つの土楼を望む丘の上に立つと、タイムスリップした気分である。スケッチ用に写真を何枚も撮っていると革ジャン青年が登ってきた。田螺坑土楼群は比較的新しく一七九六年に建てられたというが、すでに二百二十年も前である。その間には客家の人々の戦いがいくつもあったにちがいない。革命前の中国で起こった土着民と客家の間での水利や墓の土地、地境などをめぐる武力闘争を土客械闘という。とくに清代に勃発しもっとも激しかったのが、広東省南西部で一八五六年から十数年間に及んだ戦いだ。この戦いでは約十五万人が死亡し、当時の巡撫（地方長官）が土着民と客家の住居地を区分しようやく収まったという。

田螺坑土楼も械闘とは無縁ではなく、そのうちの二楼は一九三六年に焼き討ちに遭い、一九五三年に再建された。

感心したのは、土楼の中に整然と秩序が保たれていることだ。共用の空間など、現代の中国の団地やマンションよりもきれいに片付いているかもしれない。

客家人には伝統的な一族の規範があり、土楼の石碑にもいくつか禁止事項が刻まれていた。「祖堂にゴミは厳禁、廊下での水浴びや、軒先にものを立てかけたりしてはならん。浴室や家畜小屋を勝手に造るな。外側の空地に見通しを悪くするような便所を造ってはならん」。こう刻まれたのは古くは清代の一七九二年のことだ。

田螺坑土楼は「不到田螺坑、不算造土楼」（田螺坑に行かなければ、土楼を見たとは言えない）と言われているが、どこに入っても観光料金を取られるのにはうんざりしてしまった。高台の見晴らし場も有料である。おばさんの好意でバイクの青年は無料であったのがありがたい。

世界遺産に登録されてからこの地の観光もブームになり、連日観光バスが押し寄せてくるようになった。それに合わせて屋台の土産物屋も特産品並べに忙しい。お茶、生薬、煙草の葉、竹の笛。土楼の絵葉書。銅製品。私はこういったお土産に極めて弱い。鳥の形の笛や布の袋を手にしていると革ジャン青年が近づいてきて、土産物屋の人に「友人だから安くしてあげて」と言ってくれた。安くはならなかったが、それでも銅のスプーンを一本おまけにつけてもらえた。

田螺坑土楼から五キロほど離れた下版寮村に裕昌《ゆうしょう》楼がある。ここは内部の柱が傾いたまま六百年間均衡を保ち、現在でも人が暮らしている。「東倒西歪楼」（東に倒れ西に歪んだ楼）と言われる五階建ての土楼だ。床が崩れた上の階には、危険防止の綱が張られている。

柱は傾いたままだが、外はどっしりとしている。本来は七階建てだったと知り、驚く。瓦を取り付けている時に六、七階が火事になり、縁起が悪いので五階建てにしたという。

それにしても土楼はしぶとく強い。現代の中国の建造物の平均寿命はたかだか三、四十年と短い。施工ミスや建造物の基盤が弱く、ビルの倒壊が後を絶たないのだ。さらに建築計画に展望性が欠けているせいで、十五年もたたない高層ビルが取り壊されることもある。

土を砂と石灰ともち米のとぎ汁と砂糖水で練り、そこに木くずや竹を入れた土楼が何百年ともちこたえているのに、鉄筋の入った現代の建築物がなぜそんなに弱いのか。それがどうしても理解できない。

革ジャン青年は切り株に座り煙草をくわえながら、じっと裕昌楼を眺めている。

そういえば幼い頃に私が住んでいた家の壁は土であった。左官屋さんは土と海草を煮込んだものをまぜ合わせ、そこに藁を入れ、南京袋を切り刻み、竹で編んだ壁に塗り込んでいた。幼いながら「土の壁では弱いのでは」と思って見ていた。最後に白い漆喰を何度もコテでなでていた。

私は土楼群を見てまわりながら、なぜ日本の職人は土に海草をまぜていたのだろうとぼんやり考えていた。

土楼を造った材料はすべて、自然に戻り、土に還っていくものばかりだった。

大連に渡った古本屋たち

初夏の大連は陽ざしは強いが、空気が乾燥しており思っていた以上に過ごしやすい。今回の旅の目的は鉄道である。大連駅、路面電車、地下鉄、満鉄あじあ号と、「撮り鉄」に精神を集中させた。

私は鉄道については、これまで日本、中国ともに無関心であった。だがある日、大連駅の写真を見て、あまりにも上野駅に似ているのに驚き、とりあえず見てみようと大連行きを決めた。

駅の建築に目覚めたのは『海を渡った日本人建築家』（彰国社）という本を開いてからである。二十世紀初頭、無名の若い建築家たちが満洲に乗り込み、歴史的な建築物を無数に造っていった。著者の西澤泰彦氏は満洲の都市建築について何冊も名著を出しており、名門清華大学建築学院に留学した筋金入りの中国建築研究者である。

大連駅の表玄関南口の前に立ってみると、中国各地どこの駅前でもおなじみの、まるで餃子を引っくり返したような喧噪や混乱が見られない。その日は偉い人が来るのか、付近一帯に強い交通規制がかかっていたのだ。

あたりは拍子抜けするほど静かで、車のクラクションも聞こえない。少しさびしい思いをしながら、八十数年前の創建当時の姿を保つ駅舎を眺めた。確かに上野駅に似ていたが、ひとまわり大きく、両翼をひろげた形はふたまわり大きくした印象である。並んだ窓も上野駅は八個、大連は十一個と増えている。

大連駅はその当時の駅舎にしては、人の流れ、動線の引き方が画期的であった。列車に乗る人は二階から入り、改札を通ってホームに下りる。列車から降りた人はホームから地下道を通り、駅舎一階の専用出口へ抜ける。乗車客と降車客の流れを分離した現在の空港ターミナルのような設計だ。この設計は、上野駅では時代により少し変化したが、大連駅では八十数年前の原形をとどめて、そのまま使用されている。

上野駅は一九三二（昭和七）年に完成し、大連駅ができたのはその五年後の三七年である。凸形の駅舎は玄関まわりが大陸的な造形で安定感があり、いくら見ていても飽きがこない。

上野駅と同じように、駅舎の上に百貨店やホテルといったよけいな建物をのせていない

ところが生き残った大きな要因かもしれない。この頑固にゆるぎない「駅舎」へのこだわりに、安らぎと旅情、時には哀愁を感じる。

私は二階の待合口に入っていったが、高い天井と明るい室内空間に、設計者の力量をひしひしと感じた。天井まわりの模様や手摺などの意匠にも、上野駅で見たものと似ているところがあった。さらに一階の到着口の磨きあげられた大理石の美しさに感嘆した。

地下道には階段がなく、ゆるやかな傾斜になっている。中国人の荷物の多さは半端ではない。今でも布団から家財道具一式をかついで移動している人を見かける。その人たちへの配慮をすでに八十年前にしていたのだ。

凸形をした上野駅の古典的な玄関口は、小樽駅（一九三四年）にも影響を与えた。さらに樺太西線の真岡駅（三二年）も類似している。なお真岡駅はソ連侵攻後も使用されていたが、九二年に解体され、今は写真でしか見ることができない。

上野駅や小樽駅は鉄道省技師酒見佐市が、大連駅は満鉄工事課の太田宗太郎が、それぞれ設計した。なぜ似ているかの種明かしは、どちらも当時鉄道建設に力を発揮した「鉄道の鹿島」、現在の鹿島建設が施工を請け負っていたからである。

一九三三年に、十六年の歳月を要した難工事、東海道線丹那トンネルを開通させて、さらに鹿島組は名声を博した。

新しい大連駅建設予定地は青泥窪と呼ばれる小川が流れる低湿地であった。市街化が遅れたのも地盤が弱かったからだ。大連の地下鉄工事が何年たっても進まないのも、このいつ崩落するかわからない土地の脆さからきている。

南口の表側をぐるりと見てから西側の地下通路付近に向かうと、「まさに中国」という光景が展開されていた。

路上にあふれんばかりの人だかりである。大きな日除け用の傘が赤黄青とけばけばしい中国色であたりを埋めつくし、服屋、鞄屋、帽子屋、食べ物屋があらんかぎりの声で客引きをしている。

小ぶりの麦藁帽子が欲しくなり、帽子屋の前に立つと、「ハイハイどれもこれも二十元」と大声でがなってくる。「もっとまけてよ」と手を帽子にのばすが、「だめだめ、二十元」と相手にしてくれない。迫力に負けて小銭入れを開く。

帽子をかぶり、北口駅広場に出ると、快軌大連駅から吐き出されてくる人で大混雑である。広場の前には長距離バスやタクシーがひしめきあって、交通整理もままならない。いつもの中国駅前の風景だ。

路上は警察も取り締まりを甘くしているのか、香辛料を効かせた串焼きや、ジャガ芋のチヂミと焼きイカなどを売る屋台で大騒ぎである。

胸から旅順案内をさげた案内人やホテルの客引きが次々に眼の前に現れる。何十回も「不要」と蝿を払うように手を振り、少し離れた階段で腰をおろした。大連と大きな文字の入った野球帽をかぶったおやじが現れ、みだらな動きをする男女の人形を売りつけてくるが無視する。

たすき掛けにした鞄の中から魔法瓶を出し、白湯を飲んでいると、さっきの野球帽おやじがまたあの男女の人形を眼の前で振って薄笑いを浮かべている。

しばらくするとおやじも諦めたのか、こちらを覗くようにして「どこから来たの？」と尋ねてきた。

「我是日本人、東京」私がバッグの中から成田空港で買ったニッキの喉飴を差し出すと、ちょっと躊躇してから口に入れ、また笑った。

「毎日どのくらい働いているの？」と訊くと、指を五本ひろげまた笑う。

「大連駅は日本人が設計したんだよ」とおやじに言いたかったが、「でも働いたのは中国人だ」そんな返事がきそうなので黙っていた。喉飴をもう一つくれと言うので紙に五個包んで渡すと、おやじは「思い切って人形を半額にする」と言ってきたが断った。

南口の混雑の原因は、北に二十キロ走った場所に人口約七十五万人の新興都市大連経済技術開発区の工場団地ができたからだ。駅からさまざまな職種、年齢の人の波が絶え間なく押し出されてくる。

放心状態で駅前の広場の階段に座って休んでいると、いかにも東北の田舎から出てきたらしい少年三人組が警察官に呼び止められ、持ち物検査を受けている。少年の一人が大声をあげ、警察官と小競りあいが始まると、またたく間に黒山の人だかりができた。私と同じように暇をもてあました連中の多いことといったらない。

少年たちが解放されると、観客は物足りなそうに四方八方に散っていった。

もう一度南口の表側に戻り、路面電車に乗った。時間もあるので三八広場まで「撮り鉄」だ。新型ではなく、なるたけ年季の入った茶色の電車を選んで乗る。料金は一元といたって安い。大連は坂が多いため、北京のように自転車は普及せず、路面電車かバスが利用されている。

最近開通した地下鉄については「まだ怖いから、しばらく事故がなかったら乗る」と、庶民は自国の鉄道技術に不信感を隠していない。とりわけ大連は地盤が弱く、地下鉄ごと生き埋めにされるという噂が絶えないと、大連に住む日本人から聞かされた。

路面電車は日本にもまだあるが、必ず安全地帯がある。これがないと乗り降りが危なくて仕方がない。しかし大連には自動車から身を守る安全地帯がないところも多い。すべて自己責任である。電車が古めかしいからといって見とれている場合ではない。

＊

大連駅南口の観光旅行会社に入った。入口のガラス張りの自動扉には「ようこそいらっしゃい」と何枚も貼り紙がある。大連は北の香港と言われるだけに、高層建築群が競うように天をつきさしている。

足取りも軽く、受付嬢に手を振り挨拶して眼の前に座った。わずかな手数料を払えば、ここで列車の切符が購入できる。中国の駅の窓口に並んだことのある者にはわかると思うが、その秩序のない混雑と割り込みには旅の出発点からめげるものだ。

「旅順駅までの往復切符を」とメモを見ながら静かに言うと、「没有」がいきなり返ってきた。中国人はことあるごとにこの言葉を無表情につき放すように口にする。旅順は旅が順風に行くようにとつけられた駅名なのに、そこへ行く切符が「ない」というのだ。

相手の眼をじっと見つめると、「二〇一四年に鉄道が廃線になった」と言い、中国人のもう一つの合言葉である「没問題」（大丈夫）が出た。

「北口から観光バスがたくさん出ているから心配するな。旅順まで四十五キロ、一時間半で着く」

東京から横須賀といった距離である。しかし、バスでは天然の旅情を味わえないし、にわか「鉄ちゃん」の私としては大連駅のホームから列車で向かいたかった。だが廃線ならここは諦めるしかない。

次に日本の本に載っていたパシナ型の特急あじあ号（757号）を指さし、「これを見たい」と言うと、これまた「没有」であった。大連駅の東側、勝利橋を渡った機関区に保管されていることを知っていたので、昨日そのあたりをうろつきまわったのだが、結局見つけることができなかったのだ。窓ガラスが割れた野ざらし状態で放置された写真を何枚か見たことがある。しかしまたしても「没有」だ。早口でむずかしい中国語はよく理解できなかった。

あとでわかったことだが、数年前の反日暴動が荒れくるっていた時期、日本人の観光客が激減したことから、あじあ号の保管区は閉鎖となり、今は瀋陽の郊外にある蒸気機関車博物館に移されたのだ。

何の収穫もないいくだけた心のままに、旧日本人街（旧連鎖街）をさまよい歩く。ここはその昔、美しい日本人街であった。一九二九（昭和四）年に誕生し、一階が店舗で、二、三階は住宅といった近代的なアーケードが「連鎖」のように続くことからそう名付けられた。古い写真を見ると街路樹が涼しげに葉を茂らせ、ホテルや二百をこす専門店が連なっている。近くの電気遊園という名の遊園地では子供たちがメリーゴーランドに大喜びし、家族が和みの時間を過ごした。暖房装置、水洗トイレと、内地では味わえない文化水準の高い生活を満喫し、満洲、大連には永遠に王道楽土が続くものだと誰もが信じていた。

どんな時代でも日本人には米と日本酒、そして書物が寄り添ってきた。連鎖街の通りには、かつて新刊書店の大阪屋号分店と金鳳堂、古本屋の神田書房が軒を並べていた。

大連は比較的古い建物や路地が残る土地だと言われるが、あれからすでに九十年も過ぎると、老朽化も進み、大規模な再開発も加速し、旧連鎖街には当時を偲ぶものは何ひとつ見つけることができなかった。

肩からさげた布袋の中には『植民地時代の古本屋たち』（沖田信悦著　寿郎社）の一冊がイカの足のように付箋をつけた状態で入っている。いささか消化不良の心持ちのまま地下鉄2号線の青泥窪橋駅から中山広場に向かった。

中山広場のまわりをぐるりと囲むように、日本統治時代の象徴とも言える代表的な建物が残り、現在も大連市がそのまま使用している。

旧横浜正金銀行、旧関東逓信局、旧大連警察署、旧ヤマトホテル、旧大連市役所と、日本では見られない壮大な建築が今でも健在である。海を渡った若き建築家が「狭い日本にゃ住みあいた」と新天地で存分に力を発揮した証がここにある。

公園の椅子でもう一度本を開き、頭の中に地図をたたき込む。民康街に入ると五階建ての新華書店が見えてきた。政府が管理している書店で、中国各地にあり、店頭にきまって習近平の本が並ぶ外国人旅行客にはあまり楽しくない店である。国営の店や建物はどこも電気代を節約していてかなり暗い。この新華書店と外文出版社の書店は同じような雰囲気で、一階は地図売場以外には興味がわかない。先を急ぎ、旧浪速《なにわ》町、現在は歩行者天国の天津街を歩く。ここはあの時代の市の中心であり、大連の銀座として人通りが絶えない。昼間は買物を楽しむ人々でにぎわい、夜は電飾がまばゆく光る艶やかな通りである。この通りにはかつて大阪屋号本店に満書堂があり、古本屋の第一書房や満洲一の古本屋と言われる藤原文華も近くにあった。

『植民地時代の古本屋たち』には当時の地図が載っているが、大連のものは大雑把で場所は推測するしかない。新刊本屋が三十軒、古本屋は十二軒、当時の店名と住所がきっちり書かれている。その一帯には貸本屋も多くあったと言われる。本屋と名のつくものを挙げると、驚くことに六十店舗をこえていた。

冬は零下が続く大連の楽しみは、オンドルかコタツでの読書であったはずだ。だがいく

ら娯楽の少ない時代とはいえ、想像をこえる店の多さに日本人の読書好きを垣間見る。

これまで数多く満洲関係の本は出版されてきたのに、古本屋に関してはまったく見たことがなかった。一つは満洲からの引き揚げ者は命からがら着の身着のままで、そのうえ、地図、絵葉書、書物の類を持ち出すことは固く禁じられていた。後世に残すような古本屋の資料も少なかった。

著者の沖田信悦氏は古書籍商組合のことを調べているおり、知人の「満洲にも古本屋があった」のひとことで気持ちに引っかかりをもち、調査を始めたのだという。それまで植民地の古本屋についてふれられたものはまったくなかった。何年も雨に打たれて固まった薄紙を一枚一枚剥ぐような根を詰めた仕事を進めていくと、予想外に多数の古本屋が浮かび上がってきたのだった。

さらに驚いたのは、日本の内地の古本業者がわざわざ満洲に出かけ、〝せどり〟をしていることだ。せどりとは、掘り出し物の古本を転売して、その利ざやを稼ぐ商売をいう。おびただしい数の本が満洲に渡り、逆に内地では品薄の書籍が満洲の倉庫に眠っていたのを発見して驚愕する人物のことも書かれていた。


気になるのが、しばしば登場する大阪屋号という本屋である。明治の終わりに大連に渡り、出版業でも成功をおさめた書店だ。

満鉄には多くの知識人が集まり、図書館に多大な資金を投入した。沿線各地にも地方図書館が充実しだし、大阪屋号書店も注文に追われ激増していった。当時の給料は内地とくらべて高額で、そのうえ燃料費や石炭などの現物配給もあった。大連での生活は優雅なもので、懐にも余裕がみられた。

外地の本屋では本や雑誌以外に文房具、絵葉書、地図、案内記、スタンプ帳などもよく売れた。大阪屋号書店の出版物としては、満洲写真帖、満洲発達史と、満洲に関する本が多い。中でもよく売れた本は語学会話集で、『朝鮮語会話』『日満会話』『簡易支那語会話』などは終戦まで止まることなく版を重ねていた。さらに囲碁や将棋といった娯楽本にも力を入れていた。総点数は六百点以上というから大変なものである。

大阪屋号書店については二代目神田山陽の回顧録『桂馬の高跳び』（光文社）に面白おかしく書かれている。大阪屋号書店をたちあげた浜井松之助の息子浜井弘《ひろむ》は、幼少の頃から映画館、ダンス、ビリヤード、花柳界通いで莫大な親の遺産を使い果たしたお坊ちゃんで、家業などほっぽりなげ、いつしか講談界に入る。冷や汗をかきかき高座に上がり、二代目神田山陽を襲名し、最後は日本講談協会会長まで務めた。

父親と岩波書店の岩波茂雄との短い逸話が興味深い。新刊の哲学書を外地でも売ってくれと言われた松之助は、こんなむずかしい本は売れないと何度も断ったが、執拗な要求に根負けする。ところが満洲ではこれが売れた売れた、ものすごく売れた。当時の若者たちの知的好奇心が伝わってくる話である。

赤裸々に書いていながら嫌みがまったく感じられないところに江戸っ子の竹を割ったような品のよさを感じる。長男を早くに亡くした親は次男の弘に甘く、高価なものを惜しげもなく買い与えた。ドイツ製のカメラや高級蓄音機を中学生に与えていたというから恐れいる。

浜井弘は弱冠二十四歳の若社長として満洲各地にある支店の市場調査に出かけるが、遊びほうけていたせいで帳簿を見てもさっぱりわからない。やがて道楽息子はこれが自分の進む道と講談界に入り、あれだけ羽振りのよかった大阪屋号書店は戦後を待たず消滅してしまう。

私はその当時の気分にひたりながら、浪速町と言われた広い道路を歩いていく。ここは車が入ってこないので、あたりを落ちつきなく見渡して、「この辺に大阪屋号書店があったのかな」と想像した。

やがてスターバックスがあった。中国はひと休みできる場所が公園以外少なく、一日中歩きまわる観光客は油断すると倒れてしまう。

珈琲を注文し、もう一度本を開き、あの時代のことをしきりに考えていた。樺太、朝鮮、台湾、満洲、中華民国と書かれた古本屋の話は、そのまま庶民史でもある。書物は書かれた場所で読むといっそう体に浸透してくるものだ。活字に飢えた時代と現在のスマートフォン文化とどちらが幸せと言えるのだろうか。

北京で迷う

「燕迷」という言葉がある。かつて燕京と呼ばれていた北京に迷い込み、取り憑かれた連中のことを指す。細い路地を迷いながら歩く楽しさは、ほかの町にはない魅力がある。芥川龍之介以後、多くの日本人作家、画家が北京を訪れ、この町に捕まって長期滞在した。城壁や胡同が取り壊され、次々に現代ビル群が建ち並び、樹々がなぎ倒され、大きく変貌する北京だが、それでも寺院や公園、胡同を歩くと、昔の姿を偲ぶことができる。

胡同歩きをして最初に覚えた中国語は、「写真を撮ってもいいですか」だ。相手がニッコリすると、まずは家の門構え、外に出している椅子にはじまり、しだいに調子に乗って庭に入り、鳥籠、鉢植えと、相手の生活範囲に小刻みに踏み込んでいく。やがて古ぼけたオンドルの上に腰をおろし、お茶を飲み、近くの赤い魔法瓶をさわったりしている。こういう時に役に立つのが電子辞書である。最近は正確な発音が音声で出てくるので、便利このうえない。これまでこの辞書にどれほど助けられたことか。

胡同の中の部屋が案外こざっぱりとしていることに驚かされる。整然と生活用品が並び、よけいなものがない。そして本棚がほとんどない。本は図書館で借りるものであり、本を読む人は知識人か、政府機関で働く偉い人であると信じている。本など読む暇があったら、路上に机と椅子を出して仲間と将棋やトランプ、あるいは鳥籠を手に散歩したほうが人生を豊かに過ごせる。

北京の冬は長く厳しい。氷点下が続き、人々は春を待ち望んでいる。春が来ると、柳絮と呼ばれる柳の綿があたり一面に飛び交う。耳にも鼻にも入ってくるので、マスクをしている人も多い。水辺に柳の木が植えられた公園の近くを歩くと、本当に雪が降っているようで抒情的だが、迷惑かつ厄介な雪でもある。

胡同の庭の樹々にもいっせいに花が咲く。桃、白木蓮、杏子、ナツメ、ライラック、花水木、海棠、リンゴ、紫色の藤、さらに牡丹と、まさに「百花怒放」である。胡桃、桑、クヌギ、梶の木、桐、エンジュ、休むことなくカメラが花に向かう。

胡同のまわりの樹々にこれほど野鳥が多いとは、今まで気がつかなかった。とりわけ最近は北京市政府から野生の鳥の捕獲を厳しく禁止する通達が出たので、鳥も安心して増えたのかもしれない。路上に椅子を出して鳥のさえずりを聞いている老人、飼い主、そして日本人の私。何をするわけでもなく、四月のぽかぽかした陽ざしの中の三人組だ。
ここの裏路地には、自動車は狭くて入れない。自転車だけが時おり、すまなさそうに頭を下げて通り過ぎていく。三人は椅子の上で腕を組み頭を垂れ、やがてそろそろと溶けるかのごとく夢の世界に入っていく。

前門から天壇公園までの一帯は、北京の浅草、北京っ子の下町といったにおいがする。今回滞在したホテルは西城区万明路の東方飯店。一九一八（大正七）年設立で王府井の北京飯店（一九〇〇年）に次ぐ歴史あるホテルだ。北京初の民営ホテルとして、北京大学の学長が利用したり、魯迅が多くの原稿を書いたホテルである。中国で初めて各部屋に電話を引いたのもこのホテルだと宿にあった案内書で知った。旧館の階段、手摺、窓に当時の面影が残され、訪れた者は旅情にひたれる。

だが交通の便が悪く、今の日本人観光客には人気がない。さらに全体の造りが古いため、部屋の設備が現代ホテルとしてはいまひとつ〝きっちり〟していない。しかし三階建ての旧館に泊まると、多くの中国人作家や画家が宿泊した場所だけに、文人墨客気分に酔いしれることができる。日本でいえば作家に人気の高い、御茶ノ水の山の上ホテルと雰囲気が似ていて、中国の文学青年は一度は泊まってみたいとあこがれる。

東方飯店は古刹万明寺の跡に建てられたと知る。一九一八年といえば日本政府がシベリ

ア出兵を宣言した年でもある。中国では翌年、五・四運動（ドイツの租借地となったあと日本に占領されていた青島の返還を要求）が激しく起こる。

この近くの新世界商場は一九一九年に竣工され、五・四運動の際に革命家でジャーナリストであった陳独秀が「外は国権を争い、内は国賊を懲らしめよう」とその屋上からビラを撒き逮捕された。

その四年後、日本では関東大震災が起き、大杉栄と伊藤野枝が虐殺される。まさに我が国が暗いトンネルに入っていく予感の先駆けだったのだ。

胡同の道はどこも狭いが、もっとも狭いのが前に歩いた銭市胡同だ。体をひねって通るしかない狭さで、路地裏を進むにつれ、この先はどうなるのだろうと一抹の不安が押し寄せてくる。

ホテルから近い九湾胡同はその名のとおり曲がり角が九つある胡同で、ここも道の幅が狭く、もっとも狭いところは七十センチくらいしかない。そんな道にも鉢が並べられ、上を見れば鳥籠がある。しかも鳥籠自体がいかにも凝っている。覗いてみると、文鳥、セキセイインコにカナリヤ。そして水入れも青い磁器で抜かりなくきまっている。安っぽい樹脂製ではなく景徳鎮特産品のようで、よくよく眼をこらすと、そこには牡丹の花が描かれている。

まず鳥を褒め、鳥籠を称え、さらに餌入れや水入れまでさりげなく賞賛すれば、相手の懐にぐっと入り込め、もしかしたら永遠の友達になれる。帰国してからも記念の写真を日本のお菓子とともに送り、ふたたび夢を共有する。

胡同の路地で体を動かしている老人も多い。どこかの舞台で披露するのか、本格的に衣装を身にまとい、二本、三本の剣を左右に振りまわしている。何度も型を確認し、足の位置を気にしている。あるいは幸せそうな顔で椅子に寄りかかり、スマートフォンを見つめている人。どこの国も男性は歳をとると怠け者になる。胡同でこまめに動いているのは女性だけだ。

私も立派なシニア世代に入った。椅子に座って小鳥のさえずりを聞いていると、これからの人生などどうでもよくなってくる。私に椅子をすすめてくれた老人は、中国語がわからない私にさかんに話しかけ一人うなずいている。「私は丹東の田舎が懐かしくてねえ」と、部屋からアルバムを持ってきて見せてくれた。そこには亡くなった奥さんと二人、菜っ葉服を着て笑う写真が収まっている。「素敵な人ですね」と言うと、「そうだろう」とうれしそうに笑った。

「燕迷」という言葉が遠い過去のものになってしまったと嘆く日本人がいるが、まさに今日、私は紛れ込んでしまった。そんなことを中国語で相手にどう伝えればいいのか、電子辞書を開いたがうまい言葉は見つからなかった。

北京ほど東西南北がはっきりとわかりやすい都市はない。初めて訪れた観光客でも一人で歩ける。だが胡同に一歩入り、くねくねした路地を歩くと、簡単には戻れない。

老人二人の会話はどこまで通じているのかあやしい。もしかしたらまったく通じてないのかもしれない。

「わしの奥さんほどの美人はほかにいないだろう」

「はい、それは確かにおっしゃるとおりです」

その言葉に刺激を受けてか、鳥のさえずりが一段と高くなった。

＊

私が北京を説明する時は、京都と江戸と大阪と東京のいいとこどりをした町だと言う。

どちらにせよ、日中は目的もなく物見遊山にぶらぶら歩き、夜はホテルで足を投げ出しながらテレビの漫才をわからないなりに見て笑っている。

北京を最初に訪れたのは二十年前、一九九〇年代の終わり頃だった。北京の銀座とも言われる王府井、東単のあたりに大規模な再開発が動きだし、香港資本の高級ホテルが次々と登場した頃であった。だが、夕暮れのホテルの窓から外を見ても、工事中のビルの骨組みが廃墟のように見えるだけで、頼りない灯火に街のエネルギーはまったく感じられなかった。

いっぽう、路地裏に足を踏み入れると、そこはまるで東南アジアのにおいそのものであった。よく育った樹木の下で子供たちが奇声をあげて走りまわり、縁台で膝をつき合わせ将棋に興じる老人たちの和みの場であった。

北京といえば年々ひどくなる大気汚染がきまって話題にあがる。さらに輪をかけてひどいのが水質の際限ない悪化だ。生活基盤のもとがまだ整備されていないのだ。いくら歴史や文化、料理が豊かだと言われても、空気と水が汚染されている都市に魅力はない。

冬の北京の白く霧がかかったような大気汚染を報道で目にするたびに、現地で暮らす知人を心配し、形ばかりだがマスクを送る。あやしい汚染物質がどんよりと幾層にも重なる白い映像を見ると、「しばらく北京はいいかな」と気弱になってくる。

今回も空気の悪さを心配しマスクを荷物に入れて出かけたが、北京に到着すると、うれしいことに北京の秋を称える常套句「北京秋天最好」（北京の秋はすばらしい）そのものの濃紺の空がひろがっていた。

人は海外に出て最初に訪れた町の建物や看板、交差点近くの街路樹といったなんでもない風景を、意外なほど記憶の片隅に残しているものである。何十年もたってその場に行くと「ああここに来た。この看板を覚えている」と、その時の喧噪や屋台でかいだにおいや練炭の白い煙までよみがえってくる。そして同行した友のことや、あの頃は自分もまだ若く、旅に夢があったと胸を詰まらせる。

北京の銀座、王府井付近のホテルに滞在することが多いのは、移動の便利さもさることながら、最初に訪れた北京の街でもあるからだ。また、好みの書店がここにはいくつかある。

本屋の総合デパート王府井書店。今回も各階を軽く監視していく。一九四九年の中華人民共和国成立直後に建てられた国営第一号の歴史ある本屋で、文化大革命の時までは大きな毛沢東の写真が玄関前に飾られ、新華書店と言われていた。その後改革、開放政策が始まると、「北京市新華書店王府井書店」と改名され、現在は王府井書店に落ちついた。

六階建てのカーテンウォールの建物の中は話題の新刊から美術書、文具、書道道具、電子商品と、日本の大型書店と変わらない展開をしている。日本語のコーナーに行くと、村上春樹、東野圭吾といった人気作家の翻訳本が平台を占領していた。

日本紹介コーナーの棚をじっくり指さしながら移動していくと、北京の作家、劉檸の『東京文藝散策』（山東画報出版社）という白い背の本が見つかった。私が表紙と各章に絵をつけており、さらに神保町でおこなった私の個展の写真まで載っている。東京の古本屋街を事細かに紹介した本は、中国では初めてである。埋もれないように、なるたけ目立つ位置に本を並べ替える。

同じ通りに外文書店がある。各国の教科書や学習書の専門書店なので華やかさは皆無であり、店内の電灯もそれに合わせたかのごとく暗い。しかし外国人向けの中国語学習コーナーは充実しており、ザックを背にした留学生が沈痛な面持ちで学習書を開いている。

日本で売られている中国語学習書は体系だったものが少なく、何をどう勉強したらいいのかわかりづらい。本場の教材は留学生用がほとんどなので、基礎からがっちり組み立てられている。ここで何冊か中国語の教材を買ったが、私はやる気のない生徒なので進歩の跡はまったく見られない。店員は影が薄いわりに毅然としており、「おたくにはCD付きがいいよ」と積極的に売り込んでくるのが国営書店の証かもしれない。

北京の通りや胡同の頭につけられた名前の由来を知ると、ぐっとその地区が身近なものになってくる。

隣りの灯市口の「灯市」とは、提灯で飾られた町、また飾り提灯を売るとの意味である。明代の北京でももっとも栄えた通りで、正月が終わっても赤い提灯と絹を張った色鮮やかな灯籠でにぎわっていた。

その通りを囲むように建ち並ぶ料理屋は、金持ちが家族や親戚まで招いてのどんちゃん騒ぎでどこもかしこも超満員、飲めや歌えやの喧噪が毎晩のように絶えることがなかったという。その時代に紛れ込んで酒を飲んでみたかった。

近くには灯草胡同がある。「灯草」とは灯芯のこと。ここには提灯や行灯などの油や芯を扱う店が軒を並べていた。その隣りの演楽胡同は、宮廷の楽隊に抜擢された楽人が演奏の練習をする音楽家たちの通りであった。宮妓や役者、楽隊の人々と歌舞音曲に満ちあふれていた胡同である。この路地の裏あたりは、ぶらぶら歩くのにもってこいの散歩路がいくつも待っている。

昔ながらの北京の暮らし、雰囲気、文人の隠遁生活を味わってみたい人に最適なのは四合院ホテルだ。私も前に三日間ほど、俗事を捨てて隠れ住んでいたことがある。

淡紅色の花をつける海棠や実の熟したナツメに囲まれた中庭の美しさは高級ホテルでも味わうことはできない。部屋は簡素だが、温かみがある。まわりを囲む東西南北の建物や壁が防音壁となるので、通りの騒音がまったく聞こえず、その佇まいはまさに明窓浄机（勉学に適した明るく清らかな書斎）といったところだ。部屋の中から静かな庭を見つめていると、まさに隠者という気分になる。だがしばらくすると退屈して昼寝ばかりするようになり、その鬱憤を晴らしに夜な夜な王府井あたりをうろつく始末であった。

またこの近くには老舗の古本屋、中国書店がある。木造平屋の風格ある本屋で、鰻の寝床みたいに細長く、奥の平台には日本語の本も置いている。

海外で買う本は、字が読めなくてもさして困らない画集や絵本、写真、建築、民俗関連にどうしても落ちついてしまう。北京に来るたびこの古本屋に寄るが、やはり買うのは画集や古い写真集などである。

二年ぶりに入った店内では、見覚えのある店主が携帯電話でなにやら長々と話していた。頭を下げて挨拶するが、電話に夢中で気づいてもらえない。仕方がないので構わず店内を見渡していると、ガラス戸の中に収められている『北京古地図集』という本に目がいった。

店主の電話がやっと終了したので「久しぶりですね！」と話しかけると、しばらくいぶかしげな表情を浮かべていたが、ああ、あの中国語のできない日本人かといった顔で、「お元気でしたか」と返してきた。

私がさっき目をとめた本を見せてほしいと言うと、腰からさげた重厚な鍵をまわしてガラス戸を開けた。中には書道や画集などの部厚い高級そうな本ばかりが並んでいる。

その地図集はタブロイド判ほどの大きさで、片手では持てないくらいに重かった。開くと北京の古い地図が片面ずつ大きく掲載されており、いくつもの絵地図や鳥瞰図に目が釘付けになる。俯瞰図には見ていてどこか胸を騒がせるものがある。いつかこの絵をまねて描いてみようという気も起きてくる。

店主は立ちっぱなしの私に丸い木の椅子を差し出した。親切ではあるが、ここで座ったら買うはめになるので立ったまま奥付を見ると、出版されたのは二〇一〇年と意外に新しく、古めかしい装丁は出版社の作戦なのだとわかる。

頭が薄く眼光の鋭い店主は、「珍しい本」と二回言ったが、問題は値段である。日本円にすると定価でも三万二千円をこす。思案にくれていると、さりげなく魔法瓶からお茶を注ぎ、私の前にそっと出してきた。

「安くしてくれませんか」と言ってみる。店主の答えは「没有」であったが、小さな湯のみに入ったお茶をひと口飲んで粘っていると計算機を取り出し、一割まけた数字を示した。計算機を挟んで店主と私はしばらく見つめあっていたが、同意の印に椅子に座り、もうひと口お茶を飲んで決着はついた。主人はそれまで見せたことのない笑顔で本を丁寧に袋に入れている。

それだけでなく主人は奥に消え、また大判の本をかかえてきた。なんと日本の平凡社の『中国歴史地図』である。図版が多く、なにより日本語で書かれているので頭に入りやすい。いくらでもいいと言うのでそれも購入したが、よく考えるとわざわざ北京で買う必要のない本である。

この日は知人と会う約束があり、それまでの時間つぶしのつもりだったのに、予想外の買物になってしまった。ホテルへ置きに行こうにも約束の時間が迫っている。仕方なく店の外に出てすぐ来合わせたタクシーを止め、東四の「孔乙己酒楼」へ、と告げる。

ここは時代がついた提灯と古い瓶が並び、昔の江南の情緒を感じさせる名店である。料理も薄味で落ちついて飲み食いできる。年代ものの紹興酒を錫のポットに入れてあたためてくれるのがいい。おつまみには魯迅も愛した空豆の茴香煮がある。

知人は遅れてくるようだ。本をかかえて入った店内は芳醇な紹興酒の香りに満たされている。その香りの中で地図に目を通していると、じきに時間が過ぎるのを忘れてしまう。

＊

北京に行くようになって気がつくと、いつの間にか身体が向かっている場所は地下鉄建国門駅を出てすぐ近くにある古い天文台であった。

世界最古の天文台の一つであり、一四四二年に城壁に沿って建設された。その後、五百年にわたって天文観測に使用され、現存する天文台の中でも世界有数の歴史を示す。

六年前には十元だった入館料が、今は倍の二十元（約三百六十円）に跳ね上がっていて驚く。だが初めて中に入った時に感動したのが、その静けさであった。北京最大の道路長安街と、東西に走る高速道路二環路が交差する、東京でいえば銀座四丁目の角のような騒しい位置にありながら、高い城壁がまわりの音をさえぎって、中の静寂を守っているのだ。

天文台というのは地味なので、興味をもつ人はあまり多くないかもしれないが、私は小学生の頃から手作りの望遠鏡で月や北斗七星、太陽の黒点などを見ていた天文ファンなのである。天文台やプラネタリウムも一人でよく行っていたほどで、だから最初に北京を訪れた時に真っ先に地下鉄に乗って向かったのも古観象台であった。

その時まず初めに惹かれたのが、観測台の上に設置された八基の天体観測儀である。器

械を支える基盤にはものものしい竜の装飾模様が彫られ、まさに中国工芸美術品そのものという感じがした。わけのわからない現代彫刻やモニュメントよりも、これらの観測儀を見ているほうが興味は尽きず、それからも吸い寄せられるようにして見に来ている。

清代には欧米からやってきた科学者や宣教師の力を借りて、日の出と日の入り時間、月の満ち欠け、星座の位置を探る器材など、現在でも十分に観測に使えるものが作られるようになった。これらの観測儀は、中国と西洋文化の交流を示す歴史的な証拠品とも言えるものである。

だが、刻まれた歴史は平和なものばかりではない。清の末期、列強八ヵ国連合軍が北京に乗り込んだ時これらの観測儀は略奪され、しばらく行方知れずになっていたことがあったのだ。のちに一九一九年のヴェルサイユ条約により北京に戻され、今は南京博物館で保管されている。眼の前にあるのは複製品だとはいえ、にぶく光る金属の圧倒的な存在感にはたじろぐ。

その昔は皇帝に仕える専門の暦学者たちだけが登れたであろう台を下りて西側に入ると、立派な四合院の建物があり、入口には清の四代目皇帝康熙帝が書いた「観象授時」という額が掲げられている。「空を見て時を知る」というような意味だろうか。天体関係の展示室になっていて、かわいらしいうさぎの人形がいる水時計や日時計などが並べられている。

詳しいことが知りたかったが、観光案内のたぐいは一枚しかない。あとは女性の事務員が一人、声をかけづらい雰囲気で椅子に座っているだけである。日本なら食堂があり、天文関連の雑貨を並べた売店がにぎやかな映像を流しているだろうが、ここには飲み物の自動販売機さえない。この頑固一徹さというかしぶとさが中国らしいが、そのおかげで昔の面影が今に保たれているのだから悪いことではない。

人は生まれた時から、地上のすべては宇宙とつながっていると認識しているものだ。だから中国の歴代の皇帝は、天体観測を怠らなかった。

この四合院の庭こそが、私が北京に来てもっとも心安らぐ場所である。長椅子に座り、腕を組み足を組み、静かに宇宙と交信する。一歩外に出れば車の騒音が聞こえる街中だが、まわりを囲む城壁と四合院がぴたりと音を止めてくれている。その静けさの中で、宇宙から降りそそぐ気を受け止めると体が楽になってくる。うっすらと眼を開くと、中国人の大好きなあの怪石、ぐにゃぐにゃした太湖石も庭の片隅にさりげなくあるではないか。

椅子からは、太陽や星の動きを探る「渾儀」が眼の前に見える。南京に移されたものの複製品であるが、やはり竜が凝りすぎ、やりすぎなまでに彫られている。眠たい眼で見つめていると、ジャイロスコープを中心にいくつもの線が重なり、やがて高速回転をしているような錯覚に陥る。こうして人は催眠状態に導かれていく。

中国古代の為政者にとって、祭祀は政治の中心であった。天体の動きと人間社会の吉凶は根強く結びついている。祭祀の基本となる暦は大切な要因だ。正確な暦を作ることは王権の権威を高めるために、もっとも必要なことだった。

今から三百五十年前、古観象台を舞台に一つの戦いが起こった。一六六五年には西洋式の天体観測が導入されてきていたが、キリスト教に反対する天文学者の楊光先が西洋暦法を批判、廃止を訴えた。それを聞き入れた王朝の為政者はそれまで活躍していたドイツ人宣教師アダム・シャールを投獄し、死刑を宣告した。

だが日食をめぐって大きな動きがあった。シャールを補佐していたイエズス会のベルギー人宣教師フェルビーストが、西洋式の天体観測をもとに日食が起こる日時を算出し王朝に提出したのだ。いっぽう、楊も負けてはいない。天文学者を総動員し中国伝統のやり方で日食を推算した。

結果は西洋暦法の計算どおりであった。シャールの刑は停止され、楊は職を追われた。かわりに天文台の全責任者に任命されたフェルビーストは、すぐさま次の二千年間に起こる日食と月食の表を作り、皇帝に差し出した。さらに、今ある装置はすでに時代遅れだからと撤去させ、新しく六台の装置を設置させた。一六七三年製の赤道式渾転儀、黄道式渾転儀などは、どれもこれも摩訶不思議であやしげな形に思えるが、みな理にかなっており、現在でも使用に堪えるという。

今、古観象台に上がると、まわりは高層建築にけばけばしい彩色の看板、空を覆う煙霧と、情緒がまったくない。眼をつぶり椅子に座って昔を偲ぶしかない。

日本が幕末の頃に北京を訪れたロバート・フォーチュンの『幕末日本探訪記　江戸と北京』（講談社学術文庫）に天文台の眺望の章がある。

外城の町は数マイルも南の方へ広がっているように見えた。内城の町はわれわれの眼下から西北の方へ延びている。その中央に黄色い屋根を葺いた皇帝の宮殿のある市街があって、付近に外人が「景色のよい丘」と呼んでいる景山という丘陵や、避暑離宮、寺院などがある。

古観象台からぐるりと北京の中心が見渡せ、そこから見られた街全体が黄や白の花をつけるエンジュの樹々で覆われるという、北京のゆったりした風景が描かれている。天文台に上がり、「はるばる遠路を旅して来た価値が十分あった」「視界をさえぎるものがなく、あたかも大洋のように、はるか地平線の果てまで広がっていた」と喜びを隠しきれない。

実用的な天文観測機器でありながら、神秘に満ちた芸術的な工芸美術品。そして静寂を保つ庭をもつ古観象台は北京の誇りだ。

中国の四大発明は羅針盤、火薬、紙、印刷だが、もう一つ忘れてならないのが暦である。

北京の食事風景

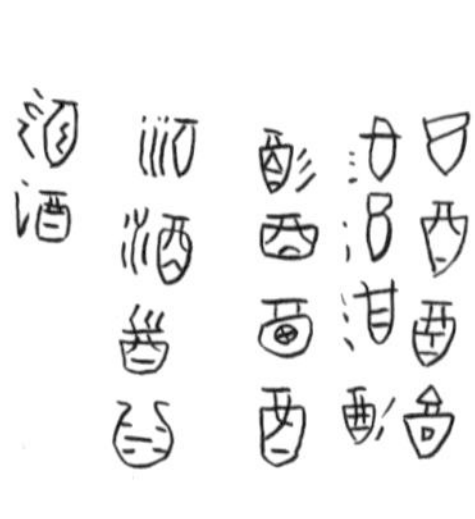

遅まきながら携帯電話をスマートフォンに替えた。中国文字が入力できるというのが決定的な理由である。瞬時に鮮明な写真の送受信ができるのもうれしい。だからといって何かが革命的に変わったわけではないが、今まで旅行鞄に入っていた携帯電話、カメラ、ＩＣレコーダー、電子辞書のセットが、スマートフォン一台と簡素になった。

中国にいる友人、といっても北京にほんの数人だが、彼らとこれまでは家のパソコンでメールのやり取りをしていた。だが、外出していても、「この本送ろうか」などと写真付きで送れるのはいたって便利だ。

日本のＬＩＮＥに似た微信（WeChat）は、この数年で中国本土で爆発的にひろがった。中国文字の入力はピンインである。中国語をローマ字で表音化したもので、私のような中国語初心者でも打つことができる。

老眼が始まった身にはスマートフォンの文字は小さく打ちにくい。最初に手にした時は「これは俺には無理だ」と捨て鉢な気持ちになったが、人間もサルと同様に、だんだん学習していくものだ。

「元気?」とおそるおそる指で入力していたのが、いつの間にか「ただいま図書館で調べものをしています」などと発信できるようになった。

中国の友人には、街でおかしな広告や看板、不思議な服を着たあやしいおじさんなどを見かけたら送ってくれと頼んでいる。逆に日本からは新宿や銀座のきらびやかな写真を流して「どうだにぎやかだろう」と見せびらかしている。私のスマートフォンには今、中国の料理、変わった広告、あやしいおじさんおばさん、ツボ押しの図があふれている。

北京の胡同に微信仲間の張さんという人がいて、私は北京の健康おじさんと呼んでいる。ともかく健康に対して常に真面目に取り組み、穴位（ツボ）を絶えず研究しているのだ。

北京の公園はどこも健康法の発表会、博覧会場である。張さんの本拠地は日壇公園だ。東の奥に行くと、所狭しと健康遊具があり、皆さん熱心に体を動かしている。足で蹴る羽根つきや民族舞踊を楽しむ人々、大きな扇子を振って舞う人々、空中独楽回し、鮮やかな長い帯をくるくるまわすリボン体操、最近では岩登り用の人工壁によじ登る老若男女もいる。公園のまわりには大使館が多く、このスポーツは欧米人に人気が高い。

さて微信仲間はどこにいたのか。池に張り出した東屋の近くは、歌をうたったり胡弓を演奏したりと、少し気取った集団で占められている。張さんは少し離れた木陰でツボ理論に基づき講義をしている。ツボを刺激し、生命の根源である気、血、水の流れをよくし、各臓器にエネルギーを速やかに供給していくという。この健康法は場所を取らず、どんなに狭い路地でもできる。あるいは寝る前のほんの五分でもいい。

張さんとの出会いはいたって単純だ。日壇公園の池をうつむきかげんに歩いていた時、講義をしている張さんに「きみきみ、そこの人。背中が丸くなっているよ。こっちに来なさい」と声をかけられ、椅子に座らされた。

「背筋をのばさないと、肩がこるよ」いきなり合谷（手の親指と人さし指の間）に力を入れられ、思わず「痛い」と声が出る。さらに内関（手首の内側）、足の三里と、三つのツボ攻撃にあった。

人間には約三百個のツボがあるそうだが、肩がこった、頭が痛い、心臓が痛い、消化器が弱い、といった場合、まずはこの三つのツボをたたき、腹式呼吸をすれば確実に百歳まで生きられると講釈が続いた。

私はツボたたき実験台から解放されたあと、張さんが指導する一団と一緒に約三十分付き合わされた。途中で張さんが動きを止め、「健康が命」「健康が第一」と大声を発し、全

員が三度万歳をしながらジャンプする。
「フーッ」確かに体が軽く背筋がのびてきたようだ。やみくもに体を動かすのではなく、ツボをおさえて気の流れをよくすることにより、力がふたたびよみがえってくる。

受講生は三々五々帰り、張さんと私だけになった。張さんは二つの胡桃を左手に持ち転がしている。掌のツボを刺激すると同時に、ふだん使わない側の腕の運動にもなるそうだ。そういえば中国人はいつでもどこでも胡桃を手にしている。空港のロビーで飛行機の出発が遅れた時、いっせいに胡桃を手の中で転がしはじめたのに出くわしたこともあった。掌のツボを刺激することで苛立ちをおさえ、冷静になれるようだ。

張さんはポケットから真新しい白っぽい

胡桃を二個取り出した。「薬指と小指を使うと脳への血流量が増える。この胡桃転がしをすすめる」と私から眼をそらさずに言う。

背中の歪みに胡桃、やはり受講料は払ったほうがよさそうだ。財布から紙幣を抜き出そうとすると、二枚と指示があった。

張さんはスマートフォンを出し「いつでも連絡しなさい」と言い、私の仕事を聞いてきた。

「画家」偉そうに言うと、「眼精保健操」（眼の体操）を教えてくれた。一日に二回、五分ずつおこなえば老眼にならないと断言する。昔の中国で科挙の勉強をしていた人々に、このツボは重視されてきたのだそうだ。眼の周囲を軽くおさえ、ゆるく揉むだけで、すっきりして気持ちがいい。

背筋がのび、眼も涼しくなってきた。もう帰ろうと思った私に、「近くに豚の角煮のうまい店がある」と張さんが言う。夕暮れも近くなり小腹が減ってきたので、ついていくことにした。

中国人が「近く」と言った時は注意が必要だ。日本ではだいたい三分圏内を指すが、中国では三十分と思って観念したほうがよい。とぎれることなく歩かされることが多い。張さんはあっちの角を曲がり、こっちの路地に入り、どうやら近道をしているようなのだが、だんだん「いったいいずこまで」と口に出そうになる。

北京の胡同はどこを歩いても迷路のようで不安になってくる。体を動かしていると、人生の迷いからも色事からも遠くなり、ただ豚の煮込み料理が楽しみになる。

地下鉄の灯市口から東四に向かった右側の路地裏に店はあった。店構えは古ぼけ、両側の壁がへたり込んでいるが、中に入るとこざっぱりと掃除が行き届いており、胸をなでおろす。お店の人にトイレの場所を聞くと、外の共同トイレに案内されたが、行ってみると意外なことに手洗いの水がきちんと流れ、なんと石鹸まで置いてある。これまでうんざりするようなトイレばかり経験してきたが、裏路地もしだいに清潔になり、近代化してきたのだ。

それにしても北京の路地では、なんでここにこんなに人がいるのだと感心することが多い。あちこちで日本の井戸端会議の風景だ。椅子に座り夕飯までの時間を路地でつぶしている。

店に入ると張さんが指をさし注文していた。この店は驚いたことに、紅焼肉（角煮）と糖醋魚（魚のあんかけ）に揚州炒飯、焼餅しかないのだ。

そういえば日本の居酒屋で腹が立つのはお通しである。あれは席料のかわりというが、それにしても箸が進まないしおれたものばかり出してくる。

この店ではサービスに新鮮な空豆が山盛りに出され、さらに皮をむいた胡瓜に辛味噌をつけて食べる。とろけるような角煮に魚のあんかけが登場し、箸をのばすとお茶のにおいがかすかにした。茶の葉と煮たのだろうか。口にすると予想に反して甘くない。「うまいなあ」と思わず中国語が出る。

お茶の入ったグラスを片手に、私はだんだん心配になってきた。というのは、ホテルからふらりと散歩気分で出てきたので、財布にほとんどお金を入れてなかったのだ。北京ではこれまで割り勘というものをしてこなかった。もともと中国では割り勘という習慣はなく、誘った人が払う。見栄っ張りが多く、金がないとかケチと言われるのを何よりも嫌う。

張さんは淡々と、脇目もふらず魚をほぐしている。中国の人は絶対に魚を引っくり返すことはしない。縁起をかつぎ、福が逃げていくことを恐れる。

「微信を交換しようか」張さんはポケットからスマートフォンを取り出した。

「これでよし」彼はもう一度乾杯の仕草をした。

じっくり煮込んだ豚の角煮をつまみに、黙々とぬるいお茶を飲んでいく。夕暮れが近づき開けっ放しの窓から涼しい風が流れ込んでくる。張さんは魚のあんかけの身をほぐし終わると、「どうぞ」と大皿をこちらにずらした。中国人はもっとも美味しいと言われる魚の頭、鶏の頭を客人にすすめる。それもかなり強引にだ。箸休めに生のにんにくもよこしてくる。

大衆的な食堂に入って驚くのは、人々が料理の食べかす、小骨、西瓜の種などをところ構わず捨てることだ。食卓の真ん中に大皿があり、そこから各々小皿に取って食べるのは日本と同じだ。だが、魚の小骨や鳥の骨などを日本人は小皿の脇にひかえめに置くが、中国人はもう見たくないとばかりに卓の上に放り出す。あるいは、地面にぺっと吐き出す。だから食事が進むうちに食べかすが散らばり、日本人から見るとなんて悲惨で礼儀を知らない連中だと呆れることになる。逆に中国人はゴミになった骨を食べ物と同じ皿にのせるなんて言語道断、なんと品位のない野蛮人だ、と非難する。

食卓や床に落ちた食べかすは、客が帰ったら素早く一掃される。安食堂の食卓は安いデコラ張りだから、片付けやすい。高級料理店ではさすがに床には捨てないが、白いテーブルクロスは汚れ、無惨なものだ。食事が終わってから一気に片付けたほうが合理的と中国人は思っているのかもしれない。

日本人は畳の文化がまだ根強い。家に上がる時に靴を脱ぎ、畳や床に座り、食事し、夜はその上で寝る。そこにもし小骨やゴミがあったら、不愉快になる。中国人はもともと椅子と机、ベッドと、西欧人と同じような生活をしていた。だから床が汚れても、箒で掃けばすぐきれいになるというだけのことだ。そのいっぽう、ベッドの上にゴミがあると気になるように、口から出した小骨を皿に置いておくのは我慢できないらしい。

食事の時間の捉え方にもちがいがあるのだろう。日本では食事中は静かにと教えられ、まるでお通夜のようになるが、中国では楽しくにぎやかに食べるのが基本である。食事が始まれば引っくり返るくらい明るく、皆まさに口角泡を飛ばしながらお茶を飲んでいる。

それでも目につくのは、椅子の上で膝を立てて食べている人がたまにいることだ。さらに一人っ子政策のせいか、食堂で子供が食べている姿を見ると、肘をつき走りまわりとわがままのし放題で、とにかく態度が悪くて見ていて怒りに震える時がある。ヒマワリや南瓜の種などをふざけてあたり構わず散らかしているのを見ると、「そこのガキいいかげんにしろ」と怒鳴りつけたくなる。

また中国ではご飯が最後に出てくることが多い。日本人は料理とご飯を交互に食べていくのが楽しいのに、中国では待てど暮らせどご飯が出てこず、締めの時にやっとということがよくあるので、私は絶えず「米飯」と騒ぐことにしている。ただ、北京ではご飯より饅頭のほうがよく食べられている。

私が中国に来て最初に心得たのは、「入郷随俗」(郷に入りては郷に従え)である。角煮に魚のあんかけ、炒飯、焼餅と食べ終わり、さてと張さんと眼が合った。心の中に「私の分はいくらですか」「それぞれ自分の分は出しましょう」という言葉が浮かんでくる。

いつの間にか張さんの横には彼の知人が椅子を持ってきて一緒にお茶を飲んでいた。

見も知らぬ人が笑いながら馴れ馴れしく座っているのが面白くない。私は心の狭い人間なので「友人の友人は友人」という発想がまるでないのだ。

「お腹がいっぱいです」と言うと張さんは財布をひろげ、あっさりとおごってくれた。紺の人民帽をかぶったその友人ともう少し話したそうなので、私はお礼を言って立った。別れる時に張さんは「ツボ」とひとこと言った。私は「わかっていますよ」と腕のツボをおさえてみせた。

中国では食事を誘ったほうが払うのがしきたりになっており、ここで割り勘と言ったら、お金のあるなしにかかわらず友情は終わる。とりわけ男女の間では見向きもされない。

日本に来た中国人女性が言った。ほのかに思いを寄せていた会社の同僚男性がいて、その人がある日食事に誘ってくれた。見晴らしのいい高級ホテルのすばらしいレストランで、たらふく料理を食べ、会話も途切れることなくはずんだのだが、会計の時に「では割り勘で」と言われて血がカーッとのぼり、おおげさでなく目眩がして倒れそうになったと言う。あの屈辱は一生忘れないと白い眼をするのだ。中国では絶対にありえない、誘った人が払うのが当たり前と地団駄を踏んでいた。

「でも日本だから。会社の同僚だし割り勘でも……」と私がなだめても、「中国では絶対に断じてありえません」と殺気立っていた。

裏路地を歩きながら、私は「割り勘」についていて考えていた。確かに男女の二人なら割り勘はまずいかなあ。では何人なら？　三人？　四人なら各自平等に支払うか？　お金があまりない若い者同士なら割り勘でも……。

地下鉄の東四駅から中国美術館のほうに向かって、今度は背筋をのばし颯爽と歩いた。

「この国では割り勘には気をつけよう」一応私なりに結論が出たようだ。

北京で一番好きな本屋は三聯書店である。建築、美術、写真集と扱っている本が自分の好みに合っていて、何時間いても飽きない。とりわけ地下にある素朴な版画集は手にするとどれもこれも欲しくなってしまう。店内の喫茶店で買ったばかりの本を開く時が至福の時間である。

この書店の凄いところは、どの階段でも座り込んだ若者たちが熱心に本をめくっていることだ。ここは図書館なのかと一瞬勘ちがいしそうになる光景だ。北京でもインターネット販売によって年々本屋が苦しい立場になっており、個性的な本屋や魅力あるイベントを展開していた店も閉鎖に追い込まれている。この老舗三聯書店はなんとここに来て二十四時間営業を打ち出したが、どこまでもちこたえられるか心配になってくる。

小さな農民版画集を購入して景山公園の横を通り、北海公園に向かった。水辺には長椅子が並べられ、恋人たちや老人が夕涼みをしている。

「ああ今日は永安里のホテルからよく歩いたなあ」指を折って距離をはかる。

北海公園は世界最古の皇室庭園と言われ、いつ訪れても水辺が和んでいる。刻一刻と騒がしく近代化する北京にあって、この公園はまるで時間が止まっているかのような静けさである。俗世を離れ隠遁したくなったなら、ここをふらりと訪れたい。

北海公園まで散歩気分で来たが、たどり着いた時にはまた腹が減ってきた。売店で売っていたサクランボの種をあたりに撒き散らしながら歩く。首からさげたスマートフォンに、いつの間にか張さんからの着信記録が残っていた。

茶館に誘われて

春のはじめに成都へ出かけてきた。初めての土地では何を見ても感心することばかりだ。公園に咲く八重桜は日本のものより花がひとまわり大きく、その艶やかさについ見とれてしまう。

成都は四川省の省都で、中国地図をひろげるとちょうどお臍のあたりになる。パンダの故郷、三国志でおなじみの劉備と諸葛孔明が活躍した地、そしてひと口食べれば涙を流し口から火を吹く激辛四川料理の本場である。酒呑みには選び抜かれた白酒五粮液、茅台酒が夢を誘う。

まわりを山に囲まれた盆地のためほかの地域から隔絶された地の利があり、隋や唐の時代、中原や長江下流が動乱にゆれ動く中で、成都だけが平穏に歴史、文化を発展させてきた。温暖な気候で物産に恵まれ、水運も開けており、養蚕業が盛んとなって良質な絹織物

が作られた。

現在は中国内陸地西南部における商業、貿易、金融、農業、交通の中心地としてめまぐるしい発展をとげている。成田から直行便も数多く飛んでおり、乗り換えもなく便利になった。


四川省は茶の栽培の発祥地でもある。前漢の頃にすでにチベットを越えて西方に茶葉を輸出していた。その街道は茶馬古道と呼ばれ、今日もなお変わらず続いている。

その土地柄か、成都の街はいたるところに茶館がある。公園に入りあたりを見渡せば、いくつもの看板が目に入る。茶館、茶楼、茶房、茶寮、茶室、茶社、茶舗、すべて茶館を指す言葉である。

茶館の歴史は古く唐代から始まり、社交、商談、娯楽と、成都の人々の暮らしにはなくてはならない場所であった。庭園、建築、書画、骨董、歌劇などの伝統がすべて茶館に凝縮されている。

茶館といえば茶葉の産地で有名な台湾の台北や広州、杭州に多いが、そうした都市の茶館は観光客用に作られたものが多く、室内には中国の伝統的な明清家具や古い急須がこれみよがしに置かれ、値段も驚くほど高い。客を前にやたらにおおげさな儀式めいた茶の淹れ方をされ、まったりゆっくりとはできない。

その点、成都の茶館は素朴な昔風で、屋外の席があるからか、客の雰囲気ものびやかである。近所のおかみさんや老人、若者が気取ることなく麻雀やトランプ、読書、おしゃべりにいそしんでいる。

民宿のような安い宿に長逗留しているのか、パソコンを前に何時間も悠然と過ごしている欧米人も多い。そんな旅を願っていたのに、これまでできなかったので羨ましいかぎりだ。時おり静寂を破る声は「耳掻きはどうですか」と小さな鈴を鳴らして歩いている白い上っ張りの男である。

中国内陸地の都市をバスで走っていて衝撃を受けるのは、現代的で奇抜なビル群である。北京や上海でおなじみの尖った高層ビルが西安や成都でもそびえているのを見ると、つくづく中国の爆竹のような経済発展の凄さにたじろぐ。中国の景気は見かけ倒しで明日にも破綻すると言われつづけてきたが、あれからすでに二十年もたつ。逆に日本の地方都市のまるで蠟燭の最後の一閃のような灯り方に胸が詰まる。

寛窄巷子《かんさくこうし》は煉瓦造りで懐古調の雰囲気を残している成都市内でも人気の地区で、土産物屋、茶館、食堂、バー、小さなホテルと、値段は多少高めだが和める一角である。ここは清朝時代に軍隊の駐留地であった。その跡地は古い町並みとして残され、昔から写真家たちが好んで撮影に訪れた。二〇〇八年に跡地を再開発、全面改造して、しっとりと洗練さ

れた通りに様変わりをした。町の方針は「くつろぐ通り」であったが、予想以上に内外の観光客が押し寄せ、私がぶらりと足を踏み入れると、身動きもできないような混雑ぶりであった。
　その真ん中にある少し狭い通りに散花書院という、いかにも雰囲気がよさそうな本屋があった。こうした土産物屋っぽい書店のいいところは、手作り風の地図や現地画家の作品、写真集があることだ。挿絵が満載された四川省の古い建築の本を買うと、若い店員が「これもおすすめ」と電話帳のような分厚い本をかかえてきた。
　専門的すぎる写真集なので辞退して絵葉書セットを二つ購入し、広場のほうへ紙袋を手に歩いていく。
「さて、どうするかな」地下鉄の路線図を

見ながらホテルへの帰り道に思いをめぐらせていると、ふいに「あの……すいません」とはっきりした中国語で声をかけられた。眼をあげると、すらりと背が高く髪の短い女性がスマートフォンを差し出している。

一瞬とまどったが、「写真を撮ってほしいのだな」と察し、二人連れの女性に向けてシャッターを押す。女はにっこり笑い、「あなたも写してあげる」と私のスマートフォンを指さした。旅に出て外出する時は紛失が心配なので、常に首からさげている。

成都や重慶は「美人」がとりわけ多いと言われる。国境が近く、さまざまな民族の血が流れているからだろうか。確かに眼の前の女性も目もとが涼しげで彫りの深い顔立ちをしている。生成りの服も都会的で野暮ったくない。

彼女は「旅行ですか、どちらから?」とわかりやすい標準語で話しかけてきた。「日本」と答えると、「まあまあ」と手を胸の前で合わせた。

そして両手を腰にあて、今度は流暢な英語で、「このあたりは詳しいので、一緒に古い茶館に行きませんか」と誘ってきた。

もう一人の髪の長い女性も中国語で話しかけてきたが、こちらは訛りが強くてまったく理解できなかった。

三十代後半に見える女たちと、骨董品やチベット工芸品、あるいは安物や偽物が並んだ店が続く通りを抜け、曲がりくねった路地を歩いていく。

目もとの涼しい女性は時々後ろを振り返り、身ぶり手ぶりと英語をまじえて話しかけてくる。髪の長い女性は香港から来たばかりでまだ標準語が話せないという。強い香水のにおいと厚化粧がいささか気になる。

日本人は金持ちだと何度も言うのでいささかうんざりしたが、足がくたびれてきた頃に二人が「ここです」と立ち止まった。

傷みの激しいビルの一階に入ると、古い下水のようなにおいが鼻をついた。こんなところに茶館があるのかと思ったが、喉も渇いていたのでそのまま女たちについて進んだ。

妙な縁取りの布が垂れ下がった扉を開くと、赤いチャイナドレスを着た大きな眼の女性が、ままごとセットのような茶道具を前に無表情に座っていた。やはり三十代後半だろうか、三つ編みにした髪を垂らしている。挨拶もなく、まるで人を催眠術にでもかけるかのごとく意味不明な念仏を低く唱えている。

煮えたぎったやかんの湯を小さな急須に注いで中の茶葉を蒸らし、「これは不老長寿のプーアル茶である」とおちょこほどの小さな器に注ぎ分けた。その間も、何語かわからないが念仏をずっと口にしている。

目もとの涼しい女は「まあ美味しい」と微笑み、隣りの女の肩に手を置いて「ここに来てよかった」とおおげさに喜びあっている。

薄暗い部屋に眼が慣れてくると、各種の茶葉が入った透明な瓶がいくつも並んでいるのが見えてきた。雲南省の風景やポタラ寺院の写真が、とってつけたように黒いベニヤ板に画鋲でとめてある。

よく見ようとするが、女は「彼女は少数民族なので、写真を撮っちゃダメ」とぴったり体を寄せてきた。

各種のお茶を一杯注ぐたびに、二人は「乾杯」と私におちょこを合わせ飲み干す。やがて念仏女は「男性を反応させるお茶を淹れます」とおもむろに小さな金属製の缶を開け、中に入っていた茶葉を急須に入れると乱暴に湯を注いだ。

すると隣りの香水女はなんと私の股に手を置き、ゆっくりさするように動かしてきた。口もとに笑みを浮かべこちらを覗き込んでくる。

じわじわとあやしい雰囲気が濃くなってくる。この辺が潮時である。思い切って「帰る」と立ち上がると、両側の二人の女はひどくあわてて「まあまあ」と私の両腕を掴んだ。沈黙の時間が流れていく。換気扇の音が急に大きく聞こえてきた。

「会計して」と強く言うと、念仏女はすぅーっと眼を細め、手の下に隠すように小さな紙を差し出してきた。

「五百三十元」日本円にして一万円近くである。思わず「高い」と声を荒らげるが、念仏女は「三人でよ。一人百七十七元」と言う。それでも三千円だ。

確かに茶館の中には高い店もあるが、それはお芝居を見せる店で、上はせいぜい千円止まりだ。

目もとの涼しい女は大きな財布を取り出してさっと二百元をテーブルの上に並べ、ぬけぬけと「あとはチップ」と英語で言った。香水女も申し合わせたように二百元出し、「あとはチップ」と言う。

ここでさらにもめると奥のほうから怖いお兄さんが出てきそうな空気である。念仏女に中を見られないように財布をそっと開き、お札を二枚置いて、「お釣りを」と言った。だがなんと「小銭はない」と抜かすのだ。目もとが涼しいはずの女は威嚇するように眼を赤く血走らせている。

身体の中を危険信号がすごい速さで点滅しはじめた。無言で二人を睨み、部屋から立ち去ろうとすると、赤眼の女はしゃあしゃあと「一路平安」と言った。

あやしげな部屋から一目散に外に出て、振り返るとビルの入口で二人組がじっとこちらを見ていた。おそらく写真を撮られていないか確かめているのだろう。ぼられはしたが、夜の上海で若い女に誘われ、暴力バーで十万円もふんだくられた友人とくらべれば被害はまるで少ない。これ以上かかわりたくなかったので、二度と振り返ることはしなかった。

しかし、いくつになってもおのれの女好きは直らないものだと呆れる。そういえば前に北京で「元気の出る男性に」とべらぼうに高い漢方薬を買わされたことがある。「蘇る男性」という言葉にいたって弱いのだ。

外へ出たのはいいが、ここがどのあたりなのかさっぱりわからない。とにかくこの場から離れたいと、やみくもに明るい道のほうへ歩いていった。しばらくの間は体が硬直したようでぎこちなく、おかしな歩き方になっていた。

ようやく見覚えのある、大きな広告灯が回転している火鍋屋の前に出て、「助かった」と溜め息をついた。そして「あっ」と声が出た。買ったばかりの本をあの茶館に忘れてきたのだ。しかしあそこにだけは二度と戻りたくなかった。

*

次の日は地下鉄に乗って四川博物院に行った。中国の博物館は必要以上に広くて薄暗く静寂で、見学しているだけで身体がしんなりしてくるような空気感がある。展示されている青銅器や鉄器には呪語のような模様がびっしりと彫られていて、その霊気というか呪鎮がまとわりついてくるようで、なおさら体が重くなる。

博物院を出てふらつくように歩いていると、正門向かいの西玉龍街に麻婆豆腐の元祖、陳麻婆豆腐の本店があった。

四川料理といえばまず頭に浮かぶのは、痺れるような辛さの麻婆豆腐である。唐辛子と山椒がどっさり入った豆腐料理は激辛好きを熱狂させ、癖になってあとを引く。

そもそもなぜ成都に激辛が定着したかといえば、やはりその土地の風土からきている。

成都は夏になると湿度が高く、猛烈に暑くなる。毎日のように曇り空で滅多なことでは太陽が顔を出さないので、成都の犬は太陽が照るとびっくりして空に吠えると言われる。そのくらいどんよりと湿気の多い土地である。だから辛い料理を食べて、汗をたくさんかくのが心身の健康にいい。

私もピリ辛、いや激辛で呪いを解いてやろうと思いたち、陳麻婆豆腐に足を向けた。

がっしりした木造の玄関口は、百五十年以上続く老舗の名店のわりにはこざっぱりした店構えで、店内も中国特有のおおげさな飾りものが少なく、清潔感にあふれていた。

席に着くなり麻婆豆腐に白いご飯、箸休めとしてジャガ芋とピーマンの千切り炒めを注文する。

料理が出てくるのは早く、すぐさま見るからに辛そうな、煮えたぎった溶岩のような赤黒い皿が置かれた。超高熱で炒めたため油膜が光っている。火傷しないようレンゲで恐る恐る口に入れる。

「あれ？　思っていたより辛くない」と油断していたら、すぐさま唐辛子、ニンニク、そして一瞬感電したような麻辣の痺れが口の中にひろがり駆けめぐり、唇が殴られたように痺れてきた。これは山椒の辛さである。

「山椒は小粒でもぴりりと辛い」という言葉があるが、それは日本の山椒である。中国産の山椒は花椒といい、痺れと辛さが乱暴で大陸的で半端ではない。思わず中国語で最初に覚えた単語「ビールをください」と叫びそうになったが、昨晩はホテルで飲みすぎて二日酔い。ぐっと我慢してご飯を押し込んだ。救いをご飯とジャガ芋の千切り炒めに求め、なおも勇敢に赤く燃える溶岩を崩していく。意外なことに水気がなくて粒の長い米の白飯が麻婆豆腐とぴったり合っていて、口中にひとときの安らぎをもたらしてくれる。

しだいに知恵がついてくる。豆腐には辛さはそれほど染み込んでいない。豆腐のまわりの粒になった山椒や唐辛子、胡椒を箸で丁寧にそぎ落としレンゲにのせれば食べやすい。「俺って案外頭のいい人間なんだ」と余裕をもって向きあえるようになってきた。それでも噴き出す汗、涙、鼻水、くしゃみと、次々に災難が身に降りかかってくる。

その時、後ろの席で火がついたような子供の泣き声がした。幼児は泣きじゃくり、椅子の上に立って両手を振りまわして怒っている。若い夫婦は笑っているが、おそらくこの麻婆豆腐を子供に食べさせたのだ。これは立派な虐待行為と言えよう。まったく成都の親は何を考えているのだ。

しかしこちらもそんな親子に関心を示している場合ではない。今はともかく眼の前の溶岩台地を片付けなくては日本人として敗北宣言をするようなものだ。

すでに第三ラウンドのゴングもたたかれ唇も顎も感覚がなくなってきていた。白いご飯の上は唐辛子で真っ赤である。持参した小さな魔法瓶の白湯もとっくに空になっていた。「ふうー」料理を食べ終わって、これほど大きな溜め息を何度もついたのは初めてである。全身から汗が流れ、食べている途中の怨念もすっかり消えていた。

麻婆豆腐は今から百五十年前の清代に陳巧巧という女性が考案した。彼女は旦那さんを亡くしたあと、一膳飯屋のおかみさんとして朝から晩まで働きつづけた。

両隣りが肉屋と豆腐屋だったので、それを活かした新しい豆腐料理を作り、行商人や荷運びの人たちに出していた。辛くてうまい料理はたちまち人気になり、やがて「陳さんの麻婆豆腐」と評判を呼ぶようになった。

中国語で「あばた」は「麻」、おばさんは「婆」という。顔にあばたがあったことから陳さんは「麻婆」（あばたのおばさん）と呼ばれていて、それがそのまま料理名になったのだ。

三十を過ぎたばかりの後家さんをおばさんというのも失礼な話だが、顔にあばたがあってもたいそう健康的な美人で、男たちからは人気があったそうだ。その当時、女性はベールをつけて顔を隠す風習だったが、陳さんはそんなことは気にしないで愛嬌よく顔を見せて働いていた。その店は安くて味もよいうえにおかみさんが美人と評判になり、行き交う男たちは毎日楽しい食事をしていた。

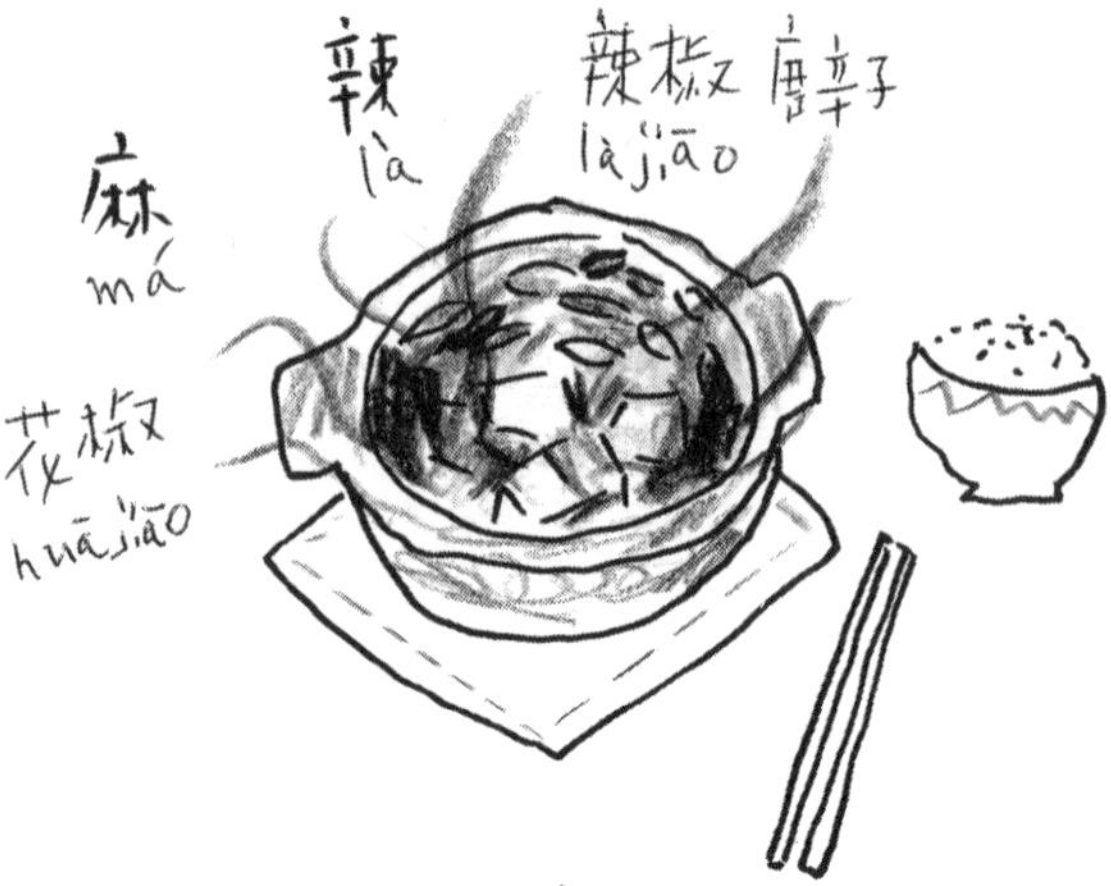

それにしても、ひき肉と豆腐、葱を煮込んだ一膳飯が、ここまで後世に残る成都の名物料理になるとは誰が予想しただろうか。陳さんも天国で「癖になりますでしょう」と喜んでいることだろう。

南アメリカからぐるりとまわってきた唐辛子はインドから渡ってきた胡椒と出合い、さらに西洋からのニンニク、そして本場の山椒がまざりあい、豆腐と劇的なめぐりあいを果たした。

中国にとって大豆の加工食品である豆腐の誕生は革命的であった。彼らは大豆に中華思想のすべてを放り込んだ。豆腐、豆乳、納豆、湯葉、味噌、醤油、さらに中国のチーズともいう腐乳、炭のように黒い独特なにおいのする臭豆腐と枚挙にいとまがない。西欧は大豆は固くてとても人間の食べるものではないと冷淡で、家畜の餌で終わらせてしまった。

「四川人は辛さを恐れず、湖南人は辛くないのを恐れる」

湖南省出身の毛沢東は常に唐辛子の和え物がないと食事が進まないという激辛好きであった。四川省出身の鄧小平も唐辛子を偏愛していた。革命家は紅軍というより「唐辛子党」だといっても過言ではない。毛沢東は「唐辛子が好きな者は基本的にみな革命的だ」とある会談で言っていたほどだ。

「わが共産党の紅軍についていえば、八路軍も含めて、四川人、湖南人、江西人がもっとも多い」と、みな唐辛子を愛好していた。貧しい紅軍は唐辛子さえあればご飯が食べられた。いっぽう、国民党は裕福な家の出が多いのか、孫文、蒋介石、李登輝と唐辛子にはそれほど興味を示さず、ほんのり甘い南方料理を好んだ。今も激辛は真っ当な中国共産党の基本路線なのかもしれない。

成都の伝統料理がすべて辛いものと思っている人がいるが、それは大きな誤りである。ごく一般的な家庭では麻婆豆腐や激辛火鍋を毎日作っているわけではなく、肉とピーマン炒めや青梗菜の汁ものといたって質素なものである。

食後には「冰酔豆花」に安住の地を求めた。ほんのり甘いおぼろ豆腐が気持ちを穏やかにさせる。四川省の旅をして、こんなに料理の絵を手帳に描いたのは初めてである。どれもこれも美味しかった。昔からの懐かしい味が残っているところに感心した。ただし私は食べ歩きに成都に来たわけではない。

*

成都は唐代の詩聖、杜甫が晩年に暮らした土地であり、さらに白居易、元稹《げんしん》、そして女詩人薛濤《せっとう》が活躍した土地でもある。漢詩を好む人間としては一度は訪れたい都市だ。私も成都に向かう機内では膝の上に漢詩の本を置き、静かに読誦しつつ瞑想していた。

成都市の東門外、錦江畔に広大な竹林がある。竹の公園とも呼ばれる望江楼公園である。この一帯には薛濤を記念した古跡が多く残されている。彼女は生涯を通じて竹を愛し、竹を広く植え、竹を敬う気持ちを詠んだ。

公園の敷地の中には中国各地はもとより日本、東南アジアから集められた竹が百五十種類以上植えられている。

門をくぐると青々とした竹のトンネルが出迎えてくれる。すくすくのびる竹からは何らかの気が絶え間なく流れてくるのだろうか、歩いているだけでそのエネルギーを受けているかのようで身体が軽くなってくる。

パンフレットには琴絲竹、鳳尾竹、邛竹、鶏爪竹、人面竹、斑竹、甜竹、黒竹、湘妃竹とさまざまな竹の名前が書かれていたが、私の頭の中には竹の子のメンマぐらいしかないので、実際に竹を前にしても虚ろに根元を見つめているばかりだった。

茶色い服を着たおじさんが近くの椅子に座っていたので、パンダが食べる竹はここにありますかと尋ねると、すぐさま「没有」と返ってきた。

「パンダが食べる竹は高山に生えるやわらかい竹」

電子辞書をとりだし「软」（やわらかい）と指さすとうなずいた。

「そのタケノコは美味しい？」と質問すると、おじさんは「知らん。わしはパンダじゃない」とぶっきら棒に言った。ここの竹林では毎朝のように竹の子が採れるはずだが、とも訊いてみたがやはり「没有」である。この一見中国版悠悠自適おじさんともう少し会話をしたかったのだが、相手はこれ以上愚かな日本人と話をしたくないようで、あっさりと席を立ってしまった。

一人になってバッグに入れてきた漢詩の本を開くと、薛濤の竹にまつわる話が出ていた。

ある詩人が「春雨にぬれた竹は美しい」という詩を彼女に贈ったところ、「そうですね」といった素直な詩は返ってこなかった。薛濤は少しひねりを入れて「それより冬の竹こそ見事ではないですか」と返し、「冬の霜や雪に耐えている強い竹の姿こそ、すばらしいではありませんか」と記して筆をおく。一筋縄ではいかないしたたかな女詩人の姿が伺える。

　またしばらく公園を歩いていくと、静まり返った境内の庭石の奥に薛濤の石像がひっそりと立っていた。昔の人は親からさずかった髪を一生切ることがないからか、髪が極端に盛りあがっている。薄い絹のような衣服から透けて見える豊満な胸に目が吸い寄せられる。こうして対面すると、石像といえど確かに魅力的な女性に見えてくる。

　白居易の友人で詩人の元稹は「薛濤に寄せ贈る」の冒頭で彼女を手放しで称えている。「錦江の水のようにすべすべした艶のある肌と、峨眉山のような秀でた眉を、生まれながらにもっている」と絶賛していたから、さぞかし魅力ある人だったことだろう。


　薛濤の生まれや亡くなった年などについては異説が多く、はっきりしたことがどうもわかっていないようだ。薛（よもぎ）に濤（おおなみ）という名からしてわけありである。字は洪度、七六八年に生まれ、亡くなったのは八三一年、享年六十三歳とするのがほぼ定説らしいが、七十二歳、七十三歳、または七十五歳、はては「年八十に近し」などという説もある。

　幼い時に父とともに成都に来た。父は身分の低い官吏だったが十五歳の頃に亡くなってしまった。だがその頃すでに薛濤は美貌と詩才で内外に名声を博していたという。さらに書聖王羲之のような字を書くなど、相当な早熟ぶりを示している。十七、八歳までに楽妓

（芸者）となり、蜀を治める韋《い》皋《こう》の屋敷に入り、酒宴の場に控えた。

韋皋の権勢は相当なもので、彼に頼みごとをするため、まずは薛濤に何がしかの賄賂を贈って口添えをしてもらおうとする者が後を絶たなかった。まだ四十歳の若いパトロンの韋皋に、十八歳の薛濤が毎夜どのように愛されていたのかと想像たくましく思う。

ある時、度が過ぎたことがあり韋皋の逆鱗にふれ、松州（現在の松潘県、世界遺産九寨溝に行く途中の町）に追放された。彼女はすぐさま謝罪の意を込めた詩を作り、許されて成都に戻ってきたが、楽籍を離れ、現在の杜甫草堂がある浣花渓に移り住んだ。

城内から出たとはいえ薛濤はまだ二十歳の女ざかり、その美しい容姿に著名人士がしばしば出入りして詩の贈答をおこなったため、女詩人としての名声は高まるばかりだった。

彼女は薛濤箋なるものも作った。

浣花渓には紙を漉《す》く業者が多い。それまでの詩箋は白い巻紙で、小刀で裁ち切って使っていたのだが、薛濤は今の便箋のような小型のものを作り、そこに深紅の鮮やかな色をのせた。彼女は五言、七言四句の絶句を得意としていたので、小箋の大きさがぴったりだったのだ。そこに王羲之のような女性離れした力強い行書で詩を書き、これが爆発的な人気を呼んだ。

薛濤は生涯に五百首近い詩を作ったが、今日まで残されているのはわずか九十首ほどである。

望江楼公園の中には薛濤井という井戸があり、そこで紙を漉いたとされている。明に入って製作場所が浣花渓から望江楼に移されたというが、どうやら後に作ったこじつけらしい。

その薛濤井の水は水質がよく、お茶の水としても使われていた。

ともあれ薛濤の考案した深紅の小箋は一世を風靡し、後世には各種の色に染めた十色箋や金粉や銀粉を用いた豪華なものまで現れた。

当然私も売店にて薛濤箋を買い求めた。十枚そろいで、薄い和紙に山や竹、梅などの花の絵が入っていた。おそらく使用することなどないだろうが、旅の土産にと二束買うと、絵葉書を一枚おまけにつけてくれた。

薛濤を記念する建物はその後、吟詩楼、濯錦楼、浣箋亭と建てられていった。望江楼でもっとも目立つ建物が、川の近くに建つ木造の建物、崇麗閣である。今から百三十年ほど前の清の終わりに建てられた。四層で、楼閣の高さが三十メートル近くあり、上の二層は八角形、下の二層が四角形という見応えのあるどっしりと凝った造りをしている。

名前の由来となった晋の文学者左思の「秀麗なるのみならず崇高なり」そのもので、柱は朱色、瓦は青、頂は金色、鳥の羽のごとく空に舞い上がる形をした屋根が実に壮麗で雄大だ。

二階まで上がりゆっくり流れる錦江を見つめていると、華やかなりし往時を偲ぶことができる。

かつて成都の人は親戚や友人が水路で遠方に下る時、ここで見送った。別れの宴会の場でもあったのだ。人々はいつの頃からか崇麗閣を望江楼と呼ぶようになった。

薛濤の詩にも「送友人」（友人を送る）という、晩秋の夜に旅立つ男を見送るものがある。誰にでもわかる言葉に惜別の情感を込めた詩である。

水国蒹葭夜有霜　成都寒寒《さむざむ》　水辺は霜に
月寒山色共蒼蒼　月　青白く　山辺を染めて
誰言千里自今夕　今宵寂しい　千里の別れ
離夢杳如関塞長　夢で追いたや　はるかな旅路

『漢詩と歩く』（榊莫山著　角川書店）

これから毎晩毎晩、あなたのことを夢にすがり追いかける。この薛濤の情念が男心をくるわせ、とろけさせる。

長江は六千三百キロをゆるやかに流れ、成都、楽山、重慶、万州、宜昌、武漢、南京、揚州、蘇州、そして上海へと向かう。あの時代、水運の旅は百日ほどもかかったという。そのゆったりとした時の流れに悠久の中国大陸を感じる。

西安の橋

中原の中心地、黄河が流れる鄭州に降り立った。六年前の秋と春に、開封、洛陽、三門峡、山西省の運城、竜が荒れくるう姿のような壺口瀑布、そして陝西省の西安と駆け足で旅して以来の再訪である。

まだ春というには早い時期なので毛の上衣を用意してきていたが、現地に降り立つとそんなものなしで歩けるあたたかさに驚いた。早くも柳やコブシの白い芽が吹き出しており、春の気配がする。

六年ぶりの鄭州は新国際空港、動車組（中国新幹線）、地下鉄、高層ホテルの建築と続いてすっかり様変わりしていた。中国のどこに行っても感じることだが、この数年間での町の変化は竜が尾を振りまわし町中を大掃除しているかのようだ。

黄河の南に位置することから河南省と呼ばれるこの省の都が鄭州だが、ここは中国交通

の要となっており、黄河の中流域の町を動きまわるには最適な起点だ。中国内陸地では昔から黄河に引き寄せられるように都市が発展してきた。なぜ中国の人々はあの黄色い河に魅せられ、集まってきたのだろうか。日本の透きとおった川を見慣れている身には、カレーを薄めて流したような河のどこに魅力があるのか理解ができない。

今回はまず、黄河が華山にぶつかり大きく九十度曲がったところにある潼関を訪れた。山西、河南、陝西の三省にまたがった場所で、昔からここに重要な関所が設けられていた。隣りの函谷関と同様に唐の都、長安を守る大事な砦である。

まわりの山は険しく、谷は深く、行く手には黄河が両手をひろげて待っている。通れるのは一本の羊腸のような小道だけだ。小野妹子や阿倍仲麻呂も歩いた道である。

それほどの要衝だけに、潼関で中古以来歴史に名をとどめた戦闘は三十あまりもあり、兵家必争の地であった。もっとも著名なのはかの安禄山の乱である。禄山軍は節度使（辺境警備のための軍団）で戦術に長けており、厳重に警備された難所をこじあけ長安を略奪と放火によって死の都へと追いやった。玄宗は四川に逃げ、寵姫楊貴妃は命を落とした。「国破れて山河あり」で始まる杜甫の「春望」は七五七年の作で、当時の状況が正確に詠まれている。安禄山の叛乱が起き、杜甫は家族とともに長安を離れた。「烽火三月に連なり」とは敵の侵入を知らせるのろしが三ヵ月も止まないという意味だ。植木久行氏の『唐詩の風土』（研文出版）に、のろしについての詳しい記載があった。

烽火台には深夜でも兵士が詰めていた。敵の動きを察すると台上から枝や枯れ草を入れた籠を吊るし、夜はそれに火をつけて次々に周囲に知らせる。これを「烽」といった。昼間は台上に積まれた薪や草を燃やして煙をあげた。これは「燧」という。敵の数、緊急事態によって烽火のあげ方にもいろいろ工夫が凝らされていた。興味深いのは狼の糞に火をつけることだ。その黒い煙は風に吹かれても真っすぐに大空に登って、遠くからもよく見えたという。これが「狼煙」である。

河南省をバスの車窓から眺めて、確かに中国は広いと実感した。見渡すばかりの地平線のような大地、どこまでも続く麦畑。いくら眼をこらしても道路沿いのポプラ並木しか見えない。その中をゆったりと河が流れている。黄河は約五千四百六十四キロメートル、日本最長の信濃川は三百六十七キロなので約十四倍である。その長さに中国の悠揚さを思い知らされる。

黄土高原をぐるりとまわってきた黄河はたっぷりと土の栄養を運んでくる。黄河流域、河南・山東・河北省だけで中国全体の五十パーセントの小麦をまかなっていると聞くと、あらためてその薄いカレーの力に尊敬の念がわいてくる。

黄河は暴れる竜のごとく数えきれないほど氾濫してきた。これまでにゆうに千五百回をこえるという。現在も地面より高い天井川として流れている。危険で迷惑きわまりない河であるが、中国人は「母なる河」と胸をそらす。

そして私も胸をそらす。この地には中国の名酒「白酒」が数多く眠っているのだ。白酒は高粱やトウモロコシ、豆類などの穀類を原料とし、半固体状のまま土中で発酵させた、一般に無色透明な蒸溜酒である。最低三年は熟成させ、アルコール濃度は五十度をこす。ウィスキーが四十度、日本の焼酎が三十度くらいだから、一見水のように透明だが、かなり強烈な酒である。油断しているとむせ返り、喉を焼くことになるので、小さな四角いグラスで舐めるように口にする。

その豊満な味を一度かみしめると、いつも夢見心地となり、甘く濃い強烈な香りに抜けられなくなる。ビールをひと口飲んで唇を湿したあと、ぐい呑み一杯ほどの白酒をまったり楽しむのがいい。

私は中国の白酒にいかれてから、日本の清酒にはまったく見向きもしなくなってしまった。北から南まで変わり映えのしない米一本で、しかも長く熟成していないので味に深さとまったり感がなく、しだいに飽きてしまった。

さて中国の白酒はどうだ。飲み慣れない者は、あれは竜が飲むもの、悪魔の酒だと警戒する。だが夏の夕方に白酒を飲むとすぅっと暑さと邪気が体から抜けていくのが感じられる。グラスを手に風にゆれる柳の青葉を見ていると、まるで李白の気分で俗世から離れられる。中国的な言葉を借りると、味は醇厚柔線、清冽甘潤、回味悠長、余香不尽、慢飲細品と際限もなく四文字が続く。

黄河沿いには当然、川魚料理を出す店が多い。黄河鯉、ナマズ、フナ、白海老などを気軽に食べさせる。当初は「あのカレー色の黄河で」と気が進まなかったが、いざナマズの白身をひと口食べて宙を仰いだ。

ナマズも鯉も黄河の泥水で栄養を摂り、ゆるゆる泳ぎまわっていたのだろう。あまりに味が淡白なので声も出なかった。澄んだ水には魚がいない、いてもうまくないと言われるがそのとおりだ。小さなグラスに注がれた白酒を手に、思わず「黄河に乾杯」と口に出していた。

あの六年前の川魚の衝撃のうまさに、こうしてまた黄河に戻ってきたのだ。

わずかに残された潼関の城壁に登り黄河を見ると、濁った水面が午後の光を浴びて鈍く光っている。なんという雄大な風景なのだろう。この景色は私に何を訴えようとしているのか。

潼関の下流にある三門峡ダムはソ連の援助で一九五〇年代に工事が始まったが、世紀の大失敗と言われた。流入してくる土砂の量が予想をはるかにこえ、満水になる前に洪水氾濫が上流におよぶという問題が発生したのだ。土砂を流す工事をし、三門峡ダムの下にもう一つ土砂制御を主要な目的とするダムが建設されてやっと完成したが、発電規模は大幅に縮小された。

三門峡ダムの当初の計画では、この潼関の村は水底に沈むことになっており、住民は右往左往して浅はかにも歴史文化財というべき城壁の上の建物や烽火台を壊し、どこかに売り払ってしまった。

私は黄河の瀬まで歩いていき、何気なく腰を折って土を手で握って驚いた。黄色い土が片栗粉のように細かい。ぐっと両手に力を入れて粘着力のある土を固め、開いてみてまた驚いた。土に手の指紋の細い線の跡が一本一本くっきりとついている。粒子の大きさが均一で、なおかつ限界をこえた細かさだから、ここまで写し取れるのだ。古代中国が世界に誇る青銅器のあの複雑な文様も、この土があってこそできたものだとわかる。

この黄土を搗き固めて重ねた頑丈な壁、版築層が二千年をこえた現在も地上高くそびえている。あるいは黄土を焼いた固い煉瓦は今なお城壁を支えている。黄河のまわりには無尽蔵にこの土がある。

多くの人が黄河の源流を探し求めて「我々こそが本物の源流を見つけるのだ」と探検隊を組織し、上流をめざした。その結果、青海省の青海高原が源の一つだとわかった。

黄河は「一石の水に六斗の泥砂あり」と言われるほど濁った大河だが、源流では高山植物に囲まれ、澄んだ泉が無数に湧き出している。

噂では水面に顔をそっと近づけ眼をこらして見ると、小さなメダカのような竜の赤ん坊が暴れているそうだ。

＊

古都西安の魅力は古い城壁がほぼ完全な形で残っていることである。ただし長安と呼ばれていた元や宋代までの城壁は土を固めただけのもろいもので、たび重なる戦禍を経て残念ながら崩れてしまった。

現存する明清時代の城壁は、黄土を搗き固め、その外側を焼き煉瓦で頑丈に覆ったものだ。さらに強度を高めるために石灰、もち米、果物のキウイの汁をまぜてセメント状にしており、ちょっとやそっとの地震では破損することはなかった。

だが現在ではこの城壁があるために車が進めず、絶えず大渋滞が起こっている。地下鉄やバス路線を整備して利便性を高めるための工事が日夜おこなわれているが、中国でももっとも遺跡の多い町だけに、地下を掘るにも一歩前進二歩後退をくりかえしている。

日本とは遣隋使の時代から歴史的に深くかかわっており、二十年ほど前までは日本人観光客も多かったが、尖閣問題以後の日中関係の政治的なもめごとがあってからは訪れる人もめっきり少なくなった。以前は直行便も飛んでいたが、現在は上海などを経由する便のみになり、五つ星の日系ホテルも撤退した。

西安と聞くと、知らない人は幻想的な古都を想像するが、実際は動かない車で大混雑の町である。冬など大気汚染も加わり、空はどんよりと濁り、太陽が出てもぼんやりかすんでいる。日本の冬の澄みきった青空を見慣れた身にはかなりうんざりさせられる光景だ。

さらに春になれば黄砂が町全体を覆い、スカーフとマスクの人間だらけとなる。西安の人は、旧正月から春にかけての目まぐるしく寒暖が入れ替わる気候を「猿の顔」と言うそうだ。

西安を訪れるのは三度目になるが、どんな種類の観光ツアーに参加しても大雁塔、碑林博物館、青龍寺、そして西安観光の目玉秦始皇兵馬俑博物館に、郊外では楊貴妃の墓、とおきまりの観光名所をめぐることになる。

しかし今回初めて行った法門寺ではそのあまりの派手さに度肝を抜かれ、高さ百四十八メートルの合十舎利塔の観音菩薩像の巨大さ、金ぴかぶりに中国人のあこがれを見た。観音菩薩像はあまりに金ぴかすぎて「やりすぎ、えげつない」と日本人には感じられるが、中国人にとってはこれが神々しく、ご利益があると感じられるのだろう。参拝者は身動き一つせず熱心に金の仏像に手を合わせて祈っていた。

西安では安定門の近くのホテルに二日ほど泊まったが、ある日の朝、五時過ぎに小さな金属をたたく音が聞こえてきた。枕もとの目覚まし時計ではなさそうだ。窓を開け、まだ薄暗い外を見ると、遠くのほうで鐘の音がした。やがて腹に響くような太鼓も鳴りはじめた。
「まったく、朝っぱらから迷惑な町だ」と窓を閉めたとたん、なんと花火が続けて打ち上がった。

「今日は日曜日なので何か祭事でもあるのだろうか」と起き抜けの頭で理解し、町の中心地にあたる鼓楼のほうを眺めた。

ふと下を見ると、門の前の小さな広場で太極拳の動きをしている人々がいる。自然を体の中に取り込む健康法の一つである。中国では「精・気・神」を重視する。公園で樹木に向かって両手をひろげ、なにやら瞑想している人がいるが、これは精・気を体に取り込んでいるのだ。

私も服を着替えて下りていき、太い木のそばで呼吸を整えて心身の充実をはかることにした。マラソンのように激しい健康法は長続きしない。下手をすると足腰を傷める。

大木をかかえるように両手をのばし、まわりを円を描くように歩きながら、木の生命を体いっぱいで受け入れ、ゆったりと体をほぐす。

やっとかすかに朝日がさしてきたが、冬の間に燃やした石炭の煤煙が霧のように覆い、すっきりした青空にはならなかった。

西安に生息して十年、中国放浪の旅を続けている二十年来の友人と会って食事した。西安の料理の中に、小麦粉を焼いた固いパンを客が自ら小さくちぎって碗に入れしばらく待つ、という儀式めいた摩訶不思議な一品がある。

「羊《ヤン》肉《ロウ》泡《パオ》馍《モー》」である。席に着いても大きな碗と饅頭のような固いパンが皿の上に一つあるだけだから、初めての人はとまどう。店員に言われるままパンを千切って碗の中に入れていく。最初は勝手がわからず、適当に十円玉ほどの大きさで碗に入れていたが、店員はそれを見て「小さく小さく」と言う。パチンコ玉ほどの大きさへとさらに引き裂くのは短気でなげやりな性格の人間には向かないが、どんな料理が出てくるのかと楽しみにしていればそれほど苦にはならない。

ある程度踏ん切りがついたところで店員が碗を厨房に持っていき、料理人が熱々の羊肉スープを入れる。碗の横には席の番号が書かれた紙がついているので、他人の碗と紛れることはない。春雨、干し豆腐、キクラゲを散らして「おまちどおさま」と、碗の下の番号に合わせて席の前に置く。

テーブルの上にはニンニクの甘酢漬け、辛い味噌、パセリがあり、上にのせてゆったりと食べはじめる。固いパンがふやけて汁を吸い、これが予想よりもうまい。初めての味に興味津々となる。

「箸でかきまわさない」「辛い味噌を上にほんの少しのせる」「パセリは自由に」と食べ慣れた友人の忠告も細かい。地層を掘るように上から食べて、味の変化を楽しむのが西安人流である。

流浪の友は、羊肉泡饃の由来を手短に話してくれた。ある貧しい若者が旅を続けていたが、食べ物は歯がたたないほど固くなったパンだけになってしまった。彼は道端の牛肉料理屋に頼み込んでスープだけ分けてもらい、ちぎったパンをひたして食べるとこれがことのほか美味しかった。若者はやがて皇帝になったが、その時の味が忘れられず長安へ行き、店に褒美を与えた。このことが話題になって多くの人がその店を訪れるようになり、店は繁盛したのはいいがあまりの忙しさに「悪いが自分でパンをちぎってくれ」となった。

西安には羊肉泡饃を売る店がたくさんあるが、イスラム街通りのこの店が一番だという。続いて食卓の上には香辛料のかかったシシカバブが何本か並ぶ。やわらかな羊の肉に感激する。西安の地ビール「西北狼《シーベイラン》」が入ると、友の口もしだいに軽くなる。やがて「オレの居場所はもう日本にないなあ」と言い、頬杖をつく。上海で広告の仕事につき、西安でも似たような職種についている。もうすぐ五十歳になるが、いまだ独身で金もほとんど家賃と酒代で消えていくと、声に力がない。

西安の詩人に于武陵《うぶりょう》がいる。科挙に合格したものの役所勤めが性に合わず各地を放浪し、さすらいの悲しみを詠った作品に「酒を勧む」がある。

勧酒　　　酒を勧む

勧君金屈巵　　君に勧む　金屈巵《きんくつし》

満酌不須辞　満酌《まんしやく》　辞《じ》するを須《もち》いず
花発多風雨　花発《ひら》けば風雨多し
人生足別離　人生　別離足る

中国ではほとんど注目される人物ではなかったが、日本では飛び抜けて口にされる機会の多い漢詩である。井伏鱒二の詩集『厄除け詩集』によって世に輝きをもって登場した。

コノサカヅキヲ受ケテクレ
ドウゾナミナミツガシテオクレ
ハナニアラシノタトヘモアルゾ
「サヨナラ」ダケガ人生ダ

井伏訳は埋もれていた平凡な五言絶句を見事な名作に押し上げた。語呂もうまく生きており、今も桜の季節になると、「サヨナラだけが人生だ」は居酒屋で口ずさまれている。
弟子の太宰治は酔うと涙眼になっていつもこの言葉を口にしていたという。そして彼の絶筆となった小説『グッド・バイ』でさらに世の中に広く知れ渡った。

だが、井伏訳の最後の一句「「サヨナラ」ダケガ人生ダ」があまりにも定着して、本来の「友よ再会を期して乾杯」といった明るい詩と逆になった感がある。

「満酌辞するを須いず」は、なみなみと注いだこの酒、遠慮することなく飲み干したまえ、ということである。于武陵の詩は「さあ飲もう、遠慮するな、花に嵐はつきものさ、ならば人に別れはつきものじゃないか」「だからこそ今を楽しもう」といった内容である。送別会でめそめそと歌われる詩ではない。

「金屈卮」というのも陝西省歴史博物館で本物を見たが、金銀のきらびやかな器で、取っ手もありビールジョッキに似ている。これなら「まあいいから飲もう」といった豪快な雰囲気がよく似合う。別れの「サカヅキ」の湿っぽい感じとは大ちがいである。

西安の友は口ヒゲをこすりながら最後の一杯を飲み干し、「サヨナラだけが人生だ。桜が咲くと故郷の飯田の町を思い出す」と言い、私にザクロの実の入った袋を差し出した。

＊

中国には歴史ある景観が比較的残されているというが、実際に現地に行ってみると有名な庭園が高層建築群に囲まれてしまっており、呆れ返って言葉が出なくなることがある。時代によって大きく変貌した風景や町に愕然とするばかりである。古都西安も同じように写真で見たのとまったく風景が変わっている。

「灞橋《はきよう》のたもとまで」

「……」

ホテルの横に並んだ早朝のタクシーの運転手は疑い深い表情をして私が手渡した紙を一瞥すると、老眼鏡を胸のポケットから取り出した。

灞橋は西安市郊外東に十キロ走った灞河にかかる二千年の歴史をもつ橋である。古くから西安に通ずる軍事上の要所でもあった。黄河の南、洛陽からの極めて重要な交通の命脈であり、唐に向かう遣唐使が幾度も渡った橋であった。

逆に長安（西安）から東へ向かう時には、この橋が送別の場となった。官吏、客人、親戚、友人、恋人と、さまざまな人々が離別した涙の橋である。当時の別れは永遠の別離だ。つらく、いつまでも去りがたいものであったはずだ。

灞橋は昔から銷魂橋（悲しみの橋）と呼ばれていた。川の土手を守るために多くの柳が植えられ、別れの時にその柳の枝を丸い輪にして手渡した。中国語で、「柳《リウ》」はとどまってほしいという意味の「留《リウ》」と同じ発音。さらに輪（環《ホワン》）にして渡すのは戻ってほしい「還《ホワン》」という願いが込められている。

西安のタクシーは中国の中でも乱暴な運転で有名である。市内の中心地を囲むように城壁があるため常に大渋滞を起こしている。少しでも車が円滑に進むようにと一方通行が大

きくとられ、大まわりをすることとなる。だからタクシー運転手と客は「もっと近い道で行け」と喧嘩が絶えず、運転手もしだいに荒々しくなってくる。

「何しに？」

「旅行」と答えると、しばし沈黙し、「あんたは何人？」ぼそりと口にした。ほんの数年前に西安では大きな反日運動がひろがり、日本の企業や百貨店への放火や略奪、日本車の破壊があった。

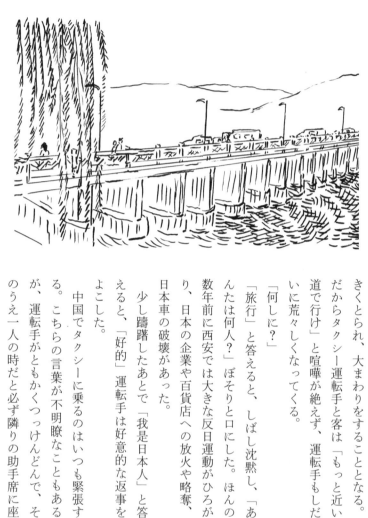

少し躊躇したあとで「我是日本人」と答えると、「好的」運転手は好意的な返事をよこした。

中国でタクシーに乗るのはいつも緊張する。こちらの言葉が不明瞭なこともあるが、運転手がともかくつっけんどんで、そのうえ一人の時だと必ず隣りの助手席に座らされるのがいっそう苦痛である。

行先を告げる際は、乗る前に予習して「☆○×路の△◎路」と交差する路を言うか、わかりやすい地図を見せる。有名なホテルだからと思って名前を口にしても、「没有」と言われる。中国のホテルはしょっちゅう名前が変わったり改築されたりするので、運転手も覚えていられないのだ。

早朝六時ではまだ道は混雑しておらず、十分もかからず灞橋に着いた。当たり前だが、周囲の風景は唐の時代とはまったく異なっている。『中国歴史名勝図典』(瀧本弘之編著 遊子館)の橋の絵のコピーを持ってきていたので、取り出してぐるりと見くらべてみた。

私は中国風の絵を描く時にはいつもこの図典を参考にしている。古の時代がこまやかに描かれた木版画には悠久の時が流れているのが感じられていい。写しているといつの間にか時を忘れ心が静まる。

こういった古い絵は写真と異なり、重要なものを「ここに注目してください」とばかりに大きく誇張して描いている。歴代皇帝がまわりの臣下とくらべてことさら大きく描かれているのがいい例だ。そして見る者に幻想を抱かせるように、川はうねり山は力強く天につきあげている。江戸後期の偉大なる画家谷文晁が影響を受けたのも、この中国名勝図からだ。

絵はあまりぴっちり正確に描かれていては見ていて疲れるものである。とりわけ風景は雲によって隠し、曖昧にするほうが旅情を誘う。見る者の美意識、空想、憧憬をかきたてるのもひとえに雲の描写による。

さて、図典からまわりの風景に眼を移すと、なんともうれしいことに下調べで読んだ本のとおり、ひとかかえもある柳の木が川べりに整列するように並んでいた。

漢詩の本を開くと、別れの場面に柳が出てくることが多い。柳の枝を折って手渡すことを「折楊柳」という。

尊敬する石川忠久氏の『新 漢詩の風景』『新 漢詩の世界』（大修館書店）の中に、柳について丁寧な説明がある。別離の餞《はなむけ》に柳を渡す風習は、もともと古代の迷信か習わしからきたのだろうという。

王之渙の「涼州詞」には「羌笛何ぞ須《もち》いん楊柳を怨むを」とある。敵である羌族の笛は、別れの曲「折楊柳」を悲しげに奏でているが、こちらはすでに戦意喪失、もうそんな笛を吹くことはない、という意味だ。李白も「労労亭」という詩の中で、「春風別れの苦しきを知り　柳条をして青から遣《し》めず」と別れのつらさを詠じた。

「春風も、人の別れのつらさを知ってか、柳の枝に青い芽を吹かせようとはしない」

眼の前の柳も、まだやっと小さな芽をつけただけで、細い鞭のような枝が垂れ下がっている。李白の詩のように、柳を折ろうとしてもまだ青く芽吹いてはいない。

灞橋は自然の氾濫により幾度も壊されては造られ、また破壊されてきた。橋の位置もその都度変更された。渡し船に臨時の木橋を架設するなど、四苦八苦の橋であった。現在の工事で橋脚をがっしりと保護された姿は六十年前に造られた。幅十メートル、総延長三百八十九メートルで、橋のたもとにある石碑にその歴史が書かれている。

あたりの風景の写真を撮っていると、運転手が近づいてきて、橋を背に写真を撮ってあげようか、と言って記念写真を何枚か撮ってくれた。その画面を見て、すっかり髪が白く背中が丸まった自分の老いに哀しみを感じた。

運転手に図典のコピーを渡すと、あたりを見渡しただけで、相変わらずむすっとした顔をしている。中国の運転手は本当に無愛想である。各地でタクシーを利用したが、これまで笑った顔を見たことがない。この人も夜の屋台で白酒を飲む時だけ「最近の西安の車の多さはやってられないぜ」とこぼし、諦め気味に笑うのだろうか。

柳が青々と芽吹く頃はもっと美しく見えるのだろうが、今は寒々とした景色である。王維の「元二の安西に使するを送る」という詩も、親しい友の旅立ちに柳の枝を贈っている。橋に立つとあの時代、あの風土がふと目に浮かんでくる気がする。こんな時に旅に来たこまやかな喜びが一瞬さっと体を包む。

渭城朝雨潤軽塵　　渭城《いじょう》の朝雨軽塵をうるおす

客舎青青柳色新　　客舎《かくしや》青青柳色新たなり
勧君更尽一杯酒　　君に勧む更に尽くせ一杯の酒
西出陽関無故人　　西のかた陽関を出ずれば故人無からん

十時にはホテルに戻らなくてはならなかった。市内見学のバスツアーに参加したあと西安駅に行き、鄭州に一泊して翌日東京に帰ることになっている。

帰り道、遠くに秦嶺山脈がかすんで見えた。主峰の太白山は三千七百六十七メートルで雪をかぶっている。富士山と大して変わらない高山なのに、あたりの峰々が連なっているため独立峰の富士山のように大きくは映らない。西安の冬の寒さは厳しい。山麓には初夏まで雪が残る。「太白積雪六月天」と言われ、古氷河跡や万年雪もある。

黙って秦嶺山脈を指さすと、運転手もじっと見つめていた。

まだまだ出勤時間前なので道は空いており、八時ぴったりにホテルの前に着いた。メーターどおりの料金なのでうれしくなり、多めのチップを渡すと、運転手の顔がとたんにほころび、あけっぴろげな笑顔がのぞき握手を求めてきた。

西安に何度か来ていながら、思い出に残ることは取るに足りないことばかりだ。旅の本質は刹那的である。だが、あの運転手の埃っぽいごつごつした手の感触だけはまだ消えていない。

III

光を描くひと

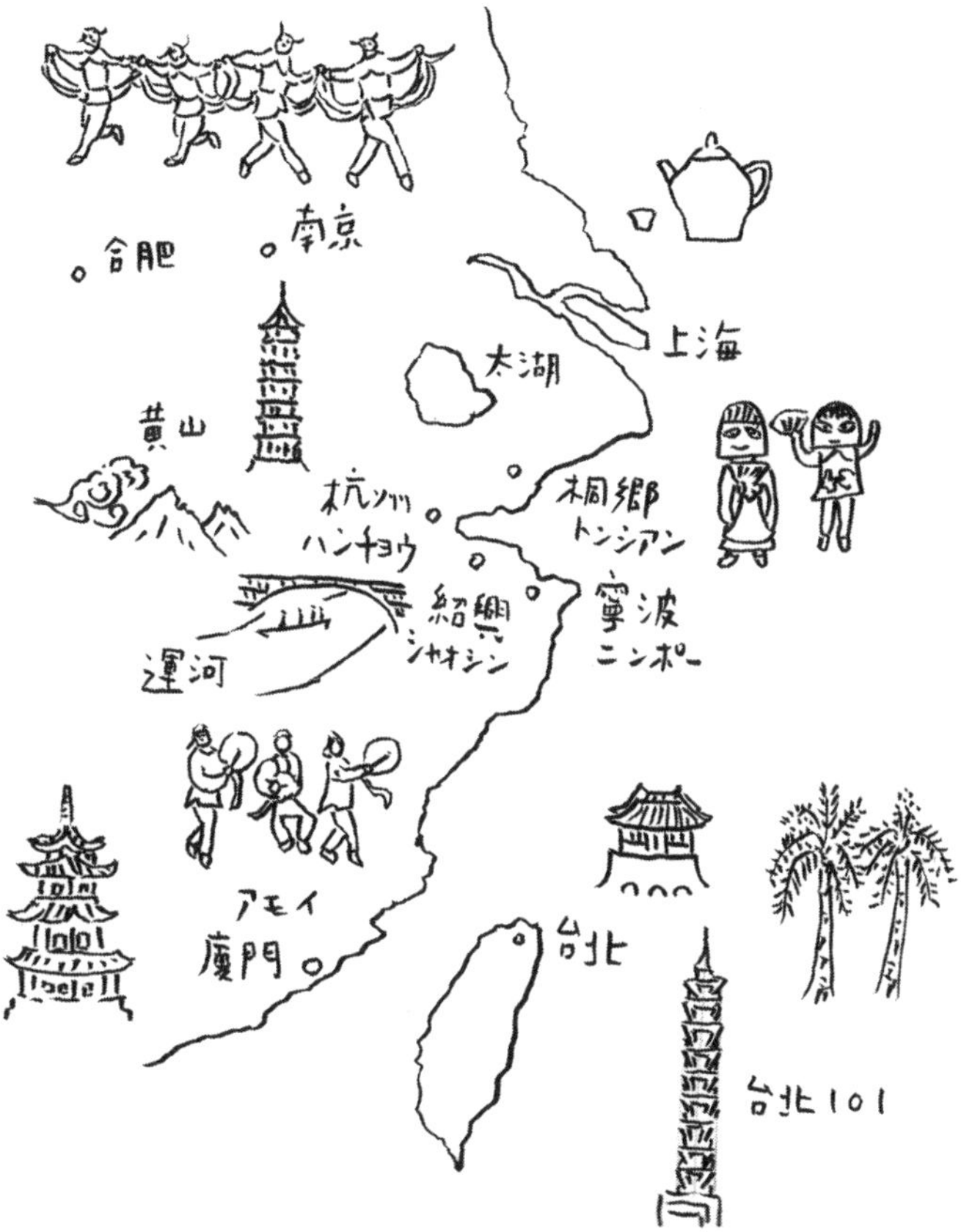
南京
合肥
上海
太湖
黄山
杭州
ハンチョウ
桐郷
トンシアン
紹興
シャオシン
寧波
ニンポー
運河
アモイ
廈門
台北
台北101

豊子愷を知っていますか

豊子愷《ほうしがい》（一八九八～一九七五）は中国近代の漫画家、作家、翻訳家で、一九二一（大正十）年二十三歳の時に日本に十カ月の短期留学をした。その時に学んだ日本の文学、絵画、音楽から多大な影響を受けた。

留学中は暇ができると絵の展覧会を見たが、油絵や洋画には心が動かされなかった彼が本当に感動したのは、竹久夢二の絵であった。

もっと長期の留学をしたかったが、家の経済的な理由で許されなかった。失意のまま故郷の浙江省に戻り、中学校で図画と音楽の教師になり、空いた時間は自分の好きな絵を描いていた。それは夢二の抒情的な雰囲気の絵に近かった。この独特な絵はちまたでたちまち評判になった。

二十七歳で最初の翻訳作品や『子愷漫画』を出版した。ひとコマ漫画を「漫画」という言葉で中国にひろめたのも彼である。やがて『源氏物語』や夏目漱石の『草枕』の翻訳と本格的に活躍を始める。

日本では豊子愷の名はそれほど知られていないが、立派な研究書が何冊も出ている。『豊子愷研究』（楊暁文著　東方書店）、『中国文人画家の近代』（西槇偉著　思文閣出版）、『響きあうテキスト』（西槇偉著　研文出版）。これらの本を開くと時代背景がよくわかる。さらに『中国漫画史話』（毕克官）、『中国の風刺漫画』（陶冶）、『中国のマンガ〈連環画〉の世界』（武田雅哉著　平凡社）などの近現代の中国の漫画についての本に豊子愷の名を見つけることができる。

しかしその全貌がすべて現れたのはごく最近、二〇一五年から刊行された『豊子愷児童文学全集（全七巻）』（日本僑報社）によってである。思いもよらない結末が待っている数々の児童文学作品、ふんだんに使われている漫画、挿絵に、現代に生きる子供たちも思わず虜になるはずだ。絵に現れる中華民国時代の子供の姿も魅力的である。

中国に頻繁に行くようになっても、私は豊子愷の名をまったく知らずにいた。ある日、私のスケッチ帖を見た北京の作家が「おたくの絵にすごく似た画家が中国にいるよ」と言った。名前は中国簡体字で「丰子恺《フンズイカイ》」と書く。そして何度目かに北京で会った時に彼は六冊一組のどっさりした『護生画集』（新星出版社）をかかえてきた。そこには愛らしい子供たちが走りまわっている絵が木版画を思わせる太い墨一色で描かれていた。

中国とのかかわりが深まるにつれ、私の画もしだいに中国風というのか、知らぬ間に豊子愷の影響を受け、時おり意識して模写もするようになった。そして北京や上海の大型書店に入るたびに、豊子愷の作品集を購入していた。筆で描かれた絵はやわらかくやさしい。親子やいたずらする子供たちの姿がなんともいえず微笑ましい。魯迅の本の挿絵を見た時、その力量に思わず感嘆の声をあげた。絵の中に文字が入っているのも魅力的であった。


豊子愷の父親は科挙に合格するほどの頭脳の持ち主で、彼もまた成績優秀な子であった。小学校の卒業まで首席で通した。その頃のことを「昔の話」という文に書いている。「在校時にはひたすら勉強して、まじめにすべての授業に出たけれど、百点をとること以外、なんのたくらみも欲もなかった。一番の成績でその学校を卒業したのに、私はまったくの子どもで、家や世の中のことや、自分の将来にさえ、なんの興味もなかった」

年譜を見ると、十五歳の時に県の小学校の統一試験が行われ、採点係の徐教官が豊の文才を認め、なんと娘を嫁にしようと申し出たのだ。豊家は家柄や身分が釣り合わないとあわてて辞退したが、仲人を立てて再三求められ、やがて承諾。婚約し、晴れて二十一歳の時に結婚した。その後六人の子宝に恵まれ幸せな生活を送る。

教育の道に進もうと師範学校に三位で入学したものの、やがて絵の方向に惹かれ、「おまえの絵の進歩は早いな！」と先生に励まされるにいたる。その言葉に「晩春の柳絮が急激な東風に吹かれたように、大きな感銘を受けた」。

そして学業をさぼり写生ばかりに時間を費やし、師範学校生としての能力を著しく欠くようになり、ついには念願の教師にもなれなかった。卒業した年に結婚したが、県内の代用教員としてふらふらしていた。

母から職に就くよう諭されたが、絵を諦めることができず、上海で暮らすことになった。

「田舎はのんびりして見え、じつはとてもごたごたしている。逆に、上海はごたごたして見え、じつはとてものんびりなのだ」

と、上海で自由な空気を満喫しながら絵の世界に入っていく。

豊子愷の故郷は運河によって交易が栄えた町である。元代に完成した京杭大運河は一般に大運河と呼ばれ、北は北京から南は杭州まで約千八百キロ、主に江南の米を華北に運送するために造られ利用された。万里の長城と並ぶ中国二大土木工事である。

幅は六十メートル前後、現在も地元では大いに活躍している。私はこのケタちがいの運河を前々から一度は見てみたいと願っていた。

豊子愷のことを教えてくれた作家に記念館のことも教えられたが、一人で行くとなると、なかなか決心がつかない。この秋の上海の旅にようやく石門鎮にある記念館の訪問を入れた。

記念館や美術館は月曜日や火曜日が休館日であることが多いので、日曜日に行くことにした。帰りに杭州をまわろうと考え、適当に宿を探し、泊まりも念頭に入れる。日曜日の夜はどのホテルも満室ということはなく、必ず部屋が空いているのをこれまでの旅行で経験していたので、「豊子愷記念館行き当たりばったり旅行」の気分で、まず起点となる上海に入った。

ただ、もしかしたら工事中や土壇場の休館の恐れもあるので、記念館に電話をかけてみる。緊張しながら中国語で尋ねると、なんとも明るい女の声で「朝八時三十分から四時三十分まで。年中無休で無料」と頼もしい。

地下鉄で三十分かけて虹橋駅に向かう。動車組の切符売場まで歩いていくが、あまりの駅の大きさにおののく。まるで空港のように広く、切符売場の窓口に並ぼうにもしばし深呼吸して気持ちを整えてからでないとめげそうになる人の列である。

虹橋駅は南の広州や成都の出発点になっている。中国人はとにかく声が大きいので、列に並んでいるだけで頭が朦朧とし思考が止まる。切符に乗客の名前を印字するため時間もかかる。外国人は旅券、現地の人は身分証明書の提示が必要なのだが、窓口でこれは偽の証明書だなどといざこざが起きたりもして、三十分も並んでやっと自分の番がやってくる。

「九時四十分。二等片道」大声で宣言する。改札口で所持品と荷物の検査が二回あることと、たじろぐほど人が多いことを考慮に入れると、出発の一時間前には切符を手にしたい。日本の新幹線乗場のほんわかした気分で行くと乗り遅れる。

上海から豊子愷の記念館までは約百二十キロ、東京から沼津といった距離だ。中国新幹線の運賃は三十九元、日本円にして七百円と極めて安い。

深圳行きの列車の座席に腰を落とし、やれやれと手描きの地図をひろげた。桐郷からのバスの作戦を練っていると、隣りに座った強烈にニンニク臭い親父がバナナを出してすすめてくる。手を振って断るが、足もとに置いた鞄を開けてたっぷりあるバナナを見せ、遠慮するなと言う。仕方なく一本もらうと、もう一本もとしつこい。

「どこまで行くのだ」「桐郷」と答えると、そこにはバナナは植わっているかと訊いてきた。「多分ない」と言うとうれしそうにいつまでも笑っていた。

一時間ほどして桐郷駅に着き、バナナ親父に「お気をつけて」と言って席を立つと「お元気でな」と意外にも紳士的に手を振ってくれた。

駅前は開通したばかりの頃の新幹線岐阜羽島駅のごとく広大な空間がひろがっており、屋根の尖った大きなホテルが建っているだけである。

バス乗場はどこかなと広場の外に出ると、白タクの兄ちゃんが通せん坊をする。「どこに行くのだ」「烏鎮か」と両手をひろげ迫ってくる。運河で有名な烏鎮は古い町並みが人気である。無視してバス乗場を探すが、タクシー乗場以外、人影もまばらだ。暇そうにしている本物のタクシーの運転手に「石門鎮へ行くバスはどこにありますか」と尋ねると、どう見ても市内行きの小型バスを指さし「あれだ」と言う。不審に思って聞き返すと、その十六人乗りバスに十分ほど乗って長距離バス発着場に行き、そこで乗り換えろということのようだ。

十人ほどの客を乗せた小型バスに二元払って乗り込み、殺風景な風景を眺めているうちに、大きな屋根のバス発着場に到着した。ずらりと並んだバスの案内掲示板を必死に調べ

「石門鎮」の文字を発見する。指で下車する地名を確認すると、そのものずばり「子愷路同徳路口」の文字を見つけた。

「ここのバスは豊子愷記念館に行くのですね」紙を見せると、近くにいた女性が「そうだ」と力強く答え、あと十五分で発車するとうれしいことを教えてくれた。ここまで来ればもう大丈夫。三十分ほど走れば、ついにあこがれの記念館に行ける。

*

桐郷を出発したバスの窓から、いくつも重なるように走る細い水路が見える。からりと晴れた秋空の下、千葉の佐倉に似た田園風景がひろがっている。しかしバスの中に流れる音楽のうるさいことといったらない。さらに隣りの婦人は携帯電話で長々とがなるように話している。

中国人の声が大きい原因の一つは、常にこんな騒音に慣らされているからではないだろうか。なぜバスの中で甘ったるい中国版歌謡曲を最大に近い音量で乗客に聞かせなくてはならないのか、まったく理解できない。これは単に運転手の好みの音楽なのだろうか。

騒がしい車内で、私は降りるべきバス停を必死で確認していた。手に握ったメモには「子愷路同徳路口」と記してある。

乗車する時にメモを見せて運転手に確認したので間違いないはずだが、見知らぬ風景の中を運ばれていくのはいつも不安が残る。芥川龍之介の「トロッコ」の少年の気持ちがよくわかる。

「次だよ」運転手は振り返って手をあげ、合図してくれた。走ること三十分をこしていささか疑心暗鬼になっていたので、ホッと胸をなでおろす。

席を立とうとすると、前の青年が私の足もとを指さして、「鞋帯《シエダイ》」と言った。履いてきた黒いスニーカーの靴紐がいつの間にかほどけていたのだ。

靴紐を結びなおして下車し、バスの窓を見上げると青年と眼が合った。手を振って謝意を表すと、相手も笑ってくれた。


石門鎮は地方の小さな町だと思っていたが、降り立ったのは予想外に大きな五階建ての建物が並ぶ大通りであった。珍しい丸屋根の建物を見上げて体をのばす。バス車内の歌謡曲の爆音から解放され、あたりはことのほか静まり返っている気がした。運河を渡って吹いてくる風はまろやかな水分をふくんでいるようだ。

バス停の前に雑貨店があり、エプロンをした女性に豊子愷記念館の紙を見せると、「この大通りを渡って数分歩けば、すぐに見つかるさ」と指さして教えてくれた。

細い道の両側には平屋建ての家が続き、店の前には暇そうな親父たちが、さんさんと降りそそぐ秋の陽の下でトランプ遊びに熱中していた。細い水路の橋を渡ると、放し飼いの犬が何匹も昼寝をしていた。その横を足音をたてず、そっと歩いていく。寝ているように見えても、犬どもには異国から来た人間のにおいがわかるのか、素早く起き上がり、油断しているとかみつかれることがあるのだ。十年ほど前に何度かネパールのトレッキングに出かけた時、そんな犬たちに吠えられ追いかけられた。

公衆便所の横を通ると、記念館の立派な看板が目に入った。そこの角を右に曲がると運河にかかる橋が見えてきた。名もない橋の欄干にずいぶん立派な獅子の頭像がのっている。中国人は橋に対してとりわけ思い入れがあるようだ。

橋を渡ると記念館はすぐ眼の前にあった。真っ白い石灰が塗られた壁が黒い大きな屋根を支えている。敷地は二百坪くらいだろうか。建物を包み込むように茂った樹々が陽を反射して明るく輝いている。秋の穏やかな影がのび、記念館全体がまぶしい。

静まり返った室内に入ると、受付で大学生風の女性が「お名前を」と記帳簿を指さした。

簡体字で名前と住所を書く。「日本人」と驚いたように言うので黙ってうなずくと、「どうぞどうぞ」と二度くりかえした。

本館の入口に細い芝を敷いた中庭があり、豊子愷の銅像があった。これまで写真で見てきたとおり、メガネをかけて白い鬚をのばした姿だ。芸術家は籐の椅子に座り、本を手に少し厳しい表情をして遠くを見つめている。着ているのは足もとまで身を包む長い中国服である。台座には「人生短藝術長」豊子愷（一八九八－一九七五）と刻まれていた。

もともとこの建物は「縁縁堂」と名付けられた豊子愷の住居兼書斎である。

三十五歳の豊子愷はすべての教職を辞し、世俗の煩わしい事柄から離れて故郷に帰り、創作一本で暮らしていく決心をする。何の束縛も受けない筆一本の文筆活動をするために、自分の趣味を盛り込み、多額の経費を注ぎ込んで理想の家を設計し造りあげたのだ。

薄暗い展示室に足を踏み入れると、豊子愷の藝術人生が丁寧に紹介されていた。始まりは日本に留学した時に影響を受けた竹久夢二の拡大された絵に、『出帆』の単行本。そして運河の近くで過ごした少年時代の写真が数葉あり、色のついた絵の拡大印刷物が並ぶ。

建物の中は無骨なまでに重厚な材木が使われ、二階に上がる階段の板の厚さに目がとまる。

人影の見えない室内には静寂が流れていて、自分の足音にはっとする。しかし愛らしい子供たちの絵のためか、全体の空気はふんわりとあたたかい。原画に顔をぴったりと寄せ、絵を上から下、左から右にじっと見つめる。

印刷された挿絵とはちがい、原画には墨のかすれがわずかに見える。集中して筆の動きに眼をこらす。ためらい、手が止まるとその跡がわかる。印刷された出版物では見られない画家の心の迷い、戸惑いが原画からは見てとれる。

展示された絵にはどれもまったく修正がなく、絵を描く構えは幼い子のように純真で、清らかでさえあった。本で何度か見た、一家で引っ越しをする絵に顔を近づけ、一人感心する。

そしてまるで絵と同化するようにゆっくり歩調を合わせて次の絵に進む。こんなに時間をかけて一枚の絵の前にいることは珍しい。ふだんの美術館では、ほとんど急かされるように絵の前を通り過ぎていくだけだ。窓から入るやわらかな影が少し動いている。おそらく二度と来ることはないから、時間をかけて次の絵に移る。

もう一つの展示場には、中国で現在活躍する漫画家の作品が飾られていた。ほかの漫画家には興味がわかないので、もう一度戻る。


膨大な数の絵を描いてきたのに、展示されている原画の数が十二枚とはいくらなんでも少ないのではないかと嘆く人がいるだろう。その原画の多くは無念にも燃えてしまったのだ。三十九歳の豊子愷はやっと生活が安定し、縁縁堂にて初めて訪れた明窓浄机の日々の中、六人の子女に囲まれてじっくりと執筆に専念できるようになった。だが日本軍がしかけた戦争が、つかの間の幸せを、すべて消滅させてしまったのだ。

一九三七年七月、北京郊外盧溝橋での衝突を発端に、日中は全面戦争に突入した。八月には戦火が上海に飛び火し、十一月六日、皮肉なことに豊子愷が書斎で『漫画日本侵華史』を描いていた頃、日本軍の爆撃機が非武装の石門湾を急襲し、百人あまりの死者を出した。そのうち三十二人は即死だった。

『豊子愷研究』の年譜を追うと、この前後のことが詳しく書かれている。縁縁堂の裏手でも爆弾が炸裂し、あたりは死の街となる。豊子愷夫妻は着の身着のままで老人二人と子供六人を連れて近郷の親戚のもとに身を寄せた。戦火に追われ、各地をまるで放浪するかのような逃避行は八年にわたり続いた。

残された貴重な原画、書物はすべて焼失し、ふたたび縁縁堂が復元再建されたのは一九八五年、あの戦火から四十八年も過ぎてからであった。豊子愷は一九七五年に亡くなったので、この建物を見ることはなかった。

これまで私は豊子愷の人物に関して表面的なことしか知らなかったが、こうして原画を見つめていると、絵からにじみ出てくる深い哀感に震える。もう一度二階に上がっていくと、明るく降りそそいでいた陽が傾き、窓からの影も弱くなっていた。だが建物、掛け軸、椅子や机など展示物のすべてが私には輝いて見える。

ふと振り向くと、丈の長い白い服をまとった豊子愷が部屋の隅に微笑んで立っている感じがしてならなかった。

豊子愷記念館に来てあらためて実感したのは、残されたものから伝わる画家の人柄である。仕事用のがっしりした机、椅子、寝台、オルガン。古めかしい石油灯、淡い色の電気スタンド、使い込まれた文房具に筆類、双眼鏡、本棚と、間近で見ていると時がたつのを忘れてしまう。どれもこれも質素だが丹念に選ばれ、間に合わせに買い求めたものはないという印象を受ける。

*

これらの展示品は戦後、上海で使用されたものが運ばれてきた。

本棚には夏目漱石の全集がずらりと並んでいた。おそらくこれは内山完造の『花甲録』(岩波書店)に出てくるあの全集のはずである。「豊子愷先生」という章に、本屋と作家のあたたかな友情が語られている。

ある日、豊子愷が漱石全集を求めて上海の内山書店を訪ねてきた。三冊欠本のものを買い、「欠本の補充が出来たら送って下さい」と法幣十七万元を置いていった。その後欠本の一冊が出てきたので、内山は石門湾の先生の家へ郵送した。代金は一万元と書いた。すぐさま先生から書留郵便が来たので封を切ると、なんと十万元も入っている。手紙には「あの全集はあまり安すぎますから、ここに十万元送りますからどうか受けとって下さい」とある。

内山はこのお金を受けとっていいものか悩み、何度も手紙を読み返した。そのうちに、はっと気がついた。先生は自分が一人で苦しい古本屋を経営しているのを見て同情の念にかられたのにちがいない。かといってただお金を送るのではこちらの面子をつぶすことになる。それで欠本の代価に十万元を払ったのだ。「私の涙は止めどもなく流れて来るのであった。豊子愷先生のその思いやりは日本人中には滅多に見られないもの」と内山は書き記している。

後に、豊子愷と何年かぶりに再会した内山がそのことを話すと、「あの漱石全集は（略）貴方の記念として大切にして居ります」と答えたという。

中国の旅を重ねるうち、「中国」という語の入った本を書店で見つけると落ちつかなくなり、すぐに手をのばす。『中国人、「食」を語る』（近代文芸社）は中国の各界の人が食に関して書いたアンソロジーだ。その中に「スイカの種を食べる」という頁があり、非常に納得した。「スイカの種を食べることを発明した人は、まさに偉大な天才だ！」と書かれていた。たしかにスイカの種を食べはじめると「やめられない、止まらない」。そして中国の駅の待合室に入ると、皆さん「ガリッ」「ペッ」とくりかえして、スイカの種が入った袋を手に宙を見つめている。私たち慣れない日本人がこれをまねると口の中で殻と実を分離できず、唾液と一緒に実を吐き出すはめになり、まともに味わえない。この文章を書いた人の名は忘れていたが、スイカの種の話はいつも頭のどこかにあった。「スイカの種」を書いた作家が豊子愷だと判明したのは、昨年の秋だった。

浅草からスカイツリーのお膝元の商店街へと歩いていたら、古本屋の看板が目に入った。細長い店を奥のほうへとにじりよっていくうちに、パラフィン紙に包まれた豊子愷の『縁縁堂随筆』（吉川幸次郎訳）に目がとまった。昭和十五年発行で創元支那叢書とある。目次の最初にあの「西瓜の種を食べること」があった。そうか、「スイカの種」はこの作者だったのかと確認した。

粗悪な仙花紙なのでところどころ虫くいがあるが、葉書や本の売上補充短冊まできちんと入っていて二千円。下町の絵を描いた画集とともに購入し、すぐに読んでみたくなって近くの喫茶店に入った。開いてみるとこれが実に心和ませる楽しい話ばかりで、つい読みふけってしまった。筆で描かれた口絵にも心惹かれた。

「山中の雨宿り」の話がしんみりさせられる。ある日、二人の娘と西湖の近くの山の中へ遊びに行くがあいにくの空模様で大雨に降られ、茶店で雨の止むのを待っていた。すると店の親父が胡弓を弾きだした。でも音程が正確ではない。しばらくすると音は止まってしまった。音楽教師をしていた彼はバイオリンやピアノが弾けた。胡弓を借りて弾きだすと、二人の娘が喜んで歌を合わせはじめた。そのうちに村の青年たちも現れ、いっせいに歌いだした。やがて雨も止み帰ろうとすると、村の青年たちが別れを惜しんで見送ってくれる。本人も名残惜しい思いをする。短い話だが読みながら心あたたまり、思わず涙が出そうになった。

訳者の言葉として、吉川幸次郎は「最も芸術家らしい芸術家だと思う。それは氏が多才多芸であって、ピアノをひき、漫画を描き、随筆に工《たくみ》だからではない。(略)芸術家らしい真率さを、万物に対する豊かな愛を、更にまたその気品を、気骨を、愛するからである」と述べており、本を読み終わって「そのとおり」と珈琲をひと口飲んだ。

記念館の中庭に二階まで届く大きなバナナの木が植わっている。このバナナは戦災でも生き残ったものなのだろうか。先端から長大な葉が垂れ下がっている。豊子愷の絵にはよくバナナの葉が登場し、見るたびに亜熱帯地域の風景と重なる。彼の絵は人物に特徴がある。人がよさそうな大人たち、何気ない季節の風景やいたずら好きな子供の動きを的確にとらえ、背景はあまり細かいところまでは描かない。ただし樹木に対しては丁寧に画面の左右のどちらかにぴたりと収めている。

豊子愷は山水画系統の絵があまり好きではないと語っている。中国で絵を志す者は清代に著された絵手本『芥子園画伝《かいしえんがでん》』を横に置き模写するのが習いだ。水墨による柔らかい画線で、日本でも江戸後期の画壇に強い影響を与えた。豊子愷は影響を受けるのを嫌がりこの技術書を遠ざけていたが、やがて歳をとるにしたがい、また開くようになった。樹木に関しては『芥子園画伝』をずいぶん参考にしているのがわかる。

私も北京の古本屋で買った『芥子園画伝』を花の絵を描く際によく参考にしている。たとえば梅の花を描く時は老枝と若枝を注意して描き分け、自然の気と自分の気迫を一致させろ、花を重ねる時は「品」の字の形にしろ等々、教えが続く。

そのバナナの木の近くに、日本人が能天気には見られない貴重なものが展示されている。一九三七年十一月、日本軍が爆弾を落としたその日の前まで門に使用されていた太い木の残骸で、豊子愷の兄が保管していたものだ。真っ黒に焼け焦げた門が今も「あの戦争を忘れるな」とドンと置かれている。

中国を旅しているとこういう性質の、ぐいと襟を摑まれ立ち止まらざるをえないものに、しばしば出会う。焼け焦げた門に両手を合わせ、そっとその場を離れた。

記念館で何よりうれしかったのは、画集のほかに絵葉書、トランプ、封筒と豊子愷の絵が入ったお土産品がたくさんあることだった。本や画集はほとんど持っているので、こまごましたものを山のように買ってしまった。

七十歳をこえ、おそらくもう一人で来る気力はないと思うと、一抹の哀感がただよう。あれもこれもと紙類の品が欲しくなり、受付の人が呆れるほど袋に入れてもらった。

後ろ髪を引かれる思いで記念館をあとにし、運河のまわりを散歩して帰ることにした。

この一帯は自然の水系と人工的な運河を使い、水上交通が活発だった。豊子愷の随筆にも船の話や風景が出てくる

運河のまわりには石段があり、住居と水面を結びつける小さな埠頭がいたるところにある。昔はここで物売りの船から野菜や米、日常品を買っていた。運河沿いの道を歩いていると、日本の川とはちがった景観や暮らしが垣間見られる。

水路が交差するところに町の中心ができる。橋を利用した建築もある。橋梁と住居の壁が一体となり、橋を二階に上がる階段として利用しているところもある。土地が狭いので中庭を小さくとり、そこに洗濯物を干したりする。

車の発達により水路は衰退してしまったかのように思われているが、橋のたもとに座って眺めていると、平底の小型船を幾艘も綱でつないだ船が次々に通り過ぎていく。

千葉の高校生時代、美術クラブにいた私は、休日になると橋の絵を描きに出かけていた。千葉港に流れる都川にかかる「君待橋」を何枚も水彩で描いた。名前は情緒的だが、どこにでもある形の橋で、奥に県庁や官庁街もあり、その風景も写生していた。

スケッチ帖を小脇にかかえ、水彩道具の入った袋を肩にかけ、気分は悩める芸術家気分にひたっていた。もっとも仕上がった絵はまるで小学生のような稚拙なもので、人には見せられなかった。また、写実ができず、人物や石膏の素描をしては自己嫌悪に陥っていた。

幼い頃から漫画の絵を写すことが楽しみで、高校生になっても漫画のような絵しか描けなかった。

ある時美術の先生に「将来は美術大学に行きたい」と言った。先生は苦笑いをして横を向き、ひとこと「無理だよ」と冷淡に答えた。自分もそう思い、絵のほうに進むことは断念した。

その先生は眼鏡をかけた小柄な人で、いつも暗い顔をして背を丸め、小さな声で授業をしていた。出来の悪い田舎の高校の教師にうんざりしていたのだろうか。藝大出身だったから、いつの日にか画家として生きていきたいと思っていたのかもしれない。

先生にはいつも暗い井戸の底をじっと覗いているような雰囲気があった。きっと家で自由に一心不乱に絵を描いていたいのだろう。学校を休んでは家で本を読んだり海に行ったりするのに熱中していた私には、先生の気持ちが痛いほどわかる気がしていた。

秋に、上野の美術館の展覧会に先生の油絵が入選したというので、またしても学校をさぼり一人で見に行った。ものすごい数の油絵が並び、先生の作品を見つけるのに苦労した。

先生の心の底の井戸は、赤と黒がパズルのように並んだ畳半分ほどの油絵だった。「都市の孤独」と題名がついていた。

私は「無理だよ」と心の中でつぶやいた。その頃の流行りで美術雑誌によく載っていた抽象画の寄せ集めのようで、絵に個性がまったく感じられなかった。

先生は心の底の井戸を覗いていなかった。深く覗き込めば、きっと見つけられるはずなのに……。

運河を行き交う船がすれちがう時、合図のように小さく「ボーッ」と汽笛を鳴らす。なんとなくその音が愛おしくて、しばらく放心状態で見つめていた。

ふと、先生は心の底の井戸なんか見ないようにしていたのかもしれないと思った。そして私はその高校を出席日数と学力不足のため退学になってしまった。

学校をやめる日、自分が描いた絵を取りに美術部に行くと、先生がイーゼルに手をのばし、「もう学校に来ないのか」と言った。

私が上野に絵を見に行ったことを話すと、眼鏡の奥の眼が丸くなった。「どうだった」「すばらしい作品でした。赤が綺麗でした」「そうかそうか」先生は初めて快活な声を出した。

あれからすでに六十年近くたとうとしているが、私はいまだに自分が何をしたいのかわからず、暗い井戸の底にかすかにでも水がまだ残されているかをいつも探っている。

運河にかかる橋の階段に座って、そんなことをしばらく考えていた。

＊

運河にかかる小さな橋、あたりの樹々に溶け込む黒い屋根と白い壁。豊子愷記念館にいよいよ別れを告げ、来た道を迷子にならないようにしながら大通りのバス停留所に戻る。

中国のバス停には時刻表がない。横に細長く青い樹脂製の表示板があり、行き先はこまかく書かれているが、到着時刻の記載は一切ない。ただし始発六時三十分、最終十六時三十分とだけは明確に書かれている。

なぜ午後の四時三十分という早い時刻にバスが終わってしまうのか誰も疑問に思わない

のだろうか。近くの人にこのバスの不条理について質問してみたかったが、「日本人には関係ない」と言われればおとなしく引き下がるしかない。私をふくめ四人の客は「来るまで静かに待て」という社会主義国家の姿勢を崩さず、じりじりと足踏みして待っていた。

腕時計の針は四時十五分を告げている。じっと沈黙したままあたりのビルを眺めていると、膝の高さくらいの位置に水が流れたような染みがくっきりとあった。「あれは水路があふれて水没した跡にちがいない」そう思ったが、それを人に聞いてどうなるものでもなかった。

最終バスがやってきたが、満員のためドアの前で押しくらまんじゅう状態である。「もっと詰めろ」と紺の作業着の親父が腕をあげて怒鳴っている。やっとのことで乗り込むと、上下そろいの運動着姿の男女高校生でぎっしりであった。

十分ほど走った安光小学校前というところで、むさくるしい高校生たちは一人残らず降りていった。きっと小学校で秋の行事の練習でもあるのだろう。しかし最終バスがすでに出てしまっているのに、あの高校生たちはどうやって帰るのだろう。

一気に空いた車内でうとうとしかかるも、無事に桐郷の長距離バス発着場まで戻り、そこからタクシーで駅まで向かった。

窓口は相変わらず混雑している。なんとか「杭州まで一枚」と申し込むが、二時間ほどあとの便しか空いてなかった。迷っていると「ハイ次の人」と言われてしまうので、「好」と言ってすばやく旅券を取り出し、切符を発券してもらう。

切符を手にすると、朝から動きまわっていた疲れがどっと出てきた。隣接した建物に食堂があるが、そこまで行く気力もわかない。駅舎は大きいくせに喫茶店などという洒落たものも売店もない。天井だけがやけに高い待合室で、行き場のない人たちはみなスマートフォンを虚ろな眼で見つめ時間をつぶしている。

私はザックの中をもう一度整理し、豊子愷記念館で購入した絵葉書、トランプ、便箋を取り出した。愛しげに見つめていると、隣りの私と同年配の老人が何やらもぐもぐ話しかけてきた。何を言っているのかわからないが、「好《ハオ》」（いいですね）、「可以《クーイー》」（問題ないです）、「対《ドイ》」（ハイ）の三つをくりかえしていれば中国語の会話はだいたいなんとかなる。とりあえず「豊子愷が好きだ」と言って絵を見せると、深くうなずいた。私が杭州に七時三十分の列車で行くと言うと、相手はその二本あとの列車で深圳に帰ると言う。

時間が来たので老人に手を振って別れ、改札口で例によって旅券と切符に印字された名前を確認され、上海虹橋からの列車に乗り込む。車内はびっしり満席状態であった。日曜日なので皆さん遊びの帰りなのだろう、派手やかな百貨店の紙袋が棚の上に重なるように並んでいた。

杭州の駅で降り、タクシーに乗る。予約した西湖のそばの外資系ホテルの名を告げると

「好」と若い運転手は珍しく快活に返してくれる。明るいのはいいが、車の運転も元気いっぱいの超特急で、次々に車を追い越していく。「もっとゆっくり」と言ってもこちらを振り返って笑顔を見せ、さらに速度を上げる始末であった。

杭州には五年ほど前に、上海、杭州、紹興をまわる歴史愛好家のツアーに紛れて二度ばかり訪れたことがある。「上に天国あり、下に蘇州、杭州あり」という有名な句のとおり、西湖のまわりは緑も多く、確かに詩情にあふれている。湖を囲むようにお洒落な料理店も建ち並ぶ。

だが、現地ガイドが湖の遊覧船観光、西冷印社での篆刻、書道、絵画、龍井茶博物館と買物付きの観光コースの押し売りをしてくるのにうんざりし、それ以降は近づく気にならなかった。

今回は孤独な老人の単独行で全身に殺気が満ちているからだろう、ホテルの近くでタクシーを降りても近寄る者はなく、そのままホテルへと入っていった。

高層のホテルから見える西湖は、空がぽっかりと浮かんでいるようだ。料理店で杭州名物の東坡肉と蓮根にご飯の盛り合わせ、それにあんかけの魚を注文する。

一人で食べる夕食ほどさびしいものはない。がらんとした広い客間に悲しげな二胡の音楽が流れている。ゆっくり東坡肉を食べていくが、あれほどお腹がすいていたのに箸が進まない。十年もののほんのりあたためた紹興酒を瓶で頼む。一、二杯飲んで、ようやく身体があたたまって食欲が出てきた。ゆっくり歩いて部屋に戻るが、これ以上飲むと悪酔いしそうなので、瓶を窓際に置いたままにして椅子を運び、窓越しに西湖をじっと見て夜を過ごす。

西湖の近くに建つ中国美術学院は中国でもっとも設備の行き届いた美術大学である。毎年の入学試験には中国全土から九万人が押し寄せる。倍率百倍の競争のすえに選ばれた在校生は約八千人、教職員は千人ほどである。

「伝統が新しいものを生み出す」という思想のもと、中国の歴史的な民族芸術を積極的に推し進めている。北京の中央美術学院と肩を並べる権威ある美術大学である。

西湖の横に本校があり、これから行く象山の大学構内には王澍《ワンシュウ》設計の校舎がある。王澍は中国人で初めて、建築界のノーベル賞と言われるプリッカー賞を受賞した。二〇一二年、四十八歳という異例の若さだ。この時候補に選ばれた寧波の博物館・美術館と同じように、古い材料を使い、要塞のような衝撃的な外観に仕上げている。

建築は建てられた土地から動けない逃げられない。謙虚に作業を続けていかないと、いつかそっぽを向かれる。建築家はその建物が消滅するまで、一生責任を負うことになる。

朝一番に西湖の中国美術学院本館の受付で見学の認可を受けると、504路か287路の市内バスで行くのが便利だと教えられる。象山まで四十分ほどらしい。

朝の渋滞をくぐり抜け、バスを降りるとまず目に入ったのは想像していた以上に大きな灰色の建物だった。写真で見た時とはちがい、三階建ての壮大な建物と、ゆるやかな曲線を描く屋根に圧倒され、一人喚声をあげる。

湖と山からなる風景、湖山半分、都市半分といった地域性の中に、実にうまく収まっていて、まるで何百年も前からそこにあったような印象を受ける。二十棟におよぶ校舎が王澍一人によって手がけられているから、精密で曖昧さがない。

外壁には古い煉瓦、瓦、石、竹といった材料を積み上げる、王澍のデザインボキャブラリーがふんだんに用いられている。

これまで廃棄されていた石、瓦、陶器のかけらは、コンクリートと融合することによって新たな輝きをもって生まれ変わった。布でいえば気に入った古着や端切れを使って新鮮な服を作るようにして、王澍は打ち捨てられていた古い伝統建築を宝の山に変えた。

こういった細かい細工の建物を生み出すには、建築家自ら現場に寝泊まりして張りついていなくてはならない。職人と深く長い話し合いをくりかえさなければならなかったはずだ。

美術大学だけに、すれちがう学生はつなぎを着て、ペンキ屋さんのように絵の具まみれ

であった。こざっぱりした身なりの者は一人としていない。

室内に入ると、外からは無造作に開けられたように見えた窓が、光線の明暗をきっちり計算したうえで配置されていることに驚く。光と影の枝がいきいきとひろがっている。

建築は外部だけ眺めていても価値がわからない。内部に命が宿る。光の効果を利用して明暗を作り出す配慮がないと、のっぺらぼうな空間になってしまう。窓から見える瞬間的な視界も大切である。その名も象の形をした小さな山の一瞬の風景は記憶に残る。回廊、階段、部屋の小さな窓の配置が的確に計算されている。わずかな隙間から垣間見られる外の景色の切り取られ方が絵葉書のようだ。

王澍の建築は「山水画」と言われる。中身の空っぽな現代建築を見せられつづけてきた者にとって、禅のように静かに落ちつく空間だ。

キャンパスの奥には滞在型のホテルも造られている。杭州の新たな芸術空間をめざそうという象山キャンパスの意気込みがひしひしと伝わってくる。

その一つが、道路を挟んだ丘の上の中国美術学院民芸博物館である。こちらは日本の建築の第一人者である隈研吾の設計で、もともと茶畑だった傾斜地に四角形を並べた瓦屋根の家がまるで「村」のように重なっている。

今や「和の大家」と言われる隈研吾の建築は、そこに昔からあったように王澍の校舎に寄り添い、違和感を与えない。江南の伝統的な瓦が渋い光を放っている。

残念なことに休館日で中に入ることはできなかったが、民家の古瓦をふんだんに使い、木のルーバー、さらに鋼線で瓦を吊り、微妙な太陽光を調整する先端技術も用いられている。

王澍と隈研吾の共同制作は、間違いなく訪れた者に忘れることのできない感動を与える。このような二人の建築家の組み合わせは、ふつうでは実現不可能な建築様式かもしれない。中国でも大学といえば四角いビルが重なりあう、無味乾燥な校舎ばかりである。王澍が主任の美術大学の構内だからこそ、夢のようなランドスケープが実現できたのだ。

私が王澍に心底驚いたのは、自分の建築事務所の名前が「业余《イエユイ》建築工作室」となっていることだ。「业余」（業余）とは、「アマチュア」の意味だ。英文では「アマチュア・アーキテクチュア・スタジオ」という。

これまでプロを名乗る建築家が中国で「奇々怪々な建築」を造ってきたことへの強烈な抗議でもある。

＊

杭州から上海に戻り、晩年の豊子愷が暮らした淮海中路の路地を訪れた。

豊子愷がここに住みはじめたのは一九五四年、五十六歳の時である。それから亡くなるまでの二十一年間にこの地で多くの作品・翻訳を完成させた。『豊子愷児童漫画』『石川啄木小説集』『竹取物語』『伊勢物語』『源氏物語』、夏目漱石の『草枕』、最後に『護生画集』と、いずれも後世に名を残す仕事である。

地下鉄10号線の出口を適当に出て、まずはいつものように思案に暮れる。上海は町の核となる中心地が曖昧なためか、いつまでたっても頭の中に絵地図が定着しない。

上海地下鉄に乗ると、体の方位磁針が弱くなり、出口を上がるたびに「ここはどこだ。俺は何をしに来たのだ」とあたりの建物を見ながら四つ角で体をぐるぐるさせることになる。町の歴史が浅く、目印になるような名所旧跡がないのも、迷子になる原因かもしれない。

手にしたメモには「陝西南路長楽村九十三号　豊子愷」と書いてきた。まずは陝西南路を素直に十分ほど歩き、通りすがった子供連れの婦人にメモを見せて「これはどの辺ですか」と尋ねた。「あっ、ここよ」彼女はスペイン風の二階建ての建物を指さした。豊子愷はこの上海の伝統棟割り長屋の「里弄《りろう》」がたいそう気に入り、「日月楼」と命名した。二階の南の出窓から陽光が遮られることなく射し込み、夜は月光が輝く。和める仕事環境にいたく満足していた。

門を入ってすぐ「豊子愷旧居」という銘板のある家を見つけた。小さな庭があり、緑濃く良好な居住環境の風情をかもし出しているが、玄関の前にだらんとしたラクダ色の下着の洗濯物がぶらさがっている。そして、私のことを窓から胡散臭そうな顔をして覗いている親父がいた。

明るい笑顔で挨拶するとガラス戸が開き「なんか用か」と言うが、すでに眼に険がある。「豊子愷の家はここですね。写真を撮らせてください。部屋も見たいです」とお願いしてみたが、「没有」とひとことで窓を閉めて、さらに煮染めたような色のカーテンを閉じてしまった。

こういった訪問の時のために日本から持参の人形型砂糖菓子を何個か鞄に入れてきたが、けんもほろろの親父には効果がありそうにもない。

玄関脇に目立たないようにはまっている銘板をただ眺める。何年か前まではここに豊子愷の娘さんが住んでおり、住居の一部を小さな画廊のようにして絵を展示していたが、体を壊して引っ越していたことは事前に中国のインターネットで調べていたので落胆はなかった。

『豊子愷児童文学全集』のエッセイで「上海とはほんとにおかしなところだ。ごたごたして見えても、住んでみるととてものんびりしており」「ここでは自分でえらんだ習慣によって暮せる」と書いている。田舎に住んでいた時とはちがい、「日月楼」は前後の戸を閉めれば自由で独立した生活空間となるのだ。

その質素だが満ち足りた暮らしを、予期せぬ出来事が襲った。

文化大革命の時にいわれなき弾劾を受けたのだ。入口に掲げられた豊子愷筆の「長楽村」の看板題字をはずされ、さらに「上海文学」に載せた「阿咪《アミイ》」（猫のミーちゃん）という文さえが厳しく批判された。

猫のかわいさは大衆の意見といえるだろう。しかも実際今まで挙げたように、静寂をにぎわいに、つまらなさを楽しさに、悩みを笑顔に変えて、打ち解けあえるように取り持ってくれる。ネズミをとらなくても、人生に貢献しているのである。それならば猫について書くことは、あまり非難されなくてもいいのではないだろうか。猫おじさんは四歳で短い命を終えた。

この文章が曲解され、毛沢東を攻撃しているとされたのだ。六十八歳になる豊子愷は引きまわしての見せしめ、自己批判の強制、上海郊外への強制労働などで蹂躙される。さらに中国美術家協会の全職員が農村へ下放させられた。だが、豊子愷はそこから這い上がり、自らを励まし、生涯の信仰となった仏教の教えを描いた『護生画集』全六集を完成させた。

およそ五十年にわたる歳月をかけた画集を見ると、動植物への愛、親子のやさしい姿がやわらかな筆で描かれ、全身全霊をかけた永遠の美しさがあふれている。三十一歳から七十七歳までの絵をくらべてみると、絵のタッチがほとんど変わっていないところに画家の凄さを感じる。第五集の刊行後に勃発した文化大革命で不自由な身となっていたが、最後の力を振り絞り、地下活動を通して第六集を仕上げた。生前に出版の見込みのないことを予感し、その集にはきちんと頁がつけられていた。豊子愷の死後、親友の広洽法師はその遺稿を手にして泣いたという。

一九七五年、豊子愷は七十七歳でその生涯を閉じた。

この日の上海は抜けるような秋晴れであった。南に位置するためか、空がいくらか朱を流したように明るい。

里弄には玄関まわりを改造した洒落た雑貨店や喫茶店がある。ひと休みしようと長楽村の裏のほうを歩いていると、ひとかかえもある大きな木から青い実が、庭の布テントの上にいくつも落ちている。屈み込んで青い実にさわろうとすると、テントの下の椅子に座っていた主人が「さわるな」といきなり言った。

「この木はなんですか」と尋ねると、「胡桃の木」と返ってきた。差し出したスケッチ帖に「核桃樹」と書いてもらい、青い胡桃の汁が手や服につくとしぶとく消えないと教えてもらった。

「あんたは何をしに来たのだ」と椅子をすすめながら言うので、豊子愷の名を出すと、あそこの家だねと指さしてうなずき、「どこの国の人?」と尋ねてきた。

そして少しここで待っていろと言うと大きなガラスの広口瓶を持ってきて、赤い木の机の上に「どうぞ」と置いた。

なんの味付けもしていない胡桃は素朴な渋味とコクがあった。主人はカニの鋏のような胡桃割り器を無造作に頭にのせ笑っている。

お返しにと鞄の中から日本のお菓子を取り出した。主人は両手をひろげて驚き、部屋に向かって大声をあげると、上下真っ赤な部屋着姿の奥さんが「なんじゃ」と出てきた。和紙で包まれた人形型のお菓子をじっと見つめ「食べていいかい」と言って口にする。「甘い」とうれしそうだ。

お昼時になったので、胡桃夫婦に御礼を言って立ち上がろうとすると、ビニール袋に胡桃を大量に入れてくれた。

もしかしたらこの一帯も再開発の波が押し寄せてくるかもしれない。かつて豊子愷が終の棲家とした場所を、こうして訪ねてこられたのは夢のようなものだ。

淮海路のあたりは垢抜けた服装の人が多く、高級店もひしめきあっている。私のホテルがある歩行者天国の南京路は田舎者の観光客がほとんどで、いくらか野暮ったい。

しばらく両側の店を覗きながら歩いていると、ロシア風の教会が見えてきた。興味があるのは教会の建物ではなく、その教会の絵を描いている連中であった。二十名ほどの集団が小さな折りたたみ椅子に座り、キャンバスを立てて油絵や水彩画を描いている。欧米人もまじっていて、どうやら絵描き教室のようだ。

こういう場合、歩道の片隅に遠慮気味に陣取るものだが、さすが中国人は堂々としている。一緒に連れている犬も態度がでかく、道をふさぐように寝そべっている。

全員がロシア教会の正面に雀のように並び、一心不乱に筆を動かしている。見たところ私と同年配で、絵を楽しみで描いている人たちのようだが、みな素描が正確で感心するほどうまい。時間をかけて丁寧に描いている。

道路を渡ると襄陽公園があり、私もそこの椅子に座って教会の絵を描こうとスケッチ帖をひろげた。隣りの婦人が教会まわりの小さなドームを指さし「四つあるよ」と言うが、中央の丸いドームに隠れてよく見えない。

バッグの中から例のお菓子を差し出すと、じっと疑わしそうな顔をして首を振り、こちらに返してきた。そして後ろを振り向きながら、踊っている人たちに紛れ込んでいった。

中国の公園はどこに行っても、昼間は暇をもてあました人々が舞踊や太極拳などで体を動かしている。長椅子に座ったまま音楽に合わせて体をゆすり肩をまわしていると、白衣を着た青年がいつの間にか背後に立ち、「肩を揉みましょう」と言ってきた。料金を聞いてお願いすることにした。

四十分ほど頭から腰までほぐしてもらうと体の疲れが確かに取れてすっきりした。値段は日本円で二千円ぐらいであった。チップとして人形型のお菓子を渡すと「多謝」と両手をもみもみしていた。

ここでなぜかメールアドレスの交換をした。「上海に来たら連絡する」と言うと、「ぜひまた来てください。この公園で待っています」とうれしい言葉が返ってくる。そしておまけにと両手を丁寧に揉んでくれた。思わず「すいません」と日本語が口をついて出る。

そういえば日本人はいつでもどこでも、謝らなくてもいいのに「すいません」と口にする。「みんなが迷惑している」は会社の上司の常套句だ。電車の中のスマートフォンのマナーにもうるさい。

公園で音楽を大音量で流し、赤いリボンをくるくるさせて踊っている人たちの国に「すいません」は似合わない。手を振って青年に別れを告げた。

あとがき　夜のしじまに

この七、八年、何が悲しいのか面白いのか、中国大陸各地を歩いてきた。振り返ってみると、思い出に残るのは列車で出かけた旅である。

とはいっても、それほど手軽なものではない。まず、言葉の不自由な者が閉口するのは、切符を取得するまでの煩雑な手続きの数々と、そのやり取りの騒がしさ。さらに、一人で旅する際は荷物運びも年寄りの身にはこたえるようになった。

中国の一番北を走るハルビンから満洲里にいたる路線には何度かお世話になったが、この車内ではいつも楽しく過ごしている。長時間の列車旅には退屈対策として、バッグに文庫本を入れてくるのが常套手段だが、これまで一度も開くことはなかった。

車窓からの風景をただ無心に見つめる。次々と通過する小さな駅、薄暗い町、どこまでもひろがる荒野、真っ暗で茫漠とした山、遠くにゆれる野火。列車がところどころの駅で給水や走行部の点検のため小休憩を取ると、乗客も体をほぐそうとわらわらとホームに降りる。鳥籠を手にした親父が両手をひろげて新鮮な空気を吸い込む。太極拳に一心不乱に取り組んでいる全身真っ赤なジャージのおばさん、コンロを備えた湯気が立つ駅弁、肉まんに群がる子供たち。見上げると空には満天の星が光っている。

そういった情景に包まれていると、「ああここは中国なんだ」と遠くまで来たことを実感する。夜のしじまに短い警笛が鳴って、列車はふたたびゆっくりと走りはじめる。

コンパートメントの客はみな話に花を咲かす。長旅の所在なさを紛らわすにはヒマワリの種とおしゃべりがもっとも的確な組み合わせだ。前の席の麦藁帽子の兄ちゃんが地元の土産品や名酒を、断っても断ってもしつこくすすめてくる。結局、酒好きの性分が勝ってお相伴にあずかることになり、強い白酒にしだいに酔って涙眼になる。

中国語を少しかじってきたことに感謝するのはこんな時だ。ひとことも話さずただ笑っていても時間は過ごせるが、最後はきっと気まずい雰囲気が車内に充満することだろう。「どちらまで」「その町にいつか行ってみたい」……そんなたわいもない会話だが、中国での沈黙が旅の楽しみを半減させることは間違いない。

何の前触れもなくやってくる車内販売も、スリッパの「実演販売」があったりしておかしい。黙って眺めていると、鑑定書付きの「LEDライト老眼鏡」を売り込んでくる。彼らは鉄路局の管理下にある正規の販売員だ。それなのに、摩訶不思議な二重になった財布形ベルトなどを公然と売り歩いているところが、中国の奥の深い謎めいたところでもある。

列車の旅には抒情がある。窓の外を眺めていると、いつの間にか自分自身を見つめていることがある。山林の間の風景が八ヶ岳の裾野を走る小海線で見た景色と重なる。あるいは、夏の終わりに咲き誇るリンドウや、町の薄明かりが水晶のようにキラキラと輝く様子は、宮沢賢治の『銀河鉄道の夜』の車窓にひどく似ているような気もする。

夜はさびしさが原点なのかもしれない。

沢野ひとし

二〇一八年十二月

初出◉本書は「本の雑誌」二〇一四年六月号〜二〇一八年九月号に掲載された「歩く旅」を
大幅に加筆・修正のうえ再構成したものです

沢野ひとし

名古屋市生まれ。イラストレーター。児童書出版社勤務を経て独立。「本の雑誌」創刊時より表紙・本文イラストを担当する。第二十二回講談社出版文化賞さしえ賞を受賞。主な著書に『北京食堂の夕暮れ』『山の帰り道』（ともに本の雑誌社）、『人生のことはすべて山に学んだ』（海竜社）などがある。

中国銀河鉄道の旅

二〇一九年二月十五日　初版第一刷発行

著　者　沢野ひとし
発行人　浜本茂
印　刷　中央精版印刷株式会社
発行所　株式会社本の雑誌社
〒101-0051
東京都千代田区神田神保町1-37　友田三和ビル
電話　03（3295）1071
振替　00150-3-50378

定価はカバーに表示してあります
ISBN978-4-86011-425-1 C0095

浙江省桐乡市石门镇大井路1号

电话 0573-886 11275

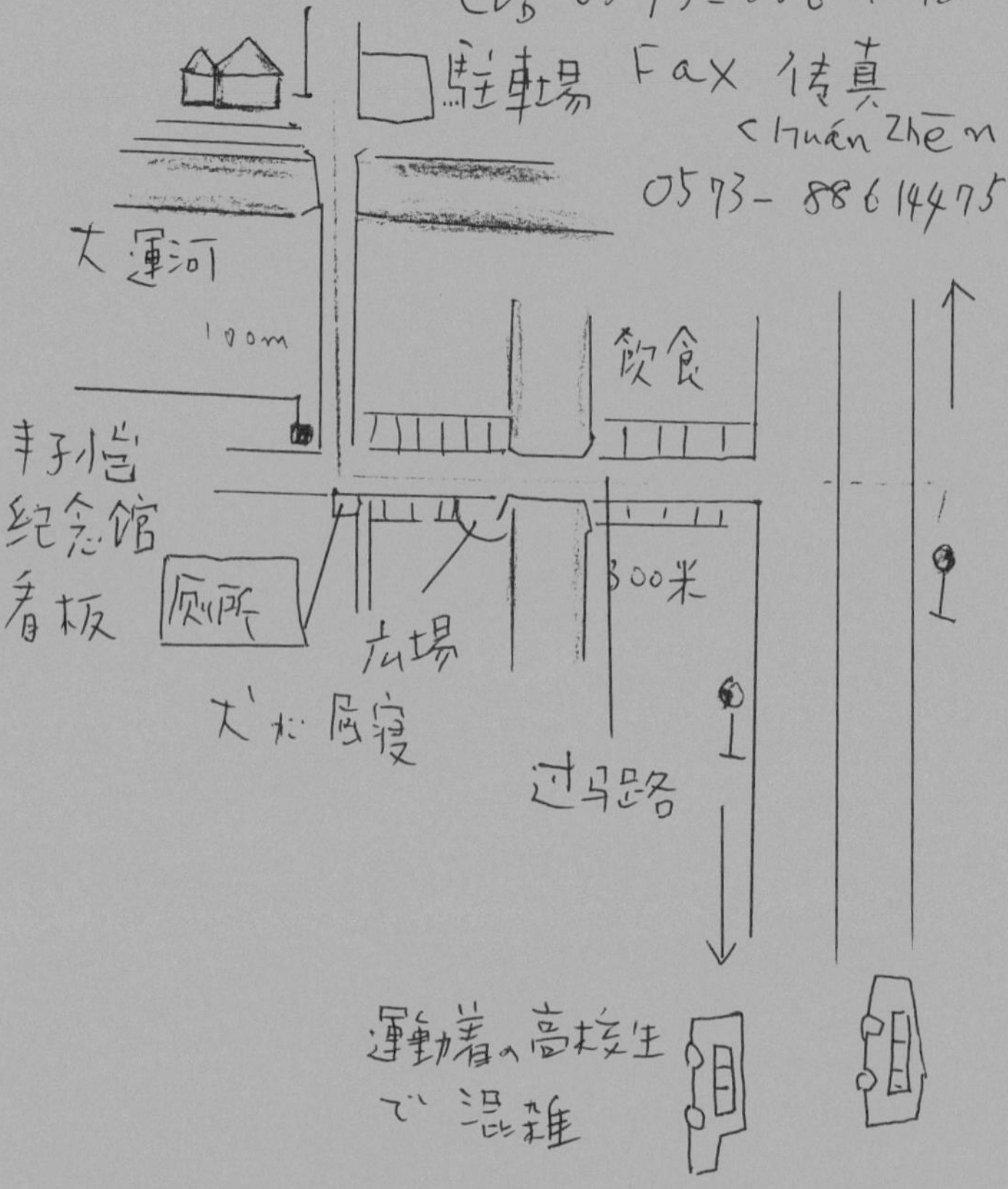

杭州东站 — 上海虹桥站

10月23日 (月)

11:42

73.0元

1354円